D1618768

Reto R. Gallati

Verzinsliche Wertpapiere

Reto R. Gallati

Verzinsliche Wertpapiere

Bewertung und Strategien

GABLER

Die Deutsche Bibliothek – CIP-Einheitsaufnahme

Ein Titeldatensatz für diese Publikation ist bei
Der Deutschen Bibliothek erhältlich

Umschlaggestaltung: Nina Faber de.sign, Wiesbaden
Satz: Graphische Werkstätten Lehne GmbH, Grevenbroich
Druck und Bindung: Wilhelm & Adam, Heusenstamm
Printed in Germany

ISBN 3-409-11454-8

Vorwort

Die Finanzmärkte haben in den vergangenen Jahren weltweit eine starke Expansion erlebt und eine Vielzahl neuer Produkte geschaffen. Das Financial Engineering hat auch bei den zinssensitiven Instrumenten eine neue Bandbreite einfacher und komplexer Produkte hervorgebracht, die neuen Strategieansätzen Rechnung tragen und verstärkt auf die Bedürfnisse der Anbieter und Nachfrager eingehen. Die zinssensitiven Instrumente haben im Gegensatz zu Aktien und Aktien-ähnlichen Wertpapieren ein Verfalldatum, das die Generierung immer neuer Produkte unterstützt.

Es bestehen drei Gründe, weshalb die Investoren die zinssensitiven Instrumente besser kennen sollten. Die zinssensitiven Produkte bestehen erstens nicht mehr nur aus Geldmarktpapieren und Obligationen: durch das Financial Engineering und die Kombination verschiedener Produkte entstanden Instrumente, die neue Eigenschaften aufweisen. Zweitens erlauben die Kenntnis der Struktur und der Charakteristika der Produkte es dem Investor, diejenigen Instrumente zu identifizieren, die ihm die optimale Wertschöpfung bringen. Es handelt sich dabei um mehr als nur die Rendite: Durch Berücksichtigung von Kriterien wie Risiko, Timingeffekte von Cash Flows und durch besondere Vertragsgestaltungen (Optionen) ergeben sich für den Investor eine verbesserte Portfoliostrukturierung. Drittens können die genannten Kriterien so gestaltet werden, dass maßgeschneiderte Instrumente entstehen, die neuartig sind und früher nicht verfügbar waren.

Der Markt der zinssensitiven Instrumente hat mit Hilfe moderner Berechnungsmodelle und Informatikunterstützung eine Dynamik erfahren, die die Gestaltung aller nur erdenklichen Produkte zulässt. Dies schafft aber auch Probleme, denn diese Produkte müssen im Sekundärmarkt auch bewertet werden können, wenn die Instrumente verkauft sind. Dies stellt beispielsweise die Depotbanken vor vermehrte Probleme, diese komplexen Produkte korrekt zu bewerten bzw. einen entsprechenden Preis zu erhalten. Ein weiteres Problem ist das Verständnis auf Seiten des Kunden, der diese Produkte sehr gut kennen muss, um sie für seine Portfoliostrategien und -taktiken entsprechend nutzen zu können.

Ich hoffe, dass dieses Buch das Interesse des Lesers für zinssensitive Instrumente geweckt hat. Ich empfand es als eine Herausforderung und auch Befriedigung, mein Wissen und meine Erfahrung über diesen Themenbereich der Vermögensverwaltung zusammenzutragen und zu organisieren.

Was wird die Zukunft im zinssensitiven Bereich bringen? Es ist eine Versuchung zu sagen, dass alle wesentlichen Entwicklungsschritte bereits stattgefunden haben. Ich teile diese Auffassung nicht, vielmehr gehe ich davon aus, dass sich der große Forschungs- und Entwicklungsaufwand (sowohl theoretisch wie auch empirisch) weiter verstärken wird durch die Finanzindustrie und die Hoch- und Fachschulen. Neue Produkte werden in atemberaubender Geschwindigkeit entwickelt und verkauft. Es steht außer Zweifel, dass neue Ideen und neue Resultate aus dieser Entwicklung hervorgehen werden.

Sommer 1999   DR. RETO R. GALLATI

Abkürzungsverzeichnis

Abkürzung	Beschreibung
λ	Symbol für Prämie
A	Wert der Annuität
CF_t	Cash Flow zum Zeitpunkt t
C_p	Jährlicher Coupon
D	Anzahl Tage
e	Eulersche Zahl: Die Zahl e spielt eine wichtige Rolle bei Grenzwerten der Physik, Wahrscheinlichkeitsverteilung etc. (vgl. Bronstein/Semendjajew, S. 186 und Gauglhofer/Loeffel/Müller, S. 82). Die Exponentialfunktion $f(x) = e^x$, deren Funktionswerte sich mit beliebiger Genauigkeit berechnen lassen durch $$e^x = 1 + \frac{x}{1!} + \frac{x^2}{2!} + \frac{x^3}{3!} + \ldots + \ldots$$ wird majorisiert durch eine konvergente Reihe. Die eulersche Zahl e ist $2,718281828459\ldots$
G	Wachstumskonstante
K_{CTD}	Konversionsfaktor der Cheapest To Deliver-Obligation
M	Anzahl Monate
m	Anzahl Zinszahlungen pro Jahr
n	Anzahl Perioden
P_0	Heutiger Wert (Preis) der Investition
P_n	Zukünftiger Wert (Preis) in n Perioden von heute an
PV	Gegenwartswert (Present Value)
r	Zinssatz pro Periode (in Dezimalformat)
r_a	Rendite (umgerechnet) auf Jahresbasis
r_k	Diskontsatz
s	Zeitabschnitt zwischen letzter Zinszahlung und Kaufdatum, dargestellt als Fraktion
σ	Sigma, Symbol für Volatilität
t	Symbol für Zeit
T_C	Verbleibende Restlaufzeit bis zum vorzeitig rückrufbaren Termin der Obligation (Call Datum)
v	Tage zwischen Settlement und nächster Couponzahlung in Tagen/Anzahl Tage in Couponperiode

Inhaltsverzeichnis

1. Einführung 15
   1.1   Finanzinnovationen auf dem Obligationenmarkt 15
   1.2   Zinssensitive Instrumente 16
   1.3   Risikoaspekte der Obligationen 16

2. Bewertung von Obligationen 20
   2.1   Zeitwert des Geldes 20
       2.1.1   Zukunftswert des Geldes 20
       2.1.2   Aktueller Wert des Geldes 20
       2.1.3   Zinsen und Zinseszinsen 21
   2.2   Diskontierung 24
       2.2.1   Einfache Diskontierung 24
       2.2.2   Kontinuierliche Diskontierung und Verzinsung 24
       2.2.3   Aktueller Wert der gewöhnlichen Annuität 25
       2.2.4   Aktueller Wert der ewigen Annuität 25
       2.2.5   Zahlungen mit konstanter Wachstumsrate 26
   2.3   Preis der Obligation 26
       2.3.1   Bewertung von Nullcoupon-Obligationen 26
       2.3.2   Bewertung von einfachen Obligationen 27
       2.3.3   Zwischenjährliche Zinszahlungen 28
       2.3.4   Preisnotierung 28
       2.3.5   Zusammenhang zwischen Coupon, Rendite und Preis 28
       2.3.6   Akkumulierte Zinsen und Nettopreise 29
   2.4   Erschwernisse bei der Bewertung 32

3. Rendite-Messung 34
   3.1   Current Yield 34
   3.2   Yield to Maturity 34
       3.2.1   Definition 34
       3.2.2   Halbjährliche Zinszahlungen 35
       3.2.3   Yield-Berechnung zwischen zwei Zahlungsterminen 35
   3.3   Modifizierte Versionen der Yield to Maturity 36
       3.3.1   Yield to Call 36
       3.3.2   Call adjusted Yield 37
       3.3.3   Yield to Worst 37
       3.3.4   Yield to Average Life 37
       3.3.5   Yield für Floating Rate Papiere 38
   3.4   Annualisierung von Yield-Kennzahlen 39

3.5   Gesamtrendite eines Portfolios 40
      3.5.1 Gewichtete durchschnittliche Portfolio-Rendite 40
      3.5.2 Internal Rate of Return 41
4. Yield-Kurve 43
    4.1   Begriffsabgrenzungen 43
    4.2   Zinsstrukturkurve und ihre Determinanten 46
      4.2.1 Erwartungstheorie 47
      4.2.2 Marktsegmentierungstheorie 50
    4.3   Bestimmungsgrößen der Yield-Kurve 50
    4.4   Spot Rate-Kurve 51
      4.4.1 Definition 51
      4.4.2 Berechnung der theoretischen Spot Rate-Kurve 52
      4.4.3 Forward Rates 53
      4.4.4 Implizite Forward-Sätze 53
    4.5   Struktur von Qualitäts-Spreads 53

5. Obligationenpreis-Volatilität 59
    5.1   Preis/Volatilität einer gewöhnlichen Obligation 59
    5.2   Gewöhnliche Risikokennziffern für Obligationen 60
    5.3   Erweiterte Risikokennziffern für Obligationen 61
      5.3.1 Duration 61
          5.3.1.1 Macaulay-Duration 61
          5.3.1.2 Duration nach Fisher/Weil 63
          5.3.1.3 Modifizierte Duration (Modified Duration) 64
          5.3.1.4 Key Rate Duration 64
          5.3.1.5 Duration zur Schätzung von Preisveränderungen 66
          5.3.1.6 Einflussfaktoren auf die Duration 67
          5.3.1.7 Duration-Kennzahlen 69
      5.3.2 Konvexität 69
      5.3.3 Aussage zur Benutzung von Konvexität und Duration 71
    5.4   Duration von Portfolios 72

6. Zinssatz-Futures 74
    6.1   Futures- versus Forward-Transaktionen 75
    6.2   Funktionsweise des Futures-Handels 76
    6.3   Bewertung von Futures-Kontrakten 77
      6.3.1 Zinssatz-Futures, Obligationen 77
      6.3.2 Nettofinanzierungskosten von Obligationen-Futures 79
    6.4   Rendite- und Risiko-Charakteristika von Futures-Kontrakten 79
      6.4.1 Impliziter Repo-Satz 79
      6.4.2 Basis von Futures-Kontrakten 80
      6.4.3 Hedge-Ratio 80
      6.4.4 Anwendung im Portfolio-Management 82

7. Zinssatz-Optionen 86
    7.1   Definition/Arten/Unterschiede zu Futures-Kontrakten 86
           7.1.1   Definition 86
           7.1.2   Arten 86
           7.1.3   Unterschiede zwischen Optionen und Futures-Kontrakten 86
    7.2   Bewertung von Optionen 87
           7.2.1   Intrinsischer Wert der Option 87
           7.2.2   Zeitwert der Option 88
           7.2.3   Einflussfaktoren auf den Optionspreis 89
    7.3   Theoretischer Wert der Call-Option 89
           7.3.1   Optionsbewertungsmodelle 91
           7.3.2   Implizite Volatilität 92
    7.4   Gewinn- und Verlustprofile einfacher Optionen-Strategien 93
    7.5   Put/Call Parity-Beziehung 94
    7.6   Hedge-Strategien 94

8. Zinssatz-Swaps und Forward Rate Agreements 99
    8.1   Zinssatz-Swaps 99
           8.1.1   Swap-Markt 100
           8.1.2   Rolle des Intermediärs 100
           8.1.3   Arten von Zinssatz-Swaps 101
           8.1.4   Swap-Vertrag 102
    8.2   Forward Rate Agreement 103

9. Strategien für aktives Portfolio-Management 105
    9.1   Investitionsprozess 105
           9.1.1   Anlageziel 105
           9.1.2   Anlagerichtlinien 105
           9.1.3   Wahl der Portfolio-Strategie 106
           9.1.4   Bestimmung der Taktik 108
           9.1.5   Wahl der Wertschriften 108
           9.1.6   Messung und Auswertung der Performance 109
    9.2   Aktive Portfolio-Strategien 110
           9.2.1   Zinssatz-Erwartungs-Strategie 111
           9.2.2   Yield-Kurven-Strategie 112
           9.2.3   Yield-Spread-Strategie 112
    9.3   Absicherung des systematischen Risikos, Cash Flow Matching
           und Immunisierung 113
           9.3.1   Cash Flow Matching 113
           9.3.2   Zinssatz-Immunisierung 115

10. Indexierung für strukturierte Portfolio-Strategien 117
    10.1   Ziel und Zweck der Obligationen-Indexierung 117
    10.2   Einflussfaktoren bei der Indexierung 118
    10.3   Obligationen-Indizes 119
    10.4   Systematische Ansätze der Indexierung 122
         10.4.1 Stratified Sampling or Cell Approach 122
         10.4.2 Optimierungstechniken 122

11. Verschuldungspapiere 125
    11.1   Floating Rate-Obligationen 125
    11.2   Kurzfristige Schuldpapiere 126
         11.2.1 Commercial Papers 126
         11.2.2 Euronotes 128
         11.2.3 Certificates of Deposit 129
    11.3   Medium Term Notes 131
    11.4   Währungsgebundene und indexgebundene Papiere 132
         11.4.1 Währungsgebundene Papiere 133
         11.4.2 Indexgebundene Papiere 133
         11.4.3 Doppelwährungsanleihen 134
    11.5   Obligationen mit Währungsoptionen 137
    11.6   Gemischte Doppelwährungsanleihen 138
    11.7   Andere Schuldpapiere 138
         11.7.1 Deep Discount-Obligationen 138
         11.7.2 Stripped Treasury Certificates 140
    11.8   Annuitäten Notes 141
    11.9   Hochverzinsliche Obligationen 142
    11.10 Ewige Obligation 143
    11.11 Bunny Obligation 144
    11.12 Flip Flop Notes 144
    11.13 Obligation mit Obligationen-Warrant 145

12. Analyse von Obligationen mit Optionen 147
    12.1   Kündbare Obligationen 147
         12.1.1 Investitions-Charakteristika und Bewertung von Call-Optionen .. 147
         12.1.2 Preis- und Rendite-Charakteristika von Callable-Obligationen ... 148
         12.1.3 Komponenten einer Callable-Obligation 149
    12.2   Optionsanleihen 150
         12.2.1 Definition 150
         12.2.2 Charakteristika des Optionsscheines 150
         12.2.3 Problem der Verwässerung 151
         12.2.4 Bewertung des Optionsscheines 152
    12.3   Optionen-adjustierte Spreads 152
    12.4   Komplikationen bei der Implementierung 157

13. Convertibles 161
    13.1   Investitions-Charakteristika von Convertibles 161
    13.2   Bewertung von Convertibles 162
          13.2.1 Break Even-Ansatz 162
          13.2.2 Optionen-Modell 163
    13.3   Downside-Risk von Convertibles 164
    13.4   Convertible und Portfolio-Strategie 165
          13.4.1 Junk Convertibles 166
          13.4.2 Out of the Money Convertibles 166
          13.4.3 Balanced Convertibles 166
          13.4.4 In the Money Convertibles 166
    13.5   Vor- und Nachteile von Convertibles 167

Literaturhinweise 169

Glossar 173

Stichwortverzeichnis 177

1. Einführung

Die Besonderheit der zinssensitiven Instrumente kam insbesondere in den Schuldnerkrisen der lateinamerikanischen Staaten zum Ausdruck, die 1982 durch die Gestaltung der Brady-Bonds nach der Zahlungsunfähigkeit Mexikos zu einer Schuldenumstruktuierung führte.[1] Dieser Schock brachte die Schuldner-Einstufung und damit eine systematische Qualitäts-kontrolle mittels Ratings besonders stark zum Ausdruck. Bis heute schlossen sich 15 Länder dieser Umstrukturierung an, wodurch ein neuer und liquider Markt entstand. In den vergangenen Jahren kamen neue Produkte wie inflationsgeschütze Obligationen, Obligationen mit Aktiencharakter etc. auf den Markt. Der Markt der zinssensitiven Instrumente hat mit Hilfe moderner Berechnungsmodelle und Informatikunterstützung eine Dynamik erfahren, die die Gestaltung aller nur erdenklichen Produkte zulässt. Dies schafft aber auch Probleme, denn diese Produkte müssen im Sekundärmarkt auch bewertet werden können, nachdem die Instrumente verkauft wurden. Besonders für die Depotbanken ist es problematisch, diese komplexen Produkte korrekt zu bewerten bzw. einen entsprechenden Preis zu erhalten. Ein weiteres Problem ist das Verständnis auf Seiten des Kunden, der diese Produkte sehr gut kennen muss, um die Portfolio-Strategien und Portfolio-Taktiken entsprechend umsetzen zu können.

1.1 Finanzinnovationen auf dem Obligationenmarkt

Die Obligation hat in ihrer Geschichte vor allem in den letzten Jahrzehnten eine enorme Entwicklung durchlaufen. War die Obligation ursprünglich ein einfaches Verschul-dungspapier, so kann sie heute alle möglichen konstruierbaren Formen und Charakteristika aufweisen: Die Palette reicht von einer Wertschrift mit Aktien-ähnlichem Charakter über das Index-orientierte Produkt mit Inflationsschutz bis zum Floating Rate Note mit einer Zins-Barrier-Option. Diese Entwicklung darf nicht isoliert betrachtet werden. Vorausset-zung für den heutigen Stand waren die entsprechenden Informationstechnologien, Ausbil-dungen, Börsen etc.

Die Obligation hat sich klar vom reinen Kreditinstrument zum facettenreichen Finanzins-trument entwickelt. Dementsprechend können der Obligation heute verschiedene Funktio-nen zugeordnet werden, die die Obligationen in verschiedene Kategorien einteilt:

- *Kredit-generierende Instrumente:* Diese Instrumente weisen die ursprüngliche Funktion auf, nämlich die Kapitalaufnahme durch den Emittenten und die renditebringende Geld-anlage seitens des Investors.

- *Kreditrisiko-transferierende Instrumente:* Diese Instrumente nehmen einen Transfer des Kreditrisikos vor, z. B. durch Pooling, Absicherung durch Garantieerklärung, durch Im-mobilien-gesicherte Konstrukte (Mortgage Backed Securities, MBS) etc.

---

[1] Nicholas Brady, damals U.S. Treasury Secretary, leitete die Kommission zur Umstrukturierung der Schulden.

- *Rendite-/Risiko-generierende Instrumente:* Diese Instrumente weisen Eigenschaften auf, welche bestimmte Rendite-/Risikoprofile aufweisen und gegenüber „einfachen" Obligationen effizienter und preiswerter gehandelt werden können, in der Regel handelt es sich um synthetische Produkte.

- *Liquiditäts-generierende Instrumente:* Diese Instrumente ermöglichen einen vereinfachten Zugang zum Geld- und Kapitalmarkt, z. B. durch Securitization, rechtliche Umgestaltung, Zusammenlegung verschiedener kleinerer Kreditaufnahmen etc. Dadurch kann effizienter Geld aufgenommen werden bzw. die entsprechenden Wertschriften können transferiert werden, wodurch auch die Liquidität des Marktes steigt. Zusätzlich können Regulationen verschiedener Märkte umgangen werden, die die Kapitalaufnahme erschweren.

- *Aktien-generierende Instrumente:* Diese Instrumente weisen von ihrem Verhalten und vertraglichen Ausgestaltung her den Charakter von Aktien-ähnlichen Papieren auf, sind aber juristisch immer noch Fremdkapital für den Emittenten.

Es wird hier auf die verschiedenen Aspekte dieser Funktionen eingegangen, mit unterschiedlichen Schwerpunkten. Häufig erfüllt ein Instrument mehrere Funktionen gleichzeitig, während einige Instrumente auf eine einzelne Funktion zugeschnitten werden. Die Emissionen können von den Finanzexperten im Sinne des Financial Engineering maßgeschneidert werden. Für den außenstehenden Investor sind solche Produkte häufig schwer nachvollziehbar, insbesondere was die Bewertung betrifft.

1.2 Zinssensitive Instrumente

Bei den zinssensitiven Instrumenten hat sich im Laufe der Zeit die in Übersicht 1 auf Seite 17 dargestellte Unterteilung ergeben, die sich primär an der Laufzeit und sekundär an Zusatzfunktionen orientiert.

Die zinssensitiven Instrumente lassen sich durch eine Vielzahl von Merkmalen unterscheiden: Die Übersicht 2 auf Seite 17 stellt die gebräuchlichsten Unterscheidungsmerkmale dar, welche einen signifikanten Einfluss auf die Bewertung, Liquidität und steuerliche Behandlung haben.

1.3 Risikoaspekte der Obligationen

Obligationen sind keine – wie häufig angenommen wird – risikolosen Instrumente. Durch ihre spezielle Natur sind sie verschiedenen Arten von Risiken ausgesetzt: Zinssatzrisiko, Volatilitätsrisiko und Inflationsrisiko, Risiko des vorzeitigen Rückrufs, Verlustrisiko (Defaultrisiko) und Liquiditätsrisiko. Die einzelnen Risiken werden in den folgenden Abschnitten detailliert beschrieben, zunächt werden die wesentlichsten Risiken kurz dargestellt.

Das *Zinssatzrisiko* ergibt sich aus der Bewertung: Steigen die Zinsen, so fällt der Wert einer Obligation, sinken die Zinsen, so steigt der Wert einer Obligation. Dieser Mechanismus ist in Abschnitt 2 dargestellt. Dieses Risiko der Zinssatzänderungen wird als Zinssatzrisiko be-

Übersicht 1: Zinssensitive Instrumente

Zinssensitive Instrumente	Beschreibung
Geldmarktinstrumente	Wertschriften, welche eine Restlaufzeit von weniger als 1 Jahr aufweisen. • Kontokorrent • Certificates of Deposit • Geldmarktpapiere
Kapitalmarktinstrumente	Wertschriften, welche eine Restlaufzeit von länger als 1 Jahr aufweisen. • Obligationen • Convertibles • Obligationen-Fonds • Hypothek-gesicherte Wertschriften • Notes
Spezialinstrumente	Wertschriften, welche primär durch ihre Zusatzfunktion determiniert werden. Zinssensitivität von Termingeschäften (auch wenn Basiswert kein Zinssatz ist). • Futures • Optionen • Index-Produkte

Übersicht 2: Unterscheidungsmerkmale von Obligationen

Emittent	Regierung	• Staatsobligation • Agenturen (Agencies): in Europa nicht stark verbreitet, in USA häufig. • Municipal Bonds: in Europa nicht stark verbreitet, in USA häufig, bieten Steuervorteile.
	Firma	Firmenobligation
Restlaufzeit	Normal, d. h. ohne Restlaufzeitprovision	Die normalen zinssensitiven Instrumente laufen an einem einzigen bestimmten Datum ab und werden zurückbezahlt: • Geldmarkt: Restlaufzeit weniger als 1 Jahr. • Kurzfristige Instrumente: Restlaufzeit zwischen 1 und 3 Jahren. • Mittelfristige Instrumente: Restlaufzeit zwischen 3 und 10 Jahren. • Langfristige Instrumente: Restlaufzeit über 10 Jahre.
	Obligation mit Restlaufzeitprovision	• Serielle • Verlängerbare • Putable • Callable • Sinking Fund
	Coupon-Provision	• Normale Obligation • Zerocoupon-Obligation • Floating Rate Notes • Einkommens-Obligation • Partizipierende Obligation • Inverse Floaters

zeichnet und ist als Marktrisiko für alle Marktteilnehmer relevant und stellt das größte Risiko dar. Die Sensitivität der Bewertungsänderung hängt nebst der Zinssatzänderung vom Profil der Obligationen-Emission ab, z. B. Restlaufzeit, Coupon, Rückzahlungsbetrag sowie Faktoren wie Inflation, Wechselkursrisiko etc. Das *Inflationsrisiko* wird in Abschnitt 4 als Bestimmungsgröße der Yieldkurve behandelt und geht auf die Problematik der Bewertung des anfallenden Cash Flows aufgrund von Inflation ein. Das *Wechselkursrisiko* spielt vor allem bei Doppelwährungsanleihen eine große Rolle, viele strukturierte Produkte wie Floating Rate Notes mit Optionen weisen ein Währungsengagement auf, welches bei der Bewertung berücksichtigt werden muss. Das Wechselkursrisiko wird in Abschnitt 11 bei den währungsgebundenen Instrumenten aufgegriffen.

Bei verändertem Zinsumfeld stellt sich für den Investor wie für den Kreditnehmer die Frage nach der Reinvestition bzw. der vorzeitigen Kündigung. Der Cash Flow, der in Form von Coupon und Rückzahlung anfällt, wird wiederum angelegt, jeweils zum vorherrschenden Zinssatz, dadurch entsteht der Zinseszins. Für den Investor besteht das *Reinvestitionsrisiko* darin, dass der Zinssatz im Verlauf der Zeit fällt, wodurch er den Cash Flow zu einem tieferen Zins anlegen muss bzw. die neu gekauften Obligationen teurer werden. Für den Kreditnehmer besteht das Risiko darin, dass die Zinsen steigen, wodurch für ihn die Aufnahme von Neugeld teurer wird. Für den Kreditnehmer würde sich bei sinkenden Zinsen eine vorzeitige Kündigung lohnen, um ebenfalls von den niedrigeren Zinsen bzw. Coupon profitieren zu können. Das Thema wird in den Abschnitten 4 und 5 aufgegriffen. Zinssatzrisiko und Reinvestitionsrisiko weisen entgegengesetzte Richtungen auf, steigende Zinsen senken einerseits das Reinvestitionsrisiko, andererseits sinkt der Wert der Obligationen. Eine Strategie, welche diese beiden Effekte kombiniert, wird als Immunisierung bezeichnet und weist insgesamt eine neutrale Wirkung auf. Dieses Thema wird in Abschnitt 9 unter den Strategien für das aktive Portfolio-Management behandelt.

Das *Verlustrisiko* bzw. das Kreditrisiko stand in den vergangenen Jahren im Mittelpunkt vieler Untersuchungen, da mit den großen Kreditabschreibungen vieler Kommerzinstitutionen die Frage nach der Erfassung und Überwachung der Verlustrisiken gestellt wurde.[2] Das Verlustrisiko muss sich je nach Qualität der Emission und damit des Kreditnehmers auch im Preis bzw. der Rendite widerspiegeln. Dabei spielen zusätzliche Optionen wie Garantieerklärungen, Sinking Fund-Konditionen etc. eine wesentliche Rolle. Diese Thematik wird in Abschnitt 4 aufgegriffen.

Das *Liquiditätsrisiko* ist für den Schweizer Obligationenmarkt von besonderem Interesse, da immer wieder kurzfristige Engpässe entstehen mit der Versorgung des Obligationenmarktes mit geeigneten Emissionen. Auf dem deutschen und amerikanischen Markt sind solche Liquidationsengpässe weniger häufig zu beobachten. Dies führt dazu, dass die Preise nicht den eigentlichen Wert widerspiegeln und sich eine Prämie aufbaut, die als Liquiditätsprämie darüber Auskunft gibt, wie „fair" der Spread ist und demzufolge wie weit der Preis vom eigentlichen Wert der Obligation abweicht. Viele Pensionskassen kaufen Obligationen direkt ab Emission und halten sie bis zur Restlaufzeit, wodurch für sie das Liquiditätsrisiko weniger wichtig erscheint.

---

[2] Vgl. dazu die Dokumentation von J. P. Morgan: „CreditMetrics^{TM}", 1997.

Die *Obligationenpreis-Volatilität* fand in den vergangen Jahren eine größere Bedeutung, da im Obligationenmarkt durch große Zinssatz-Bewegungen große Volatilitäten in der Rendite und damit in der Bewertung stattfanden. Die Volatilität verhält sich umgekehrt zum Preis: je höher die Volatilität, desto tiefer die Bewertung. Strukturierte Produkte mit Optionen weisen noch zusätzlich Bewertungsprobleme auf. Bei der Entwicklung von Portfoliostrategien muss mit erwarteten Volatilitäten gerechnet werden, um mögliche Renditeschwankungen und damit auch das Downside der Performance einzugrenzen.

2. Bewertung von Obligationen

Als Obligation wird ein Finanzinstrument verstanden, das die Schulden des Schuldners gegenüber dem Kreditgeber verkörpert. Es beinhaltet die finanziellen Verpflichtungen des Schuldners gegenüber dem Kreditgeber in Form von Cash Flows, i. d. R. Zinszahlungen und Rückzahlungsbetrag. Die Rechte und Pflichten, die für die Schuldner und die Kreditgeber zutreffen und von diesen einzuhalten sind, werden im Emissionsvertrag festgehalten.

2.1 Zeitwert des Geldes

Die Feststellung, dass Geld einen Zeitwert aufweist, gehört zu den wichtigen Basiskonzepten der Obligationen-Analyse. Das heute verfügbare Geld ist „wertvoller" als ein zukünftiger Betrag, weil die Gelegenheit besteht, das Geld zu einem bestimmten Zinssatz anzulegen. Dementsprechend lässt sich der Zeitwert in Abhängigkeit vom Zinssatz und anderen Annahmen berechnen. Bei der Bewertung von Obligationen spielen die mit der Obligation zusammenhängenden Geldflüsse (Cash Flows) eine wesentliche Rolle, der Coupon, die teilweise oder vollständige Rückzahlung etc.

2.1.1 Zukunftswert des Geldes

Der zukünftige Wert irgendeiner Geldsumme, die heute investiert wird, kann wie folgt beschrieben werden:

$$P_n = P_0 \cdot (1 + r)^n$$

n = Anzahl Perioden, P_n = zukünftiger Wert in n Perioden von heute an, P_0 = heutiger Wert der Investition, r = Zinssatz pro Periode (in Dezimalformat)

Die Notierung $(1+r)^n$ beschreibt den zukünftigen Wert von einem Euro, heute investiert und für n Perioden zu einem Zinssatz von r mit Zinseszinsen verzinst.

2.1.2 Aktueller Wert des Geldes

Im obigen Abschnitt wurde erläutert, wie man den zukünftigen Wert einer Investition berechnen kann. Die folgenden Erläuterungen zeigen, wie man den Prozess umkehrt und wie man denjenigen Betrag berechnet, den man heute investieren muss, um einen bestimmten Wert in der Zukunft zu erzielen. Dieser Betrag wird als aktueller Gegenwartswert (Present Value, PV) bezeichnet. Die Bewertung von zinssensitiven Instrumenten ist die Bewertung von zukünftigen Geldflüssen, weshalb es sehr wichtig ist zu verstehen, wie aktuelle Werte berechnet werden.

Wichtig ist die Berechnung des Gegenwartswertes PV des Betrages P_0, der heute investiert werden muss, um bei einem Zinssatz r pro Periode während n Perioden einen bestimmten zukünftigen Wert P_n generieren zu können. Dieser Wert kann berechnet werden, indem man die folgende Formel anwendet, um den zukünftigen Wert für die ursprüngliche Investition P_0 zu berechnen:

$$PV = P_0 = P_n \cdot \left[\frac{1}{(1+r)^n} \right]$$

Der Wert in der Klammer ist der aktuelle Wert von einem Euro, d. h. er gibt an, wieviel heute investiert werden muss, um bei einem Zinssatz von r pro Periode während n Perioden einen Gegenwert von einem Euro zu erhalten.

Die Vorgehensweise zur Berechnung des aktuellen Wertes wird auch als *Diskontierung* bezeichnet. Dementsprechend spricht man vom diskontierten Wert eines zukünftigen Betrages, deshalb wird der dazu verwendete Zinssatz r als Diskontsatz bezeichnet. Bei der Berechnung des aktuellen Wertes sind zwei Eigenschaften zu berücksichtigen:

1. Für einen bestimmten zukünftigen Wert zu einem bestimmten Zeitpunkt in der Zukunft erfolgt eine umso stärkere Diskontierung – und damit ein kleinerer aktueller Wert – je höher der *Zinssatz* (Diskontsatz) ist. Der Grund, weshalb der aktuelle Wert umso niedriger wird, je höher der verwendete Zinssatz ist, der zum Diskontieren verwendet wird, ist einfach zu verstehen: Je höher der Zinssatz ist, den man heute für das investierte Geld erhält, desto weniger muss man heute investieren, als wenn der Zinssatz heute niedriger ist und der gleiche zukünftige Wert erreicht werden soll.

2. Ein bestimmter Betrag hat einen umso tieferen aktuellen Wert, je länger der *Investitionshorizont* ist. Je länger der Zeithorizont ist, desto stärker ist die Vermögenszunahme via Zins- und Zinseszins. Dementsprechend muss heute weniger investiert werden.

2.1.3 Zinsen und Zinseszinsen

Der einfache Zins ist der Zinsertrag, den man aus einer ursprünglichen Investition erhält. CF ist der Cash Flow, der aus der Verzinsung der Investition generiert wird:

$$CF = P_0 \cdot (1+r) \cdot n$$

Für eine normale Obligation ist der einfache Zins der Cash Flow aus dem Coupon.

Beispiel: Der einfache Zins während 10 Jahre bei einer normalen Obligation mit 7 % Coupon und zu pari (d. h. zu 100 %) gekauft, errechnet sich aus der Summe aller geleisteten Couponzahlungen, d. h. 10 Jahre lang jährlich 7 %.

$$CF = P_0 \cdot (1+r) \cdot n = 100 \cdot (1+0{,}07) \cdot 10 = 70$$

Mit großer Wahrscheinlichkeit reinvestiert ein Investor den Cash Flow, den die Obligation generiert hat, sofort nach der Auszahlung. Der Cash Flow, der sich aus der Verzinsung der Zinszahlungen ergibt, ist der *Zinseszins*. Die Zinseszinsen unterscheiden sich von den einfachen Zinsen durch Reinvestition: sie sind durch den Aspekt der Reinvestition der Zinsen gekennzeichnet. Bei der Zinseszinsberechnung wird ein aktueller Betrag in die

Zukunft transferiert und der zukünftige Wert dieses Betrages unter Berücksichtigung der Zinseszinsen berechnet:

$$\text{Zukünftiger Zeitwert} = P_0 \cdot (1+r)^n$$

Die Zinseszinsen basieren auf dem einfachen Zins, der wiederum Zinsen erwirtschaftet und zum Vermögen dazugeschlagen wird. Über n Zeitperioden wird der Zinseszins für eine ursprüngliche Investition wie folgt berechnet:

$$\text{Zinseszins} = [P_0 \cdot (1+r)^n - 1]$$

Die Übersicht 3 zeigt, wie die Zinseszinsen und die einfachen Zinsen berechnet werden, jeweils für eine Obligation mit Coupons zu 4 %, 6 % und 8 %.

Übersicht 3: Einfache Zinsen und Zinseszinsen für eine 4 %-, 6 %- und 8 %-Obligation, zu pari gekauft und jeweils zum Coupon jährlich reinvestiert

	Investitionsperiode (in Jahren)	Kumulative einfache Zinsen*	Kumulative Zinses-zinsen*
4 %-Obligation	1	4 %	4 %
	2	8 %	8 %
	3	12 %	12 %
	4	16 %	17 %
	5	20 %	22 %
	10	40 %	48 %
	20	80 %	119 %
	30	120 %	224 %
	40	160 %	380 %
	50	200 %	611 %
6 %-Obligation	1	6 %	6 %
	2	12 %	12 %
	3	18 %	19 %
	4	24 %	26 %
	5	30 %	34 %
	10	60 %	79 %
	20	120 %	221 %
	30	180 %	474 %
	40	240 %	929 %
	50	300 %	1742 %
8 %-Obligation	1	8 %	8 %
	2	16 %	17 %
	3	24 %	26 %
	4	32 %	36 %
	5	40 %	47 %
	10	80 %	116 %
	20	160 %	366 %
	30	240 %	906 %
	40	320 %	2072 %
	50	400 %	4590 %

* Zahlen auf- oder abgerundet

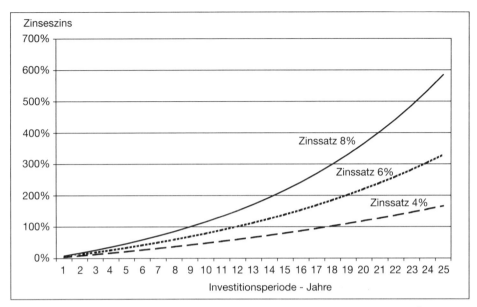

Abbildung 1: Zusammenhang von Zinseszins und Länge der Investitionsperiode (Zahlen aus Übersicht 3)

Die Auswirkungen von kumulierten Zinseszinsen gegenüber einfachen Zinsen werden besonders deutlich bei einem längeren Investitionshorizont. Beispielsweise generiert eine Obligation, die zu pari mit Euro 100 gekauft wurde und einen Coupon von 4 % aufweist, nach 5 Jahren einen kumulierten Zinseszins von 22 %. Die gleiche Obligation weist über eine Zeitperiode von 30 Jahren einen kumulierten Zinseszins von 224 % und über 50 Jahre einen von 611 % auf. Zinseszinsberechnungen machen sich vor allem bei hochverzinslichen Obligationen bzw. bei einer hochverzinslichen Umgebung bemerkbar (wie z. B. in Lateinamerika).

Eine Obligation für Euro 100 zu pari gekauft und zu 6 % verzinst ergibt nach 30 Jahren einen Zinseszins von Euro 474,35. Dem steht bei einem Coupon von 8 % ein Zinseszins von Euro 906,27 während der gleichen Periode gegenüber.

Die Abbildung 1 zeigt, wie die Unterschiede mit zunehmender Länge des Investitionshorizontes stark zunehmen: Bei höherverzinslichen Obligationen wird der ursprüngliche Investitionsbetrag von Euro 100 bei 8 % Coupon bereits nach rund 9 Jahren wieder zurückgezahlt, während bei 6 % Coupon 12 Jahre und bei 4 % Coupon 18 Jahre notwendig sind. Dementsprechend macht bei höherverzinslichen Obligationen und längerer Investitionsperiode der ursprüngliche Investitionsbetrag einen kleinen Teil des Gesamtbetrages aus.

Hinweis: Einfache Zinsen sind der Coupon auf eine Obligationen-Investition. Zinseszinsen beinhalten sowohl den Cash Flow des Coupons und die darauf angefallenen Zinsen, d. h. Zinseszinsen. Ein hochverzinsliches Umfeld bzw. hohe Coupons und ein langer Investitionshorizont führen zu einer starken Akkumulation von einfachen Zinsen und die darauf angefallenen Zinseszinsen.

2.2 Diskontierung

2.2.1 Einfache Diskontierung

Beim Prozess der Diskontierung wird ein zukünftiger Betrag auf den aktuellen Zeitwert zurückgerechnet unter Berücksichtigung der Zinsen bis zum Zeitpunkt in der Zukunft.

$$PV = P_0 = P_n \cdot \left[\frac{1}{(1+r)^n} \right]$$

Je weiter in der Zukunft ein bestimmter Betrag anfällt, desto geringer ist dessen aktueller Wert. Dies erfolgt aufgrund einer starken Diskontierung während einer langen Zeit. Der aktuelle Wert eines Betrages reagiert invers auf die Länge der Anlageperiode und auf das Niveau der Zinsen.

Beispiel: Ein Anlageberater bietet bei einer einmaligen Einzahlung von Euro 70 000 eine Rückzahlung von Euro 100 000 nach 10 Jahren. Er geht von einer durchschnittlichen Verzinsung von 6 % aus.

$$PV = \frac{\text{zukünftiger Wert}}{(1+r)^n} = \frac{100\,000}{(1+0.06)^{10}} = 55\,839$$

Der aktuelle Wert dieses Anlagevorschlages beträgt Euro 55 839, die Investition hingegen kostet Euro 70 000. Die Anlage wirft zu wenig Rendite ab und ist deshalb zu dem im Vergleich angenommenen Zinsniveau von 6 % zu teuer.

2.2.2 Kontinuierliche Diskontierung und Verzinsung

Die kontinuierliche Verzinsung geht von einer kontinuierlichen Wiederanlage der Verzinsung in kurzen Zeitperioden aus, wobei die Verzinsung der Zinsen praktisch sofort und in verschwindend kleinen Zeitintervallen erfolgt. Die Konstante e wird für die kontinuierliche Verzinsung in die Formel integriert:

$$P_0 = P_n \cdot e^{t \cdot r_k}$$

Beispiel: Euro 100 werden auf einem Konto bei einer Bank deponiert und zu 6 % kontinuierlich verzinst. Die Höhe des Betrages nach dem ersten, zweiten und fünften Jahr bei kontinuierlicher Verzinsung errechnet sich

- nach dem ersten Jahr (t = 1): $P_t = P_n \cdot e^{t \cdot r_k} = 100 \cdot e^{0.06 \cdot 2} = 106{,}18$
- nach dem zweiten Jahr (t = 2): $P_t = P_n \cdot e^{t \cdot r_k} = 100 \cdot e^{0.06 \cdot 2} = 112{,}75$
- nach dem fünften Jahr (t = 5): $P_t = P_n \cdot e^{t \cdot r_k} = 100 \cdot e^{0.06 \cdot 5} = 134{,}99$

Die kontinuierliche Verzinsung führt zu einem höheren zukünftigen Wert, da der Zins kontinuierlich generiert und zum Vermögen dazugeschlagen wird, wodurch ständig auch mehr Zinsen generiert werden gegenüber der jährlichen Verzinsung.

2.2.3 Aktueller Wert der gewöhnlichen Annuität

Wenn der gleiche Betrag periodisch investiert wird, spricht man von einer Annuität. Wird die erste Investition in einer Periode von heute an getätigt, d. h. am Ende der ersten Zeitperiode, so spricht man von einer *gewöhnlichen Annuität*. Den zukünftigen Wert einer gewöhnlichen Annuität kann man dadurch berechnen, indem man den zukünftigen Wert aller einzelnen Zahlungen auf das Ende des Investitionszeithorizontes verzinst und alle verzinsten Zahlungen addiert. Der zukünftige Wert einer gewöhnlichen Annuität (A = Wert der Annuität) wird entsprechend der folgenden Formel berechnet:

$$P_n = A \cdot \left[\frac{(1+r)^n - 1}{r} \right]$$

Beispiel: Ein Investor zahlt während 5 Jahre jedes Jahr Euro 100 gemäß einem Annuitäten-Vertrag bei der Bank ein. Der Diskontsatz beträgt 5 %. Der zukünftige Wert der Annuität am Ende des Vertrages errechnet sich aus der Formel:

$$P_n = 100 \cdot \left[\frac{(1+0,05)^5 - 1}{0,05} \right] = 552,56$$

Die Einzahlung erfolgt am Anfang des Jahres und die Verzinsung erfolgt am Ende eines Jahres.

2.2.4 Aktueller Wert der ewigen Annuität

Wenn der gleiche Betrag periodisch investiert wird, ohne dass die Laufzeit terminiert ist, spricht man von einer *ewigen Annuität*. Die Anzahl Perioden n strebt gegen unendlich, wodurch der folgende Ausdruck gegen Null strebt:

$$\frac{(1+r)^n - 1}{r} \approx 0 \qquad \text{für } n \to \infty$$

In Abänderung der gewöhnlichen Annuität wird die Formel angepasst:

$$P_n = \frac{A}{r}$$

Beispiel: Ein Investor zahlt jedes Jahr Euro 3,50 gemäß einem Annuitäten-Vertrag bei der Bank ein. Der Diskontsatz beträgt 5 %. Der zukünftige Wert der Annuität am Ende des Vertrages wird wie folgt errechnet:

$$P_n = \frac{A}{r} = \frac{3,5}{0,05} = 70$$

Beträgt dagegen der Diskontsatz 7 %, so hat die ewige Annuität nur einen Gegenwartswert von:

$$P_n = \frac{A}{r} = \frac{3,5}{0,07} = 50$$

2.2.5 Zahlungen mit konstanter Wachstumsrate

Die Annuität weist einen konstanten Zahlungsbetrag auf. Bei folgender Berechnungsmethode wird von einem ursprünglichen Cash Flow (CF) mit einer konstanten Wachstumsrate g ausgegangen:

$$P_t = \frac{CF \cdot (1+g)}{(1+r)} + \frac{CF \cdot (1+g)^2}{(1+r)^2} + \ldots + \frac{CF \cdot (1+g)^t}{(1+r)^t}$$

Diese Form der Berechnung des Gegenwartswertes kann praktisch nur angewendet werden, wenn der Diskontsatz r größer ist als die Wachstumskonstante g, da andernfalls der Gegenwartswert der verschiedenen Zahlungen einen unendlich hohen Wert annimmt. Sofern der Diskontsatz größer ist als g (r > g) kann der Gegenwartswert wie folgt berechnet werden:

$$P_t = CF \cdot \frac{1 - \left(\frac{1+g}{1+r}\right)^t}{(r-g)} \qquad \text{mit } r > g$$

Geht man davon aus, dass der Cash Flow-Strom nicht abbricht, so wird

$$\left(\frac{1+g}{1+r}\right)^t \to 0 \qquad \text{mit } t \to \infty \text{ und } r > g, \text{ und damit ergibt sich}$$

$$P_\infty = \frac{CF}{r-g}$$

Dies vereinfacht die Darstellung des Gegenwartswertes des „ewigen" Cash Flow-Stromes jetzt unabhängig von t. Der Ansatz des „ewigen" Cash Flow-Stromes findet im Dividend Discount-Modell seine Anwendung, indem Dividenden mit konstant ansteigender Wachstumsrate unterstellt werden und in einem einfachen Modell den Wert der Aktie ergeben (stark vereinfachte Annahmen).

2.3 Preis der Obligation

2.3.1 Bewertung von Nullcoupon-Obligationen

Die Bewertung einer Nullcoupon-Obligation (Zerocoupon) besteht in der Berechnung des einzigen Cash Flows CF_t, der am Ende der Investitionsperiode anfällt. In der Zwischenzeit von Investitionsbeginn und Rückzahlung erfolgen keine Zahlungen. Der Preis einer solchen Obligation, dargestellt durch P_0, entspricht dem aktuellen Gegenwert des zukünftigen und einzigen Cash Flows:

$$P_0 = \frac{CF_t}{(1+r)^t}$$

CF_t = der Cash Flow, der am Ende der Investitionsperiode t anfällt, r = verwendeter Diskontierungssatz.

Beispiel: Die Berechnung des heutigen Preises einer Nullcoupon-Obligation, die nach 5 Jahren zu Euro 100 zurückgezahlt wird und deren Diskontsatz 6 % beträgt, erfolgt nach

$$P_0 = \frac{CF}{(1+r)^t} = \frac{100}{(1+0,06)^5} = 74,73$$

Der Preis derselben Obligation mit einer Restlaufzeit von 4 Jahren:

$$P_0 = \frac{CF}{(1+r)^t} = \frac{100}{(1+0,06)^4} = 79,20$$

Die Berechnung verdeutlicht, dass bei gleichem Diskontsatz, aber kürzerer Restlaufzeit der Preis zunimmt. In der Praxis hingegen ist der Diskontierungssatz je nach Restlaufzeit verschieden. Benutzt man die Notierung $P_{0,t}$, wobei $r_{0,t}$ dem Zinssatz entspricht, für die man Geld von der Zeit 0 bis t ausleihen kann (man spricht auch von Spot Rate) und für die erst am Ende der Investitionsperiode eine endgültige Auszahlung für Zinsen und Rückzahlung in einem erfolgt, so wird der Preis einer Nullcoupon-Obligation definiert durch:

$$P_{0,t} = \frac{CF_t}{(1+r_{0,t})^t}$$

Diese Betrachtungsweise erlaubt die Benutzung verschiedener Diskontsätze in Abhängigkeit der verschiedenen Restlaufzeiten.

Beispiel: Der Preis einer Nullcoupon-Obligation, die nach 5 Jahren zu Euro 100 zurückgezahlt wird und deren Diskontsatz 6 % beträgt, wird wie folgt berechnet:

$$P_{0,t} = \frac{CF}{(1+r)^t} = \frac{100}{(1+0,06)^5} = 74,73$$

Der Preis derselben Obligation mit einem Diskontsatz von 5 % beträgt:

$$P_{0,t} = \frac{CF_t}{(1+r)^t} = \frac{100}{(1+0,05)^5} = 78,35$$

2.3.2 Bewertung von einfachen Obligationen

Die Bewertung einer klassischen Obligation, d. h. einer zinstragenden Obligation, entspricht einer bestimmten Zahl von Cash Flows, die zu verschiedenen Zeitpunkten in der Zukunft anfallen. Dementsprechend kann eine einfache Obligation durch ein Portfolio von Nullcoupon-Obligationen repliziert werden, wobei jede Nullcoupon-Obligation einer Zinszahlung entspricht, die vom Zeitpunkt der Zinsausschüttung bis zur Rückzahlung der Obligation zum Zeitpunkt T weiterverzinst wird. Weicht der Preis davon ab, besteht eine Arbitrage-Situation. Da der Portfolio-Preis der Summe aller Nullcoupon-Obligationen entspricht, ist der Preis einer zinstragenden Obligation definiert durch die Summe aller Gegenwartswerte der einzelnen Cash-Zahlungen:

$$P_0 = \sum_{t=1}^{T} \frac{CF_t}{(1+r_{0,t})^t} = \frac{CF_1}{(1+r_{0,1})^1} + \frac{CF_2}{(1+r_{0,2})^2} + \ldots + \frac{CF_T}{(1+r_{0,T})^T}$$

CF_t = Cash Flow am Ende der Periode t (Coupon oder Rückzahlung), T = Restlaufzeit (in Jahren).

2.3.3 Zwischenjährliche Zinszahlungen

Wird der Zins nicht jährlich ausgezahlt, sondern z. B. halbjährlich, so muss die oben genannte Formel angepasst werden in Bezug auf die Anzahl Zinszahlungen (m) pro Jahr, $r_{0,t}$ ist die Spot Rate für die Restlaufzeit vom Zeitpunkt 0 bis t:

$$P_0 = \sum_{t=1}^{T} \frac{CF_t}{\left(1 + \frac{r_{0,t}}{m}\right)^{t \cdot m}} = \frac{CF_1}{\left(1 + \frac{r_{0,1}}{m}\right)^{1 \cdot m}} + \frac{CF_2}{\left(1 + \frac{r_{0,2}}{m}\right)^{2 \cdot m}} + \ldots + \frac{CF_T}{\left(1 + \frac{r_{0,T}}{m}\right)^{T \cdot m}}$$

Mit dieser einfachen Modifikation wird der Cash Flow CF_t, der nun halbjährlich anfällt, durch den entsprechenden halbjährlichen Zinssatz diskontiert.

2.3.4 Preisnotierung

Der Obligationenpreis entspricht dem Preis, zu dem die Obligationen am Markt gehandelt werden. Der Obligationenpreis wird in Europa dargestellt in Prozenten des Nominalwertes. Der Gesamtwert eines Obligationenpreises entspricht dem Preis multipliziert mit dem Nominalwert und dividiert durch 100.

Beispiel: Eine Obligation wird zum Preis von 92,2 % gehandelt und es wird ein Nominalbetrag von Euro 10 000 investiert. Der Obligationenwert beträgt:

92,2 % · 10 000/100 = Euro 9220

Eine Ausnahme besteht bei den US-Treasury-Obligationen, deren Preis in Prozenten des Nominalwertes und in Bruchteilen von 1/32 eines Prozentes notiert werden. Diese Art der Notierung beruht auf der Basis von 1/32 Punkten (0,03125 Dezimalpunkte) und entspricht der kleinsten Einheit der Preisnotierung im Handel.

Beispiel: Eine US-Treasury-Obligation wird zum Preis von 92-8 gehandelt und ein Nominalbetrag von US-$ 10 000 investiert. Der Obligationenwert beträgt

92-8/32 % · 10 000/100 = US-$ 9,225

2.3.5 Zusammenhang zwischen Coupon, Rendite und Preis

Die Zusammenhänge zwischen Coupon, Rendite und Preis lassen sich wie folgt beschreiben:

- Bei einer Obligation, die zu pari gehandelt wird, sind Coupon und Rendite auf Verfall identisch.

- Bei einer Obligation, die unter pari gehandelt wird, ist die Rendite auf Verfall größer als der Coupon.

- Bei einer Obligation, die über pari gehandelt wird, ist die Rendite auf Verfall kleiner als der Coupon.

- Eine Obligation, deren Rendite auf Verfall konstant bleibt und zu pari gehandelt wird, hat auch einen konstanten Kurs. Verändert sich dagegen einer der Werte, so verändert sich auch der Kurs.

Die Abbildung 2 stellt die Beziehungen graphisch dar. Die Obligation A mit konstant sinkenden Kursen hat einen ursprünglichen Wert von 112, einen Coupon von 6 %, eine Rendite auf Verfall von 5 % und eine Restlaufzeit von 12 Jahren. Die Obligation B mit konstant steigenden Kursen hat einen ursprünglichen Wert von 89, einen Coupon von 6 %, eine Rendite auf Verfall von 7 % und eine Restlaufzeit von 12 Jahren.

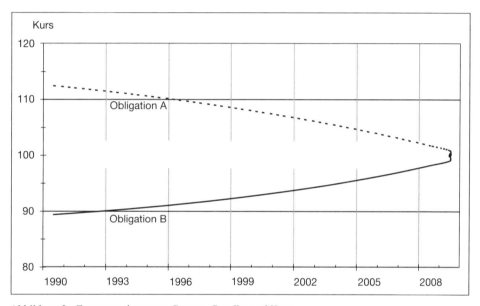

Abbildung 2: Zusammenhang von Coupon, Rendite und Kurs

2.3.6 Akkumulierte Zinsen und Nettopreise

Beim Abschluss eines Obligationenkaufes müssen auch die aufgelaufenen Zinsen berücksichtigt werden. Ansonsten verzichtet der bisherige Besitzer der Obligation auf die inzwischen akkumulierten Zinsen (Marchzinsen) und damit auf einen Teil der effektiven Rendite. Zudem müssen bei bestehenden Obligationen-Positionen mit verschiedenen Laufzeiten (und deshalb unterschiedlichen Zeitperioden bis zur nächsten Couponzahlung) und unterschiedlichen Coupons die akkumulierten Zinsen berücksichtigt werden, um Obligationen überhaupt vergleichen zu können. Der Käufer zahlt dem Verkäufer den Gegenwert der akkumulierten Zinsen, indem dieser Betrag zum Wert der Obligationen hinzugezählt wird, um so den effektiven Transaktionsbetrag zu erhalten. Gewissermaßen wird für den Verkäufer das Ausschüttungsdatum der Couponzahlung vorverlegt, wodurch der Käufer vorzeitig in den Genuss der Zinsen kommt. Der Käufer dagegen muss bis zum nächsten Ausschüttungsdatum warten, bis der ganze Coupon ausgezahlt wird.

Beispiel: Am 31. 3. 1995 wird eine Obligation 1. 1. 1994 – 31. 12. 1999 mit einem Coupon von 8 %, bei einem Nominalwert von Euro 10 000 zum Preis von 98,15 % notiert. Ausschüttungsdatum für die Zinsen ist der 30. 6. Die akkumulierten Zinsen bis zum 31. 3. 1995 sind dem Verkäufer auszuzahlen. Der Käufer erhält am Ausschüttungstag (30. 6. 1995) sämtliche Zinsen, d. h. für das vergangene Jahr. Der Käufer muss dem Verkäufer die akkumulierten Zinsen sofort bezahlen, der Käufer muss auf seine Zinsen bis zum 30. 6. 1995 warten. Der Käufer zahlt am 31. 3. 1995 dem Verkäufer für die Obligation:

Euro 10 000 · 98,15 % = Euro 9,815   und für die akkumulierten Zinsen:

$$(360–61)/360 · 8 \% · 10\,000 = \text{Euro } 664,44$$

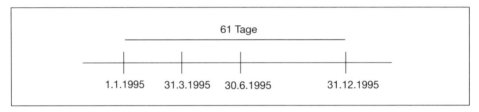

Abbildung 3: Akkumulierte Zinsen

Dies ergibt Euro 10 479,44, die dem Verkäufer zu zahlen sind. Bei der nächsten Couponzahlung am 30. 6. 1995 erhält der Käufer den vollen Coupon, d. h.:

$$8 \% · 10\,000 = \text{Euro } 800,00$$

Da er dem Verkäufer bereits Euro 664,44 zahlen musste, entspricht der Restbetrag von Euro 135,56 dem Zins für die 61 Tage, während deren der Käufer die Obligation besaß. Eine Ausnahme von dieser Preisnotierung bilden die Britischen Gilts, bei welchen der kumulierte Zins im Preis enthalten ist.

Die Berechnung der akkumulierten Zinsen hängt stark von der Zinskonvention ab, nach der die Zinsen generell berechnet werden. Diese Konvention ist von Land zu Land verschieden. Die Übersicht 4 gibt die länderspezifischen Konventionen wieder, die als die geläufigsten Arten von Zinsberechnungen in den einzelnen Ländern gelten. Insbesondere um das Monatsende ist der Unterschied zwischen den einzelnen Zinskonventionen besonders auffällig.

Beispiel: Berechnung der aufgelaufenen Zinsen für eine US-Treasury-Obligation und für eine US-Firmenobligation, die am 31. 3. 1995 gekauft werden und für die am 30. 6. 1995 die Zinszahlung erfolgte, wobei beide eine halbjährliche Zinszahlung bei einem Coupon von 10 % aufweisen.

Für die US-Treasury-Obligation verwendet man die (aktuell/aktuell)-Konvention. Die Zeitperiode vom 31.12. bis zum 31.3. weist 90 Tage auf (31+28+31). Die Zeitperiode vom

31.12.1994 bis zum 30. 6. weist 181 Tage auf (31 + 28 + 31 + 31 + 30 + 30). Für die US-Treasury-Obligation ergibt sich:

$90/181 \cdot 10\% \cdot {}^1/_2 = 0{,}024862$ bzw. Euro 2,486 pro Euro 100 Nominalwert.

Für die US-Firmenobligation wird mit der (30/360)-Konvention gerechnet. Für die gleichen Perioden ergeben sich die folgenden Werte:

$90/360 \cdot 10\% = 0{,}025$ bzw. Euro 2,50 pro Euro 100 Nominalwert.

Übersicht 4: Länderspezifische Zinskonventionen

Land/Obligation	Konvention
Schweiz/Deutschland Eurobonds	Schweiz und Deutschland benutzen ein fiktives Jahr mit 360 Tagen, mit 12 Monaten zu 30 Tagen (30/360). Akkumulierte Zinsen = $(30. \, M + D)/360 \cdot C_p$
USA US-Treasury	Die USA benutzen die genaue Anzahl Tage und berücksichtigen eine halbjährliche Verzinsung. Akkumulierte Zinsen = genaue Anzahl Tage seit letztem Coupon/genaue Anzahl Tage zwischen den Coupons $\cdot \, C_p/2$
USA US-Domestic	Für Firmenobligationen, Yankees, Agencies ohne T-Bonds etc. wird die (30/360)-Konvention benutzt, mit halbjährlicher Verzinsung. Akkumulierte Zinsen = $(30. \, M + D)/360 \cdot C_p/2$
Japan/England Japanische und englische Obligationen	Bei japanischen und englischen Obligationen wird die genaue Anzahl Tage – ein Jahr mit 365 Tagen – angewandt (aktuell/365). Akkumulierte Zinsen = (aktuelle Tage seit letztem Coupon)/365 $\cdot \, C_p/2$
Frankreich Firmenobligationen	Für französische Firmenobligationen werden die genaue Anzahl Tage seit der letzten Couponzahlung und die genaue Anzahl Tage zwischen den Couponzahlungen berücksichtigt (aktuell/aktuell). Akkumulierte Zinsen = genaue Anzahl Tage seit letztem Coupon/genaue Anzahl Tage zwischen den Coupons $\cdot \, C_p$
C_p = jährlicher Coupon, D = Anzahl Tage seit der letzten Couponzahlung, M = Anzahl Monate.	

2.4 Erschwernisse bei der Bewertung

Das bisherige Vorgehen ging jeweils von relativ einfachen Annahmen aus: Der Nominalwert wird am Ende der Investitionsperiode zu pari zurückgezahlt, Couponzahlungen fallen genau in einem Jahr bzw. 6 Monaten an, für die Diskontierung wird nur ein Zinssatz benutzt, der bis zur Rückzahlung auch konstant bleibt, alle Zahlungsströme finden zu bestimmten und bekannten Zeitpunkten statt etc. Diese Annahmen vereinfachen die Realität zu sehr und müssen modifiziert werden, was die Bewertung kompliziert:

- Rückzahlung nicht zu pari: Erfolgt die Rückzahlung der ursprünglichen Investition nicht zu 100 %, sondern mit einer Prämie oder einem Discount, dann bleibt die bereits bekannte Methodologie die gleiche, lediglich der letzte Cash Flow fällt nicht zu 100 % an, sondern gemäß dem Rückzahlungspreis.

- Zinszahlung nicht im halbjährlichen Rhythmus: Dieser Fall gilt dann, wenn das Settlement-Datum und das Coupondatum nicht übereinstimmen. In diesem Falle ist folgende Formel anzuwenden:

$$P_0 = \sum_{t=1}^{n} \frac{C}{(1+r)^v \cdot (1+r)^{t-1}} + \frac{CP}{(1+r)^v \cdot (1+r)^{n-1}}$$

  v = Tage zwischen Settlement und nächster Couponzahlung in Tagen/Anzahl Tage in Couponperiode, i. d. R. 180 Tage in den USA, 360 in Deutschland/Schweiz); CP = Preis, zu dem die Obligation zurückgegeben werden kann (Call Preis); n = Anzahl Perioden (Anzahl Jahre · 2, sofern halbjährliche Couponzahlung).

- Zahlungsströme finden nicht zu bestimmten und bekannten Zeitpunkten statt. Eine Mehrheit der Obligationen hat Zahlungsströme, die zu bekannten Zeitpunkten stattfinden. So werden die Zinsen beispielsweise bei halbjährlicher Couponzahlung per 30. 6. und 31. 12. eines Jahres gezahlt. Dies trifft aber für Obligationen mit Rückruf-Option nicht zu. Der Emittent wird die Emission dann zurückrufen, wenn die Marktumstände für ihn günstig sind, d. h. wenn die Marktzinsen so weit unter den Coupon sinken (in den Spread müssen die Kosten der Rückruf-Aktion eingerechnet werden), dass ein Rückruf und die damit verbundenen Kosten ökonomisch effizient sind. Der Emittent kann unter diesen Umständen eine neue Emission mit niedrigerem Coupon und damit niedrigeren Kosten emittieren. Demzufolge sind die Zahlungsströme von rückrufbaren Obligationen nicht mit Sicherheit bekannt.

- Die Diskontierung aufgrund eines einzigen Zinssatzes beruht auf der Annahme, dass jede Obligation mit einem Coupon als eine Vielzahl von Nullcoupon-Anleihen angesehen werden kann, die durch Stripping der Couponzahlungen entstanden sind und für deren Diskontierung nur ein Zinssatz verwendet wird. Bei Obligationsanleihen mit Optionen, deren Bewertung auf Multifaktor-Modellen beruhen, kann es durchaus notwendig sein, mehrere Zinsen entlang der Zeitachse (entsprechend den verwendeten Faktoren) zu benutzen. Die Zinsoptionsmodelle von *Longstaff/Schwartz* verwenden mehrere Zinsfaktoren für die Bewertung.[3]

---

[3] Vgl. Longstaff, F. A./Schwartz, E. S.: „Interest Rate Volatility and the Term Structure: A Two Factor General Equilibrium Model", 1990.

Zusammenfassung

Der Abschnitt geht auf den Zeitwert des Geldes ein. Die Erkenntnis, dass die Zeit bzw. die Investitionszeit Auswirkungen auf aktuelle und zukünftige Werte hat, führt zur Darstellung der Diskontierung bzw. Verzinsung der entsprechenden Beträge. Die Bewertung von Obligationen führt von der Nullcoupon-Anleihe über die einfache Obligation und den Einfluss von zwischenjährlichen Zinszahlungen zur Preisnotierung und akkumulierten Zinsen. Diskutiert werden kontinuierliche Diskontierung und Verzinsung, Bewertung von gewöhnlichen und ewigen Annuitäten und Zahlungen mit konstanter Wachstumsrate. Die Preisbildung und Darstellung gemäß länderspezifischen Zinskonventionen werden detailliert dargestellt. Abschließend wird auf die Handhabung von Komplikationen bei der Bewertung eingegangen.

3. Rendite-Messung

3.1 Current Yield

Die aktuelle Rendite (Current Yield) ist relativ einfach zu berechnen, indem der Coupon bzw. der vertraglich fixierte jährliche Cash Flow durch den aktuellen Marktpreis dividiert wird:

$$r_{current} = \frac{C}{P_0}$$

Die aktuelle Rendite verhält sich invers zum Kurs, da der Coupon vertraglich fixiert und damit konstant ist. Mit steigenden (fallenden) Kursen fällt (steigt) die aktuelle Rendite, denn der Coupon als Konstante ist prozentual im Verhältnis kleiner (größer). Da der Coupon den vertraglich fixierten Zinsbetrag der jeweiligen Obligation darstellt, sind Obligationen aufgrund der aktuellen Rendite nicht vergleichbar. Beispielsweise zahlt eine Zerocouponobligation keinen Coupon, d. h. eine „aktuelle Rendite" wird nicht definiert. Umgekehrt weist eine Obligation, die einen starken Discount aufweist, d. h. stark unter ihrem Nominalwert gehandelt wird, eine sinkende aktuelle Rendite auf. Im Verlauf der Restlaufzeit weist das Papier einen Kurs auf, der gegen pari tendiert.

3.2 Yield to Maturity

3.2.1 Definition

Die Yield to Maturity oder Rendite auf Verfall ist der Diskontsatz r, bei dem der Gegenwartswert der zukünftigen Cash Flows aus der Obligation bis zur Restlaufzeit mit dem aktuellen Marktwert der Obligation übereinstimmt.

$$P_0 = \sum_{t=1}^{T} \frac{CF_t}{(1+r)^t} = \frac{CF_1}{(1+r)^1} + \frac{CF_2}{(1+r)^2} + \ldots + \frac{CF_T}{(1+r)^T}$$

CF_t = Cash Flow, der am Ende der Periode t anfällt (Zinszahlung oder Rückzahlung), T = verbleibende Restlaufzeit (Time to Maturity) der Obligation.

Die Yield to Maturity kann auch als Internal Rate of Return oder interner Ertragssatz bezeichnet werden. Sie geht von der Annahme aus, dass die Obligation bis zur Restlaufzeit gehalten wird. Dementsprechend treffen alle Cash Flows zu den geplanten Zeitpunkten ein. Die Yield to Maturity darf nicht mit der Gesamtrendite der Obligation verwechselt werden.

3.2.2 Halbjährliche Zinszahlungen

Die Berechnung der halbjährlichen Zinszahlung beginnt mit der Berechnung des Obligationenpreises aufgrund des halbjährlichen Zinssatzes $r_{1/2}$:

$$P_0 = \sum_{t=1}^{t} \frac{CF_t}{(1+r_{1/2})} = \frac{CF_1}{(1+r_{1/2})} + \frac{CF_2}{(1+r_{1/2})} + \ldots + \frac{CF_T}{(1+r_{1/2})}$$

Der Cash Flow (Zinszahlung oder Rückzahlung), der hier anfällt am Ende einer Periode, wird mittels des halbjährlichen Zinssatzes für ein Semester diskontiert (t = Anzahl Jahre). In einem nächsten Schritt muss die halbjährliche Rendite in eine jährliche (annualisierte) Rendite r_a umgerechnet werden. Dabei ist zu berücksichtigen, dass je nach Markt die Zinskonvention zur Berechnung der Tage und Zinsen verschieden ist:

Euromarkt: $r_a = (1+r_{1/2})^2 - 1$
US- oder Englischer Markt: $r_a = 2 \cdot r_{1/2}$

Bei der US- bzw. Englischen Konvention wird der jährliche Zins nicht verzinst, d. h. er ist dementsprechend niedriger als bei der Rendite gemäß Euromarkt-Konvention. Dieselbe Vorgehensweise kann auch angewandt werden, wenn die Zinsen vierteljährlich anfallen. Bei quartalsweiser Zinszahlung wird der Unterschied zwischen den Konventionen noch verstärkt.

3.2.3 Yield-Berechnung zwischen zwei Zahlungsterminen

Bei einem Obligationenkauf zwischen zwei Zinszahlungsterminen muss der Käufer dem Verkäufer die akkumulierten Zinsen zahlen. Der Käufer selber erhält die gesamten Zinsen erst zum Zeitpunkt der nächsten Zinsausschüttung. s ist der Zeitabschnitt zwischen der letzten Zinszahlung und dem Kaufdatum, ausgedrückt als Fraktion, z. B. als $^1/_4$, $^1/_2$ oder $^3/_4$. Für die Berechnung des gesamten Kaufpreises muss zusätzlich zum Obligationenpreis noch der Betrag an akkumulierten Zinsen dazugezählt werden. Die Formel für diese Berechnung ist:

$$P + k \cdot C = \sum_{t=1}^{T} \frac{CF_t}{(1+r)^{t-s}} = \frac{CF_1}{(1+r)^{1-s}} + \frac{CF_2}{(1+r)^{2-s}} + \ldots + \frac{CF_T}{(1+r)^{T-s}}$$

$$= (1+r)^s \cdot \left[\frac{CF_1}{(1+r)^1} + \frac{CF_2}{(1+r)^2} + \ldots + \frac{CF_T}{(1+r)^T} \right]$$

Bei dieser Vorgehensweise muss daran erinnert werden, dass die Konvention zur Berechnung der Zinsen und der Tage für die akkumulierten Zinsen von Markt zu Markt verschieden ist.

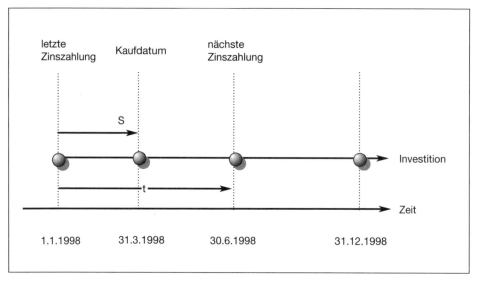

Abbildung 4: Yield-Berechnung zwischen zwei Zahlungsterminen

3.3 Modifizierte Versionen der Yield to Maturity

3.3.1 Yield to Call

Bei vorzeitig rückrufbaren Obligationen (Callable Bonds) ist die Yield to Call der Diskontierungssatz, bei dem der Gegenwartswert der zukünftigen Cash Flows aus der Obligation bis zum vorzeitig rückrufbaren Termin (Zinszahlung und Rückzahlung) mit dem aktuellen Marktwert der Obligation übereinstimmt.

$$P = \sum_{t=1}^{T_c} \frac{CF_t}{(1+r_c)^t} = \frac{CF_1}{(1+r_c)^1} + \frac{CF_2}{(1+r_c)^2} + \ldots \frac{CF_{T_c}}{(1+r_c)^{T_c}}$$

CF_t = Cash Flow, der am Ende der Periode t anfällt (Zinszahlung oder Rückzahlung), T_c = verbleibende Restlaufzeit bis zum vorzeitig rückrufbaren Termin der Obligation (Call Date).

Die Yield to Call unterscheidet sich von der Yield to Maturity dadurch, dass die Diskontierungsperiode kürzer ist. Das Datum des vorzeitigen Rückrufs liegt vor der eigentlichen Restlaufzeit der Obligation, zusätzlich ist der Rücknahmepreis bei der Yield to Call höher, da der Investor als Entschädigung für den vorzeitigen Rückruf eine Entschädigung verlangt, wodurch der Rücknahmepreis grundsätzlich über dem Pari-Wert liegt.[4]

---

[4] Vgl. dazu auch Dunetz, Mark L./Mahoney, James M.: „Using Duration and Convexity in the Analysis of Callable Bonds", 1988, S. 53–72.

3.3.2 Call adjusted Yield

Wie aus den vorhergehenden Überlegungen ersichtlich ist, kann eine vorzeitig rückrufbare Obligation betrachtet werden als eine Kombination aus einer normalen (nicht vorzeitig rückrufbaren) Obligation und einer Short-Position bezüglich einer Call-Option. Die Call-Option gibt dem Emittenten der Obligation das Recht, die Obligation vorzeitig zu einem bestimmten Betrag zurückzurufen.

Für eine vorzeitig rückrufbare Obligation besteht die Call adjusted Yield aus der Yield to Maturity der entsprechenden nicht rückrufbaren Obligation mit den gleichen Eigenschaften (Coupon, Laufzeit etc.) minus des Wertes der Call-Option. Für eine vorzeitig rückzahlbare Obligation (Putable Bond) muss der Wert der Put-Option hinzugerechnet werden, da der Investor mit einem solchen Put die Möglichkeit hat, die Obligation zu einem im Voraus festgelegten Betrag an den Emittenten zurückzuzahlen.

3.3.3 Yield to Worst

Die Kennzahl Yield to Call misst die Rendite unter Berücksichtigung des ersten Rückrufdatums. Zu einer rückrufbaren Obligation gehört ein Zeitplan mit jeweils vorausberechneten Rückzahlungspreisen für jedes der Rückrufdaten. Basierend auf diesen Berechnungen kann die Yield to Worst berechnet werden. Diese Kennzahl berücksichtigt das *Minimum* aller Renditeberechnungen für alle möglichen Rückrufdaten und die entsprechenden Yield to Maturities. Eine Obligation mit beispielsweise vier Rückrufdaten und den Yield to Call-Kennzahlen für alle Daten von 6,1 %, 6,4 %, 5,6 %, 5,7 % sowie einer Yield to Maturity von 7,4 % hat eine Yield to Worst von 5,6 %.

3.3.4 Yield to Average Life

Eine „Sinking Fund"-Verpflichtung verkürzt tendenziell die effektive wahrscheinliche Restlaufzeit einer Obligation. Für die Renditeberechnung muss deshalb die durchschnittliche Restlaufzeit berücksichtigt werden, d. h. es wird die Rendite auf die durchschnittliche Restlaufzeit anstelle der Yield-to-Maturity benutzt.

Beispiel: Eine Obligation mit 4 Jahren bis zur Rückzahlung hat eine „Sinking Fund"-Verpflichtung, beginnend nach dem ersten Jahr und eine durchschnittliche Restlaufzeit von nur 2,5 Jahren. Die 2,5 Jahre erhält man wie folgt:

durchschnittliche Restlaufzeit = n + ((m-n)/2)

n = Anzahl Jahre bis die „Sinking Fund"-Verpflichtung beginnt, m = Restlaufzeit der Obligation. Man erhält:

durchschnittliche Restlaufzeit = 1 + ((4–1)/2) = 2,5 Jahre

Die Rendite einer „Sinking Fund"-Obligation muss aufgrund der diskontierten Cash Flows berechnet werden. Die Yield to Maturity würde eine zu hohe Rendite ergeben. Korrekt berechnet ergibt sich die Rendite, die den Gegenwartswert aller zukünftigen Cash Flows (bestehend aus Zinszahlungen und „Sinking Fund"-Verpflichtungen) dem Gegenwartswert der Obligation gegenübergestellt.

Beispiel: Eine Obligation mit 14 % Coupon und 5 Jahren Restlaufzeit hat eine „Sinking Fund"-Verpflichtung nach dem zweiten Jahr, wonach jeweils 33 % der Emission zurückgezahlt werden müssen. Die Obligation wird zum Kurs von 120 mit halbjährlichen Zinsen gehandelt. Wie aus der nachfolgenden Formel ersichtlich ist, muss der interne Zinssatz berechnet werden, der den Wert der Obligation dem Gegenwartswert der Cash Flows gleichstellt. Der interne Zinssatz von 8 % erfüllt diese Bedingung.

$$P_0 = \frac{7}{1+\frac{i}{2}} + \frac{7}{\left(1+\frac{i}{2}\right)^2} + \frac{7}{\left(1+\frac{i}{2}\right)^3} + \frac{7}{\left(1+\frac{i}{2}\right)^4} + \frac{7}{\left(1+\frac{i}{2}\right)^5} +$$

$$\frac{7+33.\overline{3}}{\left(1+\frac{i}{2}\right)^6} + \frac{4.\overline{6}}{\left(1+\frac{i}{2}\right)^7} + \frac{4.\overline{6}+33.\overline{3}}{\left(1+\frac{i}{2}\right)^8} + \frac{2.\overline{3}}{\left(1+\frac{i}{2}\right)^9} + \frac{2.\overline{3}+33.\overline{3}}{\left(1+\frac{i}{2}\right)^{10}} = 120$$

Die Zinszahlungen erfolgen halbjährlich. Mit einem iterativen Verfahren erhält man den Zinssatz von 8 %, der alle Cash Flows so diskontiert, dass die Summe dem aktuellen Kurs von 120 entspricht.

3.3.5 Yield für Floating Rate Papiere

Der Coupon eines Floating Rate-Papiers passt sich periodisch einem im Voraus festgelegten Index an, der Benchmark ist z. B. LIBOR, ein Staatsanleihen-Index etc. Da der Wert des Benchmarks in der Zukunft nicht bekannt ist, kann der anfallende Cash Flow nicht auf den Gegenwartswert diskontiert werden. Dies bedeutet, dass die Berechnung der Rendite auf Verfall nicht möglich ist.

Eine gebräuchliche Methode zur Schätzung der Rendite eines Floating Rate-Papiers ist die *effektive Marge* des Papiers. Diese Kennzahl schätzt den durchschnittlichen Spread oder die Marge gegenüber dem darunter liegenden Index, den der Investor im Verlauf des Lebenszyklus des Wertpapiers erwarten kann. Die Berechnung der effektiven Marge erfolgt in vier Schritten:

1. Bestimmung der Cash Flows unter der Annahme, dass der Indexertrag sich nicht verändert im Verlauf des Lebenszyklus des Wertpapiers,

2. Schätzung der Marge (Spread),

3. Diskontierung des Cash Flows aus dem ersten Schritt mit dem aktuellen Indexertrag (inklusive der Marge aus Schritt zwei),

4. Vergleich des Gegenwartswerts der Cash Flows aus Schritt drei mit dem Preis. Stimmen der Preis und der Gegenwartswert des Wertpapiers überein, so ist die geschätzte Marge gleich der effektiven Marge. Stimmen Gegenwartswert und Preis nicht überein, sollte erneut bei Schritt zwei mit einer anderen Marge begonnen werden.

Beispiel: Ein fünfjähriges Floating Rate-Papier wird zu Euro 100 gekauft. Der Coupon basiert auf einem Zinssatz-Index plus 60 Basispunkten. Der Coupon wird alle 6 Monate angepasst. Der angenommene Zinssatz beträgt 6 %. Die Übersicht 5 zeigt die Berechnung der effektiven Marge. Es ist ersichtlich, dass die Marge und der Kaufpreis sich entsprechen. Sollte eine Differenz bestehen, kann dies auf einen Qualitätsspread oder auf einen Kurs hinweisen, der nicht den momentan herrschenden Zinsbedingungen entspricht.

Übersicht 5: Schätzungsverfahren für die effektive Marge eines Floating Rate-Papiers

Periode	Coupon	Cash Flow	Schätzungen für Marge (Spreads)				
			50 BP	55 BP	60 BP	65 BP	70 BP
1	3,0 %	3,30	3,20	3,20	3,19	3,19	3,19
2	3,0 %	3,30	3,10	3,09	3,09	3,09	3,09
3	3,0 %	3,30	3,00	3,00	2,99	2,99	2,99
4	3,0 %	3,30	2,90	2,90	2,90	2,90	2,89
5	3,0 %	3,30	2,81	2,81	2,81	2,80	2,80
6	3,0 %	3,30	2,72	2,72	2,72	2,71	2,71
7	3,0 %	3,30	2,64	2,63	2,63	2,62	2,62
8	3,0 %	3,30	2,56	2,55	2,55	2,54	2,54
9	3,0 %	3,30	2,47	2,47	2,46	2,46	2,45
10	3,0 %	103,30	75,02	74,84	74,66	74,48	74,30
			100,42	100,21	**100,00**	99,79	99,58

Dieser Ansatz weist zwei Nachteile auf bei der Berechnung der effektiven Marge als Kennzahl für die Rendite eines Investments in Floating Rate-Papiere:

1. Die Kennzahl geht von der Annahme aus, dass der zugrunde liegende Index sich nicht verändert im Verlauf des Lebenszyklus des Papiers.

2. Ein eingebauter Cap oder ein Floor wird bei dem Ansatz als Rendite-Kennzahl nicht berücksichtigt.

3.4 Annualisierung von Yield-Kennzahlen

Den Zinssatz auf Jahresbasis kann man dadurch berechnen, indem man den Zinssatz mit der Häufigkeit der Zinszahlungen pro Jahr multipliziert. Das Resultat ist der *Jahreszinssatz.* Geht man von einem halbjährlichen Zinssatz aus, erhält man durch Multiplikation mit 2 den Jahreszinssatz. Wird der Jahressatz durch 2 dividiert, erhält man den halbjährlichen Zinssatz.

Dieses Procedere der Berechnung annualisierter Zinssätze einer bestimmten Berechnungsperiode (wöchentlich, monatlich, quartalsweise, halbjährlich etc.) ist aber nicht korrekt. Eine einfache Multiplikation oder Division würde zu falschen Resultaten führen.

Beispiel: Eine Investition von Euro 100, die für ein Jahr zu 10 % angelegt wird, der Ertrag ist nach einem Jahr Euro 10. Nimmt man nun an, dass die Investition weiterhin Euro 100 beträgt, der jährliche Zinssatz weiterhin 10 %, aber die Zinszahlung halbjährlich 5 %. Der zukünftige Wert am Ende des Jahres beträgt Euro 110,25. Der Ertrag ist Euro 10,25 für eine Investition von Euro 100. Der Zinssatz (oder Rendite) beträgt in diesem Fall 10,25 % (Euro 10,25/Euro 100). Die 10,25 % werden als *effektiver Zinssatz* bezeichnet. Um den effektiven annualisierten Zinssatz für eine bestimmte Periode zu erhalten, kann die folgende Formel verwendet werden, wobei m die Frequenz der Zinszahlungen ist:

Effektiver jährlicher Zins $= (1 + \text{periodischer Zinssatz})^m - 1$

Beispielsweise ist der periodische Zinssatz 5 % und die Zahlungsfrequenz ist zweimal pro Jahr. Der annualisierte Zinssatz ergibt sich aus:

$$
\begin{aligned}
\text{Effektiver jährlicher Zins} &= (1{,}05)^2 - 1 \\
&= 1{,}1025 - 1 \\
&= 0{,}1025 \text{ bzw. } 10{,}25\,\%
\end{aligned}
$$

Wird nun der Zins quartalsweise gezahlt, dann ist der periodische Zinssatz 2,5 % (5 %/2) und der effektive annualisierte Zinssatz ist:

$$
\begin{aligned}
\text{Effektiver jährlicher Zins} &= (1{,}025)^2 - 1 \\
&= 1{,}1038 - 1 \\
&= 0{,}1038 \text{ bzw. } 10{,}38\,\%
\end{aligned}
$$

Durch eine andere Art der Berechnung kann man auch bestimmen, wie hoch der periodische Zinssatz sein muss, um einen bestimmten annualisierten Zinssatz zu erhalten. Soll beispielsweise berechnet werden, wie hoch der monatliche Zinssatz sein muss, damit eine Investition einen jährlichen Zinssatz von 10 % abwirft, so wird die Formel so angewendet:

Periodischer Zinssatz $= (1 + \text{effektiver jährlicher Zins})^{1/12} - 1$

Wendet man diese Formel – bezogen auf das Beispiel – zur Bestimmung des monatlichen Zinssatzes und einer jährlichen Verzinsung von 10 % an, so erhält man:

$$
\begin{aligned}
\text{Periodischer Zinssatz} &= (1 + 0{,}5)^{1/12} - 1 \\
&= 1{,}007974 - 1 \\
&= 0{,}007974 \text{ bzw. } 0{,}7974\,\%
\end{aligned}
$$

3.5 Gesamtrendite eines Portfolios

Für die Berechnung der Gesamtrendite eines Portfolios haben sich in der Praxis zwei Kennziffern durchgesetzt:

- Gewichtete durchschnittliche Portfolio-Rendite;
- Internal Rate of Return.

3.5.1 Gewichtete durchschnittliche Portfolio-Rendite

Die gewichtete durchschnittliche Portfolio-Rendite wird aus den gewichteten Durchschnitten der Renditen aller in einem Portfolio verwendeten Wertschriften errechnet. Diese Berechnungsmethode wird am häufigsten angewandt, doch die durchschnittlich gewichtete Rendite vermittelt wenig Einblick in die Renditestruktur eines Portfolios.

Beispiel: Ein Portfolio besteht nur aus zwei Obligationen, einer sechs Monate laufenden Obligation mit einer Rendite auf Verfall von 11 % und einer 30-jährigen Obligation mit einer Rendite auf Verfall von 8 %. Nimmt man weiter an, dass das Portfolio zu 90 % in die sechs-monatige Obligation und zu 10 % in die 30-jährige Obligation investiert, ergibt sich eine gewichtete durchschnittliche Rendite von 10,7 %.

Doch was bedeutet nun dieses Resultat? Wie kann dieses Ergebnis im Asset/Liability-Zusammenhang genutzt werden? Das Portfolio besteht in diesem Beispiel im Wesentlichen aus einer Sechs-Monate-Obligation. Für eine Pensionskasse würde die Verwendung einer solchen Kennzahl zu großen Falscheinschätzungen führen, denn die Rendite des Portfolios über die nächsten Jahre wird davon abhängig sein, mit welcher Rendite das Geld in sechs Monaten wieder angelegt werden kann.

3.5.2 Internal Rate of Return

Eine andere Kennzahl zur Berechnung der Portfoliorendite ist die Internal Rate of Return (IRR) des Portfolio-Cash Flows. Zur Berechnung müssen zuerst die Cash Flows aller Wertschriften im Portfolio festgelegt werden, danach wird der Zinssatz berechnet, der den Gegenwartswert der Cash Flows dem gegenwärtigen Marktwert des Portfolios gleichstellt.

Zur Berechnung der IRR wird von einem Portfolio mit vier Obligationen mit unterschiedlichen Restlaufzeiten und von der Annahme, dass die Couponzahlungen zur gleichen Zeit anfallen, ausgegangen. Der Marktwert des Portfolios beträgt Euro 39 687 823. Die Cash Flows der einzelnen Obligationen im Portfolio und für das gesamte Portfolio können wie in der Übersicht 6 aufgezeigt dargestellt werden:

Übersicht 6: Cash Flows und diskontierte Gegenwartswerte eines Obligationen-Portfolios (Obligationen A, B, C, D)

t	Position A	Position B	Position C	Position D	Portfolio	Gegen-warts-wert
1	150 000	400 000	712 500	432 900	1 695 400	1 613 010
2	150 000	400 000	712 500	432 900	1 695 400	1 534 624
3	150 000	400 000	712 500	432 900	1 695 400	1 460 048
4	150 000	400 000	712 500	432 900	1 695 400	1 389 095
5	150 000	400 000	15 712 500	432 900	16 695 400	13 014 324
6	150 000	400 000		432 900	982 900	728 952
7	150 000	400 000		432 900	982 900	693 528
8	5 150 000	400 000		13 432 900	18 982 900	12 743 310
9		400 000			400 000	255 473
10		400 000			400 000	243 058
11		10 400 000			10 400 000	6 012 400
12						
13						
14						
Total					55 625 700	39 687 823

Zur Bestimmung der Rendite muss der Zinssatz gefunden werden, der den Gegenwartswert (Present Value) der Cash Flows im Wert von Euro 55 625 700 auf Euro 39 687 823 diskontiert. Verwendet man einen Zinssatz von 5,11 %, so erhält man einen addierten Gegenwartswert von Euro 39 687 823. Verdoppelt man den Zinssatz auf 10,22 %, so erhält man die Portfolio-Rendite auf Obligationen-Basis.

Zusammenfassung

Dieser Abschnitt geht auf die allgemeinen Rendite-Berechnungen mittels der Yield to Maturity und Yield to Call ein. In Ergänzung dazu werden die Einflüsse von Zinszahlungen, Zinseszins und Kapitelgewinnen und -verlusten berücksichtigt. Die unterschiedlichen Zinskonventionen werden diskutiert und ihr Einfluss auf die Renditeberechnungen dargestellt. Dies betrifft insbesondere die Anzahl Couponauszahlungen pro Jahr und Berechnungsunterschiede in der Kalenderdarstellung. Modifizierte Versionen der Yield to Maturity wie der Yield to Call, Call adjusted Yield, Yield to Worst oder Yield to Average Live schließen die Darstellung der Rendite-Berechnungen ab. Aus der Portfolio-Sichtweise wird die gewichtete durchschnittliche Rendite und der Internal Rate of Return analysiert und ihre Aussagekraft diskutiert.

4. Yield-Kurve

4.1 Begriffsabgrenzungen

In den folgenden Abschnitten werden Begriffe wie Spot Rate, Forward Rate etc. benutzt, die in diesem Abschnitt definiert werden. Bisher wurden verschiedene Zinssätze zur Diskontierung der Cash Flows angewandt, ohne auf deren Ursprung und Eigenschaften einzugehen. Die Abbildung 5 zeigt die vier Grundformen der Yield-Kurve.

Die grafische Darstellung der Yield-Kurve ergibt sich aus der Kombination der Yield to Maturity und den Restlaufzeiten der Obligationen, i. d. R. werden für die Darstellung der Yield-Kurve als Konstruktionsgrundlage Staatsobligationen bevorzugt. Dies kommt daher, dass von den Marktteilnehmern i. d. R. davon ausgegangen wird, dass die Staatsobligationen kein Kreditrisiko beinhalten und somit eine „reine" Yield-Kurve ergeben. Betrachtet man die Abbildung 5 links oben, so könnte man aufgrund der unterschiedlichen Risikoeinstufungen allerdings auch bei Staatsobligationen verschiedener Länder auf ein gewisses Kreditrisiko schließen. Die Abbildung 5 links oben zeigt die normale Kurve, d. h. die Zinsen bzw. Yield to Maturity steigen stetig. Oben rechts wird eine inverse Kurve gezeigt, die typischerweise bei starken Marktängsten vor Zinssteigerungen entsteht, da die Anleger nur noch in kurzfristige Papiere investieren und durch die Nachfrage den Yield in die Höhe treiben. Unten links zeigt eine flache Zinskurve, wo die Yield to Maturity über alle Restlaufzeiten gleich hoch ist und unten rechts ist eine Buckel-Kurve, die zunächst ansteigt

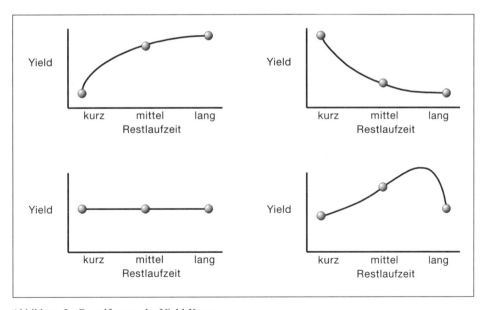

Abbildung 5: Grundformen der Yield-Kurve

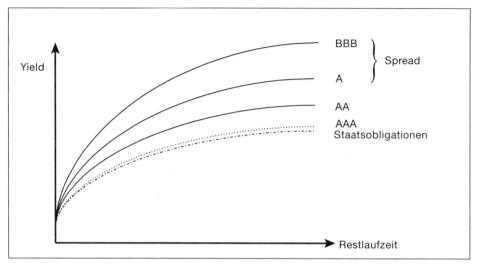

Abbildung 6: Yield-Kurven für Obligationen mit verschiedenen Ratings (Bewertungsgrad nach Standard & Poor's)

und dann wieder fällt. Dies kann mit Illiquidität in einem bestimmten Restlaufzeitsegment zu tun haben oder eine Übergangsphase von einer normalen in eine inverse Form oder umgekehrt darstellen.[5]

In der Abbildung 6 ist der Spread als Risikoprämie zwischen A und BBB vereinfacht dargestellt. Es zeigt sich in der Praxis, dass sich die Unterscheidung von Investment-Grade und Non-Investment-Grade in der Risikoprämie bezüglich Kreditrisiko bzw. Defaultrisiko besonders stark bemerkbar macht (Übergang von BBB zu BB).[6]

Die *Spot Rate*, dargestellt als $r_{0,t}$, und definiert als der jährliche Zinssatz, gilt als reine Diskontierungs-Wertschrift (Nullcoupon-Anleihe), die zum Zeitpunkt t rückzahlbar ist. Die Spot Rate entspricht zum Zeitpunkt 0 der notwendigen Rendite für ein ausgeliehenes Kapital, wenn es nur eine einmalige Zahlung zum Zeitpunkt t gibt, an dem sowohl Zinsen und Kapital zurückgezahlt werden. Spot Rates sind Zinssätze für Kredite und Obligationen, die nur einen einzigen Cash Flow haben, der am Ende der Investitionsperiode dem Investor zurückgezahlt wird.

Die *Forward Rate*, dargestellt als F_{t_1,t_2}, wird als der jährliche Zinssatz definiert, welcher für ein Ausleihungsgeschäft gilt, bei welchem das Vertragsdatum und das Ausleihungsdatum nicht übereinstimmen. Wird z. B. heute (t_1) eine Vereinbarung getroffen, in einem Jahr (zu einem späteren Zeitpunkt t_2) Geld für 1 Jahr (eine bestimmte Zeitperiode) aufzunehmen, so wird dazu der jährliche Zinssatz für das Jahr 1 bis zum Jahr 2 als Forward Rate benutzt.[7]

---

[5] Für eine detaillierte Analyse vgl. Livingston, Douglas G.: „Yield Curve Analysis", 1988, S. 354.
[6] Vgl. dazu die Ausführungen zur Kreditqualitätsmigration in J. P. Morgan: „CreditMetrics™-Technical Document", 1997, S. 24 ff.
[7] Zur Vereinfachung wird als Zeitperiode der Forward Rates 1 Jahr angenommen. Die Vorgehensweise für andere Vertragsdauern ist dieselbe.

Übersicht 7: Spot Rate und Forward Rate

Spot Rate	• Vertragsdatum und Ausleihungsdatum sind identisch.
	• Spot-Zinssätze sind Zinssätze für Kredite oder Obligationen, bei denen es nur eine einmalige Zahlung zum Zeitpunkt t gibt, an dem sowohl Zins und Kapital zurückbezahlt werden.
Forward Rate	• Vertragsdatum und Ausleihungsdatum sind nicht identisch.
	• Forward Zinssätze sind Zinssätze für Kredite oder Obligationen, bei denen es nur eine einmalige Zahlung zum Zeitpunkt t gibt, an dem sowohl Zins und Kapital zurückbezahlt werden.

Die Forward Rate kann auf sehr einfache Weise dadurch berechnet werden, indem die Forward Rate als Koeffizient aus dem Vermögensstand am Ende und am Anfang der Investitionsperiode dargestellt wird, bzw. als Koeffizient zwischen den Zinssätzen für die entsprechenden Zeitpunkte. Es gilt beispielsweise für einen zweijährigen Forward der Zinssatz ab dem ersten Jahr:

$$F_{t1,t2} = \frac{(1 + r_{0,t2})^{t2}}{(1 + r_{0,t1})^{t1}} - 1$$

Die Spot Rate kann von der Konstruktion her als geometrischer Durchschnitt von sich wiederholenden Forward Rates betrachtet werden:

$$(1 + r_{0,t})^t = (1 + r_{0,1})(1 + F_{1,2})(1 + F_{2,3}) \dots (1 + F_{t-1,t})$$

Die Beziehung zwischen Spot- und Forward-Sätzen erklärt auch, weshalb kurzfristige Zinssätze stärker schwanken als längerfristige Zinssätze. Da die längerfristigen Zinssätze grundsätzlich ein Durchschnitt von aktuellen und erwarteten zukünftigen Zinssätzen sind, weisen sie aufgrund der Durchschnittsbildung eine größere Stabilität auf. Die folgende Formel stellt die Schwankungen von kurz-(i_k) und langfristigen Zinsen (i_l) in Beziehung:

$$\sigma_{i_l} = \frac{\sigma_{i_k}}{\sqrt{n}}$$

Die Abbildung 7 verdeutlicht diesen Zusammenhang zwischen den Volatilitäten von kurzfristigen und langfristigen Zinssätzen. Je länger die Beobachtungsperiode wird (d. h. die Anzahl Perioden n wird größer), desto „durchschnittlicher" werden die Schwankungen der langfristigen Zinssätze.

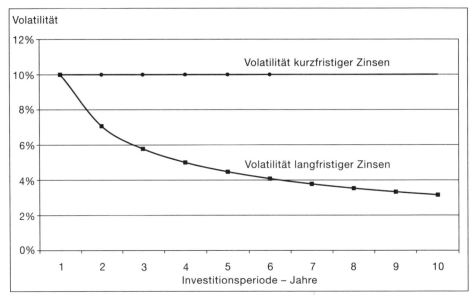

Abbildung 7: Volatilitäten kurzfristiger und langfristiger Zinsen

4.2 Zinsstrukturkurve und ihre Determinanten

Eine der wichtigsten Erkenntnisse in der Diskussion über Zinsen ist die Tatsache, dass Zeit einen Preis hat. Dies spiegelt sich in der Wahrnehmung und Umsetzung der Beziehung von Zinssätzen und Restlaufzeiten im Obligationen-Management wider.

Die Zinsstrukturkurve (auch Zinsertragskurve genannt) gibt die Beziehung von Spot Rates und den dazugehörigen Restlaufzeiten wieder (vgl. Abbildung 8). Die Generierung einer Zinsstrukturkurve ist mit folgenden Problemen behaftet:

- Um den Couponeffekt und Wiederanlagerisiken zu vermeiden, sollte die Zinsstruktur-kurve nur mit Nullcoupon-Anleihen erstellt werden.

- Es gibt nur unregelmäßige Nullcoupon-Anleihen von nichtstaatlichen Emittenten, zudem werden diese Zahlen kaum regelmäßig veröffentlicht.

- Bei der Preisnotierung haben sich Konventionen eingebürgert, wonach für gewisse Rest-laufzeiten die Preise genannt sind (z. B. 1, 2, 3, 6, 12 Monate, 2, 3, 4, 5 Jahre), für andere Restlaufzeiten (wie z. B. 6, 7, 8 und 9 Jahre) werden die Preise nicht regelmäßig notiert.

Die Struktur der Zinskurve kann grundsätzlich vier verschiedene Formen aufweisen: positiv ansteigend, negativ abfallend, geradlinig und Buckel im kurzfristigen Bereich (vgl. Abbil-dung 5). Hierfür gibt es verschiedene Theorien: Die Erwartungstheorie (traditionelle Er-wartungstheorie, Liquiditätstheorie, Preferred Habitat-Theorie) und die Marktsegmentie-rungstheorie.

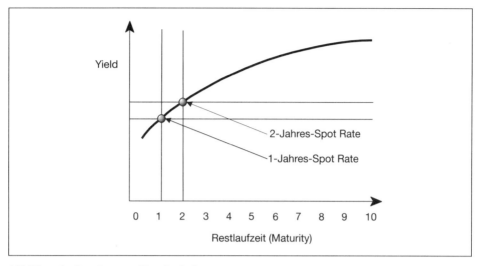

Abbildung 8: Spot Rates und Restlaufzeit

4.2.1 Erwartungstheorie

Traditionelle Erwartungstheorie

Die traditionelle Erwartungstheorie geht davon aus, dass die Forward-Sätze nur die erwarteten zukünftigen Zinssätze darstellen. Daraus lässt sich ableiten, dass die gesamte Zinskurve zu einem bestimmten Zeitpunkt die Markterwartung bezüglich der kurzfristigen Zinssätze widerspiegelt. Dies bedeutet, dass die Markterwartung von steigenden kurzfristigen Zinssätzen in einer insgesamt ansteigenden Zinskurve reflektiert wird. Eine flache Zinskurve zeigt, dass die Zinsen auch künftig auf gleichem Niveau bleiben, während eine sinkende Zinskurve von konstant fallenden kurzfristigen Zinsen ausgeht.[8]

Man gehe von einer ursprünglich flachen Zinskurve aus. Die wirtschaftliche Entwicklung führt nun im Laufe der Zeit zur Markterwartung, dass beispielsweise die erwarteten Zinsen steigen werden. Dies führt nun dazu, dass jeder Investor mit längerfristigem Zeithorizont nicht daran interessiert sein kann, langfristige Obligationen zu kaufen, da er davon ausgehen kann, dass steigende Zinsen fallende Preise und Kapitalverluste auf bestehende Positionen zur Folge haben werden. Dementsprechend werden Investoren ihr Interesse für kurzfristige Obligationen zeigen und sich kurzfristig binden, bis zu dem Zeitpunkt, an dem die Zinserhöhung stattgefunden hat und dann die Investoren wieder ihre in längerfristigen Anlagen auf einem höheren Renditeniveau tätigen. Spekulanten dagegen in Erwartung von steigenden kurzfristigen Zinsen antizipieren einen Preisfall von langfristigen Obligationen, und werden versuchen diese zu verkaufen oder sogar Short-Positionen zu bilden. Der Erlös aus dem

---

[8] Die traditionelle Erwartungstheorie wurde bereits 1896 von Fisher, I. in „Appreciation and Interest", S. 75 f. beschrieben. Er erweiterte diese Idee in „The Theory of Interest", 1930. Vgl. dazu auch Lutz, F. A.: „The Structure of Interest Rates", 1940, S. 36–63.

Short-Verkauf wird am kurzen Ende der Zinskurve investiert. Kreditnehmer hingegen gehen am langen Ende der Zinskurve auf den Markt, in Erwartung auf steigende Zinsen, wodurch die Kreditaufnahme in der Zukunft teurer wird. Das Verhalten der Marktteilnehmer (Investoren, Spekulanten, Kreditnehmer) führt dazu, dass insgesamt die Nachfrage am langen Ende sinkt und die Nachfrage am kurzen Ende steigt. Dadurch steigen die Zinsen am kurzen Ende und am langen Ende sinken sie. Dieses Verhalten ändert die Struktur der Zinskurve bis sie mit den Erwartungen bezüglich den zukünftigen Zinssätzen übereinstimmt. Die traditionelle Erwartungstheorie geht somit von den folgenden Annahmen aus:

- perfekte Märkte;
- die Märkte entwickeln sich der Erwartung entsprechend;
- keine Transaktionskosten;
- die Investoren verhalten sich gewinnmaximierend;
- Zinsen werden am Ende der Investitionsperioden gezahlt.

Die traditionelle Erwartungstheorie sagt aber nichts über die eingegangenen Risiken aus, die eine Investor bzw. Kreditnehmer auf sich nimmt. Wenn die Forward-Sätze tatsächlich perfekte Indikatoren für das zukünftige Niveau wären, dann könnte auch der künftige Preis einer Obligation mit Sicherheit vorhergesagt werden. Der Cash Flow aus einer Obligation/ Anleihe – über den zukünftigen Zeithorizont diskontiert – ergibt den genauen Wert, und zwar unabhängig von der Restlaufzeit des Instruments, das ursprünglich gekauft wurde (bzw. verkauft wurde im Falle des Spekulanten) und ebenfalls unabhängig vom Zeitpunkt, zu welchem der Investor die Obligation/Anleihe wieder verkaufen will (und der Kreditnehmer das Geld zurückgeben will). Da aber Ungewißheit besteht über das Niveau der zukünftigen Zinsen und somit über die Preise, werden die Obligationen/Anleihen zu risikotragenden Instrumenten, wobei das Risiko durch die Restlaufzeit und den beabsichtigten Investitionshorizont bestimmt wird.[9]

Es gibt fünf Interpretationsansätze, die in ihrer allgemeinen Interpretation darauf hinauslaufen, dass die erwartete totale Rendite für irgendeinen Investitionshorizont die gleiche Rendite ergibt, egal welche Restlaufzeiten-Strategie man wählt.[10]

Liquiditätstheorie

Ein weiterer Nachteil der reinen Erwartungstheorie ist, dass sie die mit den Investitionen involvierten Risiken nicht berücksichtigt. Die Erkenntnis, dass Investoren keine Ungewissheit mögen, was insbesondere auf langfristige Investitionen zutrifft, führte *J. R. Hicks* zu der Hypothese, wonach Investoren bei einem Engagement in langfristige Instrumente einen langfristigen Zinssatz verlangen, der über dem durchschnittlich erwarteten zukünftigen

---

[9] Vgl. Meiselman, D.: „The Term Structure of Interest Rates", 1962; dieser Klassiker erläutert die Erwartungstheorie und unterstützt mit Datenmaterial die empirische Anwendung der Regressionsanalyse und der notwendigen elementaren Differenzialgleichungen.

[10] Vgl. für eine detaillierte Darstellung der Interpretationsansätze dazu Cox, John/Ingersoll, Jonathan, Jr./Ross, Stephen: „A Re-Examination of Traditional Hypothesis About the Term Structure of Interest Rates", 1981, S. 769–799. Die fünf Ansätze decken sich nicht vollständig und sind auch nicht konsistent untereinander aufgrund der unterschiedlichen Handhabung des Risikos.

Zinssatz liegt, der durch eine Risikoprämie gerechtfertigt wird.[11] Je länger der Investitionshorizont, desto größer die verlangte Risikoprämie. Die Forward-Sätze sollten gemäß dieser Theorie sowohl die erwarteten zukünftigen Zinssätze wie auch die „Liquiditäts"-Prämie reflektieren (vgl. Abbildung 9).

Eine positiv geneigte Zinskurve (Normalfall mit ansteigenden Zinsen über die ganze Laufzeit) kann einerseits steigende Zinsen reflektieren, andererseits ist auch eine flache Zinskurve mit steigender Risikoprämie denkbar. Die Zinskurve könnte aber auch durch erwartete fallende Zinsen und stärker steigende Risikoprämien positiv geneigt sein.[12]

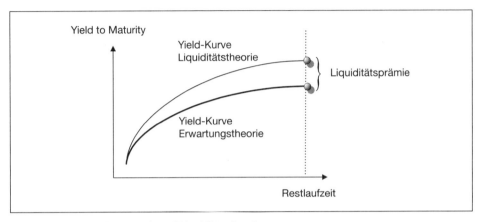

Abbildung 9: Liquiditätsprämie und Liquiditätstheorie

Preferred Habitat-Theorie

Die Theorie von *Modigliani* und *Sutch* stützt sich auf die These, dass die Zinskurve sowohl die Erwartungen bezüglich des zukünftigen Niveaus wie auch die Risikoprämie reflektiert, verwirft aber den Ansatz, wonach die Risikoprämie mit zunehmender Restlaufzeit steigen muss.[13] Die Risikoaversion geht nicht davon aus, dass der Investor das Instrument mit der kürzest möglichen Laufzeit kaufen soll. Vielmehr verlangt sie, dass der Investor ein Instrument mit einer Laufzeit kauft, das den Investitionsbedürfnissen am besten entspricht. Investiert ein Investor in ein langfristiges statt in ein kurzfristiges Instrument, so geht er damit ein Reinvestitionsrisiko ein. Dies kann er nur verhindern, indem er gewissermaßen die langfristigen Zinsen „einfriert", beispielsweise durch Kauf einer langfristigen Obligation. Umgekehrt birgt eine Investition in langfristige Papiere das Risiko des Kapitalverlusts bei vorzeitiger Liquidation in einem Umfeld mit steigenden Zinsen. Die Preferred Habitat-Theorie geht davon aus, dass es in einem Markt, in dem sich Angebot und Nachfrage bezüglich einer bestimmten Laufzeit nicht treffen, genügend Kreditgeber und -nehmer gibt,

[11] Vgl. dazu Hicks , John R.: „Value and Capital", 1965, S. 141–145.
[12] Für eine ausführliche Diskussion der Liquiditätsprämien-Hypothese vgl. Malkiel, B. P.: „The Term Structure of Interest Rates", 1966.
[13] Vgl. Modigliani, Franco/Sutch, Richard: „Innovations in Interest Rate Policy", 1966, S. 178–197.

die die entsprechende Gegenposition haben wollen, allerdings nur durch Vergütung der Differenz mittels einer entsprechenden Risikoprämie, deren Höhe das Ausmaß der Risikoaversion widerspiegelt. Die Form der Zinskurve wird bestimmt durch die Erwartungen zukünftiger Zinssätze sowie einer Risikoprämie, die darüber Auskunft gibt, ob die Marktteilnehmer bereit sind, von ihrer bevorzugte Gewohnheit (Zinsen, Restlaufzeit) abzuweichen. Die Risikoprämie kann als Prämie (positiv) oder als Abschlag (negativ) geprägt sein. Diese Theorie unterstützt alle vier Grundformen der Zinskurve.

4.2.2 Marktsegmentierungstheorie

Die Marktsegmentierungstheorie geht ebenfalls von der Annahme aus, dass die Investoren bevorzugte Gewohnheiten haben und dass die Gründe für die Form der Zinskurve in der Asset/Liability-Struktur und den Asset/Liability-Einschränkungen liegen. Diese Strukturen und Einschränkungen können sowohl Investoren-spezifisch wie auch durch regulatorische Erfordernisse gegeben sein.[14] Im Unterschied zur „Preferred Habitat"-Theorie geht die Marktsegmentierungstheorie davon aus, dass es nicht möglich ist, die Marktteilnehmer durch eine Risikoprämie dazu zu bewegen, aus einem gewohnten Laufzeitsegment in ein anderes Segment zu wechseln und dadurch von den Vorteilen zu profitieren, die sich aus der Differenz zwischen Erwartungen und Forward-Sätzen ergeben. Vielmehr nimmt die Marktsegmentierungstheorie an, dass die Form der Zinskurve nur durch Angebot und Nachfrage von bestimmten Marktsegmenten bestimmt wird. Im Markt ist entgegen dieser Theorie feststellbar, dass Marktteilnehmer ihr Laufzeitsegment aufgeben und in ein anderes Segment wechseln, sobald die Diskrepanz zwischen Erwartungen und Forward-Sätzen ein gewisses Maß überschritten hat. Diese Tatsache führt wieder zurück zum „Preferred Habitat"-Modell.

4.3 Bestimmungsgrößen der Yield-Kurve

Aus den oben erwähnten Gründen wird in der Regel die Yield-Kurve anstelle der Zinsstrukturkurve (Term Structure of Interest Rates) verwendet, die die Yield to Maturity von verschiedenen Obligationen in Beziehung zu den entsprechenden Restlaufzeiten darstellt unter der Annahme ceteris paribus.

Die Zinsstrukturkurve geht auf die Beziehung zwischen Spot Rates und Restlaufzeiten ein, die Yield-Kurve verdeutlicht das Verhältnis der Yield to Maturity zu den Restlaufzeiten. Grundsätzlich sind die verwendeten Zinssätze sehr ähnlich, aber bei der Analyse der Beziehung von Restlaufzeit/Zinssätzen sind Spot Rates gegenüber Yields to Maturity vorzuziehen, da sie unter anderem durch den Couponeffekt verfälscht werden.

Das Niveau und die Form der Yield-Kurven kann für verschiedene Obligationen auf die folgenden Bestimmungsgrößen zurückgeführt werden:

---

[14] Dieser Ansatz wurde bereits sehr früh diskutiert durch Culbertson, John M.: „The Term Strucuture of Interest Rates", 1957, S. 485–517.

- Der *reale Zinssatz* entspricht dem Entgelt des Investors für den Verzicht von heutigem Konsum und eine Verschiebung desselben in die Zukunft.

- Die *Inflationsprämie* ist notwendig, um den Kaufkraftverlust im Verlaufe der Zeit zu kompensieren und entspricht der zukünftig erwarteten Inflation während des Investitionszeitraums.

- Die *Risikoprämie* ist eine Art Versicherungsprämie und soll den Investor für alle möglichen Arten der Bedrohung der Investition, wie z. B. das Defaultrisiko, Rückzahlungsrisiko, Marktliquidität etc. entschädigen.

Der *nominale Zinssatz* kann wie folgt dargestellt werden:

nominaler Zinssatz = realer Zinssatz + erwartete Inflationsprämie + Risikoprämie

Diese Formulierung zeigt, dass Kreditgeber dazu neigen, die Zinsen um die erwartete Inflationsprämie zu erhöhen, um die Kaufkraft zu erhalten. Dieser Anpassungsprozess aufgrund von erwarteten Inflationsveränderungen wird als Fisher-Effekt bezeichnet.[15]

Diese Darstellung gilt für alle Kurven. Unterschiedlich hingegen sind die jeweiligen Niveaus, die von der Qualität beispielsweise des Emittenten abhängen, welches sich im Bonitätsrating niederschlägt (zu den Rating-Systemen vgl. Abschnitt 4.5).[16]

4.4 Spot Rate-Kurve

4.4.1 Definition

Die Yield-Kurve wird aufgrund von den am Markt beobachteten Yield-Sätzen und den jeweiligen Restlaufzeiten bestimmt. Die Zinsstrukturkurve dagegen geht auf die Beziehung zwischen den Yield-Sätzen von Nullcoupon-Anleihen und den jeweiligen Restlaufzeiten ein. Jede Obligation, die keine Option zum vorzeitigen Rückruf enthält, kann als eine Serie von Nullcoupon-Obligationen mit einer Restlaufzeit entsprechend dem Coupon aufgefasst werden. Die Summe aller einzelnen Nullcoupon-Obligationen zusammen muss dem Gesamtbetrag der gewöhnlichen Obligation entsprechen. Um den Wert der einzelnen Nullcoupon-Papiere zu bestimmen, muss der Yield-Satz bekannt sein, welcher der jeweiligen Restlaufzeit entspricht. Dieser Yield-Satz wird als *Spot Rate* bezeichnet. Die grafische Beziehung zwischen Spot Rate und Restlaufzeit wird als Spot Rate-Kurve bezeichnet.

Die Berechnung der theoretischen Spot Rate-Kurve spielt eine wichtige Rolle in der Bewertung vieler Finanzinstrumente, da insbesondere die Spot Rates von Bundesobligationen als Benchmark dienen. Zudem kann jedes Wertpapier als Serie von Nullcoupon-Anleihen

---

[15] Fisher diskutierte diese Inflationseffekte bezüglich Marktzinsen in Irving Fisher, „Appreciation and Interest", 1896, S. 75 f. Er erweiterte diese Idee in Irving Fisher, „The Theory of Interest", 1930. Vgl. auch Fama, „Short-Term Interest Rates as Predictors of Inflation", 1975, S. 269–282, der in seiner Studie auf einen realen Zinssatz als positive Konstante schliesst.

[16] Vgl. dazu Fisher, Lawrence: „Determinants of Risk Premiums on Corporate Bonds", 1958, S. 217–237 oder Fair, Ray C./Malkiel, Burton G.: „The Determination of Yield Differentials between Debt Instruments of the Same Maturity", 1971, S. 733–7749.

und Optionen betrachtet werden. Bei der Bewertung von nichtstaatlichen Papieren muss allerdings berücksichtigt werden, dass diese Papiere nicht risikofrei sind. Für die Diskontierung wird der Zinssatz eines Papiers mit vergleichbarer Restlaufzeit plus eine Risikoprämie verwendet, welche die Qualitätsdifferenz berücksichtigt.

4.4.2 Berechnung der theoretischen Spot Rate-Kurve

In den folgenden Ausführungen wird für die Berechnung der theoretischen Spot Rate-Kurve von den Zinssätzen und Coupons der Bundesobligationen ausgegangen. Der Ansatz besteht darin, dass jede Bundesobligation als eine Serie von Nullcoupon-Anleihen betrachtet werden kann. Man geht von einer beobachtbaren Yield to Maturity für eine bestimmte Restlaufzeit aus und berechnet den Spot Rate für diese Restlaufzeit. Die verwendete Methode wird als Bootstrapping bezeichnet und führt zur Zinsstrukturkurve.

$$P_n = \frac{C}{(1+r_1)^1} + \frac{C}{(1+r_2)^2} + \frac{C}{(1+r_3)^3} + \ldots \frac{C+100}{(1+r_n)^n}$$

P_n = Preis für die Bundesobligation mit n Perioden bis zur Restlaufzeit, C = halbjährliche Couponzahlung bei n Perioden bis zur Restlaufzeit, r_t (t = 1,2,3 … n–1) = (bekannte) theoretische Spot Rates.

$$P_n = C \cdot \sum_{t=1}^{n-1} \frac{1}{(1+r_t)^t} + \frac{C+100}{(1+r_n)^n}$$

$$r_n = \left[\frac{c+100}{P_n - C \sum_{t=1}^{n-1} \frac{1}{(1+r_t)^t}} \right]^{1/n} - 1$$

r_n muss verdoppelt werden, um aufgrund der halbjährlichen Couponzahlungen den Jahres-Yield-Satz auf Obligationen-Basis zu erhalten. Die so erhaltene Beziehung wischen Yield-Sätzen und Restlaufzeiten ergibt die theoretische Spot Rate-Kurve, die als Zinsstrukturkurve bezeichnet wird. Der Ansatz zur Herleitung der Spot-Sätze ist das Bootstrapping.[17]

Der Begriff Yield auf Obligationen-Basis (r_{OB}) bezeichnet die Adjustierung der Yield to Maturity-Sätze (YTM) aufgrund unterschiedlicher Anzahl Couponzahlungen pro Jahr. Eurobonds zahlen jährliche Zinsen, während andere Obligationen halbjährlich Zinsen auszahlen. Um die Yield-Sätze vergleichbar zu machen, wird folgende Formel angewandt:

$$r_{OB} = 2 \cdot [(1 + YTM)^{1/2} - 1]$$

Beispiel: Die Yield to Maturity einer Eurodollar-Obligation ergibt eine berechnete Rendite von 10 %, die halbjährliche Rendite auf Obligationen-Basis ist:

$$r_{OB} = 2 \cdot [(1 + 0,1)^{1/2} - 1] = 9,76\,\%$$

---

[17] Für Swap-Sätze wird die gleiche Methodologie angewandt, um von den Zinssätzen für Staatspapiere die Swap-Sätze für die Zero-Couponkurve herzuleiten.

Hinweis: Die Yield to Maturity auf jährlicher Basis ist immer größer als die Yield to Maturity auf halbjährlicher Basis (umgerechnet auf Obligationen-Basis).

4.4.3 Forward Rates

Aus der Yield-Kurve können neben theoretischen Spot Rates auch zusätzliche Informationen abgeleitet werden, um die Forward Rates zu berechnen. Mit diesem Schritt wird die Markterwartung bezüglich den zukünftigen Zinssätzen dargestellt.

Beispiel: Ein Investor hat die Möglichkeit, eine Investition von Euro 100 in Bundesobligationen zu tätigen, die nach 2 Jahren eine Rendite von y_2 abwerfen. Gleichzeitig hat er die Alternativmöglichkeit für eine Investition in Bundesobligationen für 1 Jahr, um die Rendite y_1 zu erhalten. Die Euro 100 legt er nach einem Jahr nochmals für 1 Jahr in einjährige Bundesobligationen an.

Alternative 1: $I = 100 \cdot (1 + r_2)^2$

Alternative 2: $I = (1 + r_1) \cdot (1 + f)$

Der Investor ist dann indifferent zu beiden Alternativen, wenn der Forward-Satz f für das zweite Jahr so ist, dass die Gesamtrendite für beide Alternativen gleich ist, d.h. wenn:

$$100 \cdot (1 + r_2)^2 = 100 \cdot (1 + r_1) \cdot (1 + f) \text{ bzw.}$$

$$(1 + r_2)^2 = (1 + r_1) \cdot (1 + f)$$

Löst man nach f auf, so erhält man den Forward-Satz f für ein Jahr in einem Jahr:

$$f = \frac{(1 + r_2)^2}{(1 + r_1)} - 1$$

4.4.4 Implizite Forward-Sätze

Da man für die Berechnungen die Yield-Sätze entsprechend der theoretischen Spot Rate-Berechnung benutzt hat, erhält man die impliziten Forward-Sätze aus der generellen Formulierung:

$$_n f_t = \left[\frac{(1 + r_{n+t})}{(1 + r_n)} \right]^{1/t} - 1$$

Im internationalen Gebrauch ist r_n der halbjährliche Zinssatz, im europäischen Gebrauch der jährliche Zinssatz. Verdoppelt man den Wert $_n f_t$, so erhält man den auf Obligationen-Basis bewerteten impliziten Zinssatz.

4.5 Struktur von Qualitäts-Spreads

Der vom Halter oder Käufer geforderte Zinssatz beinhaltet auch eine Prämie für das Defaultrisiko, d. h. das Risiko, dass die Emission nicht zurückgezahlt wird. Je höher dieses

Risiko ist, desto größer ist die damit verbundene Risikoprämie, die vom Kreditnehmer gezahlt werden muss. Dies impliziert, dass die Zinsen den Qualitäts-Spread über dem defaultfreien Zinssatz reflektieren.[18]

In vielen Ländern gibt es Rating-Agenturen, die die Kreditwürdigkeit von Kreditnehmern und einzelnen Emissionen bewerten. Das Rating basiert auf der Default-Wahrscheinlichkeit, der Vertragsgestaltung, den Garantien etc. von einzelnen Emissionen. Auf dem amerikanischen Markt und einigen europäischen Märkten ist es geläufig, die Emissionen zu bewerten, denn ein gutes Rating setzt die Risikoprämie und damit die zu zahlende Zinsverpflichtung des Kreditnehmers herab.

Übersicht 8: Jahres-Transitionsmatrix

Ur-sprüng-liches Rating	Rating am Jahresende (in %)							
	AAA	AA	A	BBB	BB	B	CCC	Default
AAA	90,81	8,33	0,68	0,06	0,12	0	0	0
AA	0,70	90,65	7,79	0,64	0,06	0,14	0,02	0
A	0,09	2,27	91,05	5,52	0,74	0,26	0,01	0,06
BBB	0,02	0,33	5,95	86,93	5,3	1,17	0,12	0,17
BB	0,03	0,14	0,67	7,73	80,53	8,84	1,00	1,06
B	0	0,11	0,24	0,43	6,48	83,46	4,07	5,20
CCC	0,22	0	0,22	1,30	2,38	11,24	64,86	19,79

Quelle: CreditMetrics™- Technical Document, S. 25.

Regierungen sind die größten Kreditnehmer auf dem internationalen Geld- und Kapitalmarkt. Um die Kreditaufnahme von Firmen zu beurteilen, können generelle Kriterien angewandt werden. Bei der Beurteilung von Regierungen und einzelnen Regierungsanleihen ist dies etwas schwieriger. Aus diesem Grund haben Commerzbanken und supranationale Organisationen wie die Weltbank spezielle Techniken entwickelt, um das Defaultrisiko von Regierungen sowie die Länderrisiken zu beurteilen. Die Ansätze basieren häufig auf statistischen Methoden. Insbesondere die Publikationen *Euromoney* und *Institutional Investor* veröffentlichen regelmäßig länderspezifische Ratings. Dabei werden unter anderem die durchschnittlichen Spreads, die auf den internationalen Märkten gehandelt werden, miteinander verglichen. Dieser Ansatz ist nicht ganz kritikfrei, denn häufig werden die Qualitäts-Spreads bei der Anleihenemission etwas größer gestellt, und wenn der Sekundärmarkt sich als genügend liquid herausstellt, werden die Spreads niedriger gestellt. An dieser Stelle sei darauf hingewiesen, dass die Währungen die Qualitäts-Spreads und damit auch die Ratings stark beeinflussen. So sind die Anleihen der mexikanischen oder der argentinische Regierung nicht sehr risikoreich, denn sie können ihr Geld selber drucken,

---

[18] Vgl. dazu Littermann, Robert/Iben, Thomas: „Corporate Bond Valuation and the Term Structure of Credit Spreads", 1991, S. 52–64.

sollten sie mehr davon benötigen. Trotzdem gehören diese Regierungen zu den risikoreicheren Ländern, denn über die Möglichkeit der Ausgabe neuen Geldes zur Rückzahlung alter Schulden entsteht ein Inflationsdruck, der die Zinsen nach oben und durch die verstärkte Diskontierung den Kapitalwert der Anleihen nach unten drückt, und bei der Währung ein Kursrisiko.

Es gibt zur Bewertung Rating-Agenturen, die mit unterschiedlichen Methoden arbeiten. So ist aus der Übersicht 9 ersichtlich, dass die Schweiz gemäß Institutional Investor der größte internationale Obligationenmarkt ist, gemäß Euromoney Ranking aber lediglich auf Platz 6 rangiert.

Übersicht 9: Risiko-Ratings für verschiedene Länder, Stand März 1994

Land	Institutional Investor	Euromoney
Schweiz	1	6
Japan	2	13
Vereinigte Staaten	3	1
Deutschland	4	9
Niederlande	5	5
Frankreich	6	7
Großbritannien	7	12
Österreich	8	2
Luxemburg	9	3
Kanada	10	4
Singapur	11	10
Spanien	16	19
Hong Kong	26	24
Mexiko	42	46

Quelle: Institutional Investor, Euromoney

Die internationalen Obligationenemissionen erfolgen auf zum Teil sehr kleinen Märkten wie der Schweiz, häufig aber auf dem Euromarkt, um gewisse Nachteile des Heimatmarktes zu vermeiden.

Obligationenemissionen in bestimmten Währungen werden häufig auf mehreren Märkten gleichzeitig angeboten. So werden z. B. US-$-Anleihen sowohl auf dem US-Markt wie auch auf dem Eurobondmarkt angeboten. Gründe dafür bestehen in der Präferenz von institutionellen Kreditnehmern, die Geldaufnahme auf dem Eurobondmarkt zu tätigen, da auf diese Weise die Regulationen auf dem US-Markt vermieden werden können. Zudem fördern Steuerüberlegungen die Anbietung auf parallelen internationalen Märkten, weil dadurch beispielsweise Verrechnungssteuern verhindert werden können, die auf einigen nationalen Märkten fällig sind. Gleichzeitig unterstützen die internationalen Märkte die Wahrung der Interessen vor allem privater Kunden, die ihre Investitionen anonym tätigen wollen. Dies ist auf dem Eurobondmarkt möglich, auf vielen nationalen Märkten hingegen nicht, ohne die Identität der Transaktionspartner offenzulegen. Diese Überlegungen begründen einen Teil der Zinsdifferenzen zwischen verschiedenen Marktsegmenten in der gleichen Währung, z. B. die Unterschiede zwischen dem US-$-Obligationenmarkt in den Vereinigten Staaten und dem US-$-Obligationensegment des Eurobondmarktes. Ein weiterer Punkt ist die Offenheit inter-

nationaler Märkte für die Aufnahme von nicht-standardisierten Emissionen. Auf internationalen Märkten werden auch Emissionen angeboten, die nicht den nationalen Gepflogenheiten
entsprechen und dementsprechend schwierig auf den lokalen Märkten anzubieten sind. Für
diese speziell ausgestatteten Obligationen-Anleihen fehlt dann das notwendige Volumen, um
eine Emission zum Erfolg werden zu lassen. In dieses Segment fallen viele Floating Rate
Notes, die mit ständig neuen und auch unüblichen Strukturen und speziellen Optionen ausgerüstet werden, um den Marktgegebenheiten Rechnung zu tragen, und erneuerbare Obligationen, Doppelwährungsanleihen mit Zusatzoptionen, Währungsoptionen etc. Diese Papiere stellen besondere Anforderungen an die Bewertung, es können nicht die gleichen
Ansätze wie bei normalverzinslichen Obligationen angewandt werden.

Das Rating wird definiert als Gradmesser der Wahrscheinlichkeit einer vertragsgemäßen
Erfüllung aller Verpflichtungen (Kapital, Coupon, alle anderen Vertragsverpflichtungen)
einer Anleihe. Es sei darauf hingewiesen, dass ein Schuldner verschiedene Anleihen aus-
stehen haben kann, die unterschiedliche Ratings aufweisen; dies ergibt sich aus der verschiedenen Rangfolge im Kollokationsplan und dem unterschiedlichen Vertragsinhalt, wie
z. B. Garantien, Negativklauseln, Verzugsklauseln etc. In Übersicht 10 sind die Wertungs-
definitionen für die einzelnen Ratings von Standard & Poor's und Moody's beschrieben.[19]

Übersicht 10: Rating-Definitionen von Standard & Poor's und Moody's

Standard & Poor's		Moody's	
AAA	Außerordentlich große Kapazität für Zins- und Kapitalrückzahlungen	Aaa	Beste Qualität
AA	Sehr große Kapazität für Schuld- und Zinsendienst, nur kleiner Unterschied zu AAA	Aa	Nach allen Gesichtspunkten gute Qualität
A	Große Kapazität für Zinsen- und Schuldendienst, jedoch ungünstigere Wirtschaftsbedingungen als AAA und AA	A	Viele günstig zu beurteilende Anlageeigenschaften, obere Marktkategorie
BBB	Angemessene Kapazität für Zinsen- und Schuldendienst	Baa	Mittelklasse
BB B CCC CC	Vorwiegend spekulativ im Hinblick auf Kapazität für Zinsen- und Schuldenrückzahlungen	Ba	Spekulatives Element
C	„Income Bonds", bei denen keine Zinsen gezahlt wurden	B	Haben generell nicht die Eigenschaften einer empfehlbaren Anlage
D	In Verzug	Caa Ca C	Schlechte Einschätzung Hochspekulativer Charakter Niedrigste gewertete Kategorie

---

[19] Vgl. die Ausführungen über Rating-Methodologie, Rating-Definitionen, Qualitätsanforderungen und organisa-
torische Überlegungen (Rating bei Gesellschaften mit Tochterfirmen etc.) in Standard & Poor's, „S&P's
Corporate Finance Criteria", 1994.

Standard & Poor's und Moody's sind die bekanntesten „Rating Agencies", die alle in den USA gehandelten Obligationen, Commercial Papers sowie auch gewisse Eurobonds regelmäßig beurteilen. Diese Ratings haben einen direkten und nachhaltigen Einfluss auf die Wahl von Obligationen durch institutionelle Anleger (staatliche Anlagevorschriften und beispielsweise auch die Vorschriften der Schweizerischen Bankiersvereinigung schreiben Mindestratings vor). So bezahlen Schuldner mit einem niedrigeren Rating eine entsprechend höhere Zinslast. Rating-Veränderungen wirken sich über die veränderte Risikoprämie der Yield/Preis-Beziehung direkt aus und verändern den Preis am Markt.

Die Übersicht 11 vergleicht die Rating-Symbole verschiedener internationaler Rating-Agenturen. Wesentlich an den unterschiedlichen Rating-Systemen sind die unterschiedlichen Ansprüche, die von den Agenturen an ein bestimmte Ratings gestellt werden.

Übersicht 11: Rating-Symbole internationaler Rating-Agenturen

Moody's	Standard & Poor's	Fitch	Duff & Phelps	McCarthy, Cisanti & Maffei	Australian Ratings	CBRS	DBRS
Investment-Grade eingestufte Kreditqualität							
Aaa	AAA	AAA	1	A	AAA	A++ A++	A++ A++
Aa1	AA+	AA+	2	A+	AA+	A+	A+
Aa2	AA	AA	3	A	AA	A+	A+
Aa3	AA–	AA–	4	A–	AA–	A+	A+
A1	A+	A+	5	A+	A+	A	A
A2	A	A	6	A	A	A	A
A3	A–	A–	7	A–	A–	A	A
Baa1	BBB+	BBB+	8	B+	BBB+	B++	B++
Baa2	BBB	BBB	9	B	BBB	B++	B++
Baa3	BBB–	BBB–	10	B–	BBB–	B++	B++
Spekulativ/niedrig eingestufte Kreditqualität							
Ba1	BB+	BB+	11	B+	BB+	B+	B+
Ba2	BB	BB	12	B	BB	B+	B+
Ba3	BB–	BB–	13	B–	BB–	B+	B+
B1	B+	B+	14	B		B	B
B2	B	B	15			B	B
B3	B–	B	16			B	B
Caa	CCC	CCC	17				CCC
Ca	CC	CC					CC
Vorwiegend spekulativ eingestufte Kreditqualität, erhebliches Defaultrisiko							
C	C	C				C	C
	D	DDD DD D				D	

Zusammenfassung

Dieser Abschnitt geht auf verschiedene Ansätze der Yield-Berechnung ein. Er stellt die wichtigsten Bestimmungsgrößen der Yield-Kurve dar und nennt die Unterschiede zwischen der Yield-Kurve und der Zinsstrukturkurve. Die Berechnung der theoretischen Spot Rate-Kurve führt zur Beschreibung der Forward-Rates und den impliziten Forward-Sätzen. Des Weiteren wird auf die Determinanten der Struktur der Yield-Kurve eingegangen. Die Struktur der Zinskurve kann grundsätzlich vier verschiedene Formen aufweisen: positiv ansteigend, negativ abfallend, Buckel im kurzfristigen Bereich und flache Form. Für die verschiedenen Formen, wie sie in Abbildung 5 gezeigt werden, gibt es verschiedene Theorien: Erwartungstheorie und Marktsegmentierungstheorie. Die Erwartungstheorie weist verschiedene Unterformen auf: eine traditionelle Form, die Liquiditätstheorie (modifizierte traditionelle Form), die Preferred Habitat-Theorie sowie eine erweiterte bzw. modifizierte Formulierung. Die Struktur von Qualitäts-Spreads – und damit die Analyse der Risikoprämie – nimmt einen breiteren Raum ein, da diese wesentlich zur Höhe und Struktur des Zinssatzes beitragen. Die Ratings der verschiedenen Rating-Agenturen und deren Vergleichbarkeit sind detailliert dargestellt. Erläuterungen zum internationalen Obligationenmarkt schließen den Abschnitt ab.

5. Obligationenpreis-Volatilität

Aus den Darstellungen zur Yield-Berechnung lässt sich vereinfacht ableiten, dass der Preis einer Obligation der diskontierte Gegenwartswert aller Cash Flows einer Obligation ist. Obligationen werden allgemein als sichere Anlagen angesehen, doch sind die Preise erheblichen Wertänderungen unterworfen. Verschiedene Faktoren beeinflussen die Bewertung und lassen die Preise bzw. die Zinsen schwanken. Steigende Zinsen führen zu sinkenden Preisen, und umgekehrt erhält man einen höheren Preis bei sinkenden Zinsen. Das lässt den Schluss auf zwei Risikoteile zu:

- *systematisches Risiko*, verdeutlicht durch die Volatilität, die die Obligationen-Preise sofort verändert und alle Obligationen betrifft;

- *unsystematisches Risiko*, verdeutlicht durch die Risikoprämie über dem entsprechenden Zinssatz für das Marktsegment, das für die spezifische Obligation typisch ist.

5.1 Preis/Volatilität einer gewöhnlichen Obligation

Für einen Investor, der eine Obligation gekauft hat, spielt der Preis vor dem Kaufdatum keine große Rolle. Ihn interessiert, welchen Wertschwankungen die Obligation bis zur Rückzahlung (oder einem geplanten Verkaufszeitpunkt) unterworfen sein wird. Verkauft er die Obligation vor dem Rückzahlungsdatum, so unterliegt sie dem Preisrisiko, dem größten Risiko für alle Marktteilnehmer.

Das Reinvestitionsrisiko wird verstanden als Wertschwankung zu einem bestimmten Zeitpunkt, an dem Geld wieder investiert werden soll. Dies betrifft die Kapitalrückzahlung, aber auch alle Zinszahlungen, die ebenfalls reinvestiert werden sollen. Reinvestitions- und Preisrisiko verhalten sich gegensätzlich: Bei steigenden Zinsen sinkt der Preis, es erhöht sich aber auch der Satz, zu dem die Zinsen wieder angelegt werden können.

Obligationen mit langen Laufzeiten haben eine größere Preissensitivität als kurzfristige Obligationen. Ein Investor, der kurzfristig investiert, kann bei steigenden Zinsen die Zinsen und die Kapitalrückzahlung schneller reinvestieren zu einem höheren Satz und verdient so mehr als der Investor, der sich langfristig festgelegt hat. Diese Überlegung gilt auch für den umgekehrten Fall von sinkenden Zinsen. Der langfristig orientierte Investor erhält bei sinkenden Zinsen die größere Wertsteigerung als der kurzfristig orientierte Investor, der alle Zinsen und die Kapitalrückzahlung zu niedrigeren Sätzen reinvestiert und dadurch insgesamt weniger Rendite erzielt.

Die Abbildung 10 zeigt eine Yield/Preis-Kurve, die für lange Laufzeiten steiler ist als für kurze Laufzeiten, d. h. eine Veränderung der Zinsen – und damit der Yield – führt zu einer stärkeren Veränderung bei langfristigen Obligationen.

Für eine bestimmte Restlaufzeit zeigt sich, dass eine Obligation mit einem niedrigen Coupon eine größere Volatilität aufweist als eine Obligation mit einem hohen Coupon. Beson-

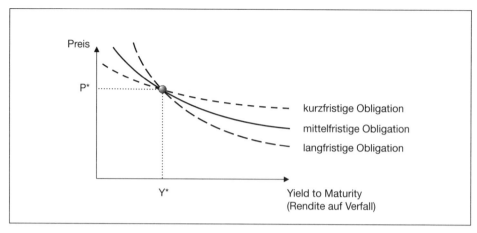

Abbildung 10: Beziehung Preis/Yield für verschiedene Restlaufzeiten

ders Nullcoupon-Anleihen weisen die größte Volatilität auf. Auch eine Obligation mit einem niedrigen Yield weist für eine bestimmte Restlaufzeit eine höhere Volatilität auf als eine Obligation mit einem hohen Yield. Daraus lässt sich ableiten, dass die Preisvolatilität umso größer ist, je niedriger das Zinssatz-Umfeld ist. Folgende Besonderheiten sind zu berücksichtigen:

- Die Volatilität ist nicht ein symmetrisches Phänomen; fällt der Yield, so ergibt sich nicht der gleiche Effekt, als wenn der Zinssatz um den gleichen Betrag steigt.

- Vorzeitig rückrufbare Obligationen weisen eine geringere Preisvolatilität auf als die vergleichbaren Obligationen ohne die Rückruf-Klausel. Dies ergibt sich durch die Auswirkung der Restlaufzeit bzw. des Maturity-Effektes. Dieser besagt, dass eine Obligation, die vorzeitig rückrufbar ist, eine kürzere Restlaufzeit aufweist als die vergleichbare Obligation ohne diese Klausel, man spricht auch vom Call-Risiko.

- Obligationen mit einer „Sinking Fund"-Klausel haben eine niedrigere Preisvolatilität als vergleichbare Obligationen ohne die „Sinking Fund"-Klausel. Im Falle einer normalen Obligation können Zinsen sofort wieder reinvestiert werden, bei einem steigenden Zinsumfeld zu einem entsprechend höheren Niveau. Bei einer Obligation mit „Sinking Fund"-Klausel muss der Halter bis zum Ende der Laufzeit warten, bis er wieder reinvestieren kann.

Hinweis: Es handelt sich hier nicht um adäquate Kennziffern, die Bemerkungen sind nicht generell vergleichbar und quantifizierbar.

5.2 Gewöhnliche Risikokennziffern für Obligationen

Die am häufigsten gebrauchten „gewöhnlichen" Risikokennziffern für Obligationen sind die Restlaufzeit, die gewichtete durchschnittliche Restlaufzeit und der gewichtete durchschnittliche Cash Flow.

- Die *Restlaufzeit* ist die Anzahl der Jahre bis zum Datum der Rückzahlung (T). Sie erlaubt eine grobe Schätzung für das Obligationenrisiko, dem die Obligation bis zur Rückzahlung ausgesetzt ist: Je länger die Restlaufzeit ist, umso größer ist die Wahrscheinlichkeit, dass die Preise schwanken und der Investor muss lange warten, bis er wieder reinvestieren kann. Diese Kennziffer für das inhärente Risiko hat aber einige Nachteile: So wird beispielsweise der Cash Flow, der vor dem Rückzahlungsdatum anfällt, nicht berücksichtigt, was in der Erfassung des Risikos zu Fehleinschätzungen führt. Zudem wird unterstellt, dass eine lineare Beziehung zwischen Restlaufzeit und Preisvolatilität besteht. Kennziffer 1 = T

- Die *gewichtete durchschnittliche Restlaufzeit* als Kennziffer ist die gewichtete Restlaufzeit der Kapitalrückzahlung am Ende der Restlaufzeit. Die Zinsen spielen hier keine Rolle, da lediglich die Kapitalrückzahlungen berücksichtigt werden.

$$\text{Kennziffer 2} = \sum_{t=0}^{T} \frac{\text{Kapitalrückzahlung}_t}{\text{Gesamtkapitalrückzahlung}} \cdot t$$

Die gewichtete Restlaufzeit ist eine aussagearme Kennziffer, aber besser als die reine Restlaufzeit, da die Kapitalrückzahlungen berücksichtigt werden. Mit diesem Ansatz wird nicht vollständig auf die anfallenden Cash Flows eingegangen und lässt damit viel Spielraum für das Risiko offen, da Zinssatzänderungen keinen Einfluss aufweisen.

- Der *gewichtete durchschnittliche Cash Flow* wird berechnet wie die gewichtete durchschnittliche Restlaufzeit, berücksichtigt aber alle anfallenden Cash Flows:

$$\text{Kennziffer 3} = \sum_{t=0}^{T} \frac{\text{Cash Flow}_t}{\text{Total Cash Flows}} \cdot t$$

Mit dieser Kennzahl wird die durchschnittliche Restlaufzeit aller Cash Flows einer Obligation dargestellt, unter Berücksichtigung sowohl der Zinszahlungen wie auch der Kapitalrückzahlungen. Der Nachteil ist, dass die Cash Flows auf einer nominellen Basis und nicht als diskontierte Gegenwartswerte betrachtet werden.

Diese einfachen Risikokennziffern sind keine adäquaten Messgrößen für die Obligationenpreis-Volatilität, da nur teilweise auf den Gegenwartswert der Cash Flows eingegangen wird.

5.3 Erweiterte Risikokennziffern für Obligationen

5.3.1 Duration

5.3.1.1 Macaulay-Duration

Die Duration-Kennzahl als Messgröße für das Obligationenrisiko wurde 1938 von *Frederick R. Macaulay* eingeführt.[20] Man spricht in diesem Zusammenhang auch von der Macaulay-

---

[20] Die ersten Ausführungen finden sich in Macaulay, F. R.: „Some Theoretical Problems Suggested by the Movement of Interest Rates, Bond Yields and Stock Prices in the United States since 1856" sowie in Hicks, J. R.: „Value and Capital", S. 186, der etwas später diese Duration-Berechnung unabhängig von Macaulay entdeckte.

Duration oder auch einfachen Duration. Die Duration ist eine erweiterte Version des gewichteten durchschnittlichen Cash Flows. Sie benutzt zur Berechnung des Obligationenrisikos anstelle der Nominalwerte den Present Value (PV) mit den Restlaufzeiten t zur Gewichtung der einzelnen Cash Flows CF_t. Trotz der relativ einfachen Berechnung wurde erst in den siebziger Jahren die Yield-To-Maturity-Berechnung mit Duration-Kennziffern ergänzt.[21]

$$\text{Duration} = \sum_{t=1}^{T} \frac{PV\,(CF_t)}{P} \cdot t$$

Diskontiert man alle anfallenden Cash Flows bis zur Restlaufzeit ab, die durch die Obligation generiert werden, erhält man die detaillierte Berechnung der Macaulay-Duration:

$$\text{Duration} = \sum_{t=1}^{T} \frac{PV\,(CV_t)}{P} \cdot t = \frac{1}{P} \cdot \sum_{t=1}^{T} \frac{t \cdot (CF_t)}{(1+r)^t} = \frac{1}{P} \cdot \left[\frac{1 \cdot CF_1}{(1+r)^1} + \frac{2 \cdot CF_2}{(1+r)^2} + \ldots + \frac{T \cdot CF_T}{(1+r)^T} \right]$$

CF_t = jeweiliger Cash Flow zum Zeitpunkt t (Zinszahlung oder Rückzahlung der Investition), P = aktueller Wert der Obligation am Markt, T gibt die Zeit bis zur Restlaufzeit, d. h. die Restlaufzeit der Obligation, an und r ist der Zinssatz für die Diskontierung der Cash Flows.

Beispiel: Eine Obligation mit einem Rückzahlungspreis von Euro 100 und einem aktuellen Marktpreis von Euro 95,27 hat einen Coupon von 6 % (jährliche Couponzahlung) und weist für die Restlaufzeit von 5 Jahren einen Yield von 7 % auf. Wie hoch ist die Duration, berechnet nach der Macaulay-Definition?

Übersicht 12: Berechnung der Macaulay-Duration für eine normale Obligation

t	Anfallender Cash Flow	PV-Faktor	PV des Cash Flow	CF-Gewicht	PV zeitge-wichtet mit t
#1	#2	#3	#4 = #2*#3	#5 = #4/Preis	#6 = #1*#5
1	6,00	0,9346	5,6075	0,05886	0,05886
2	6,00	0,8734	5,2401	0,05501	0,11002
3	6,00	0,8163	4,8978	0,05141	0,15423
4	6,00	0,7629	4,5774	0,04805	0,19219
5	106,00	0,71299	75,5765	0,79329	3,96644
Duration					**4,4817**

Sofern der Preis nicht bekannt ist, kann die Duration als Summe der diskontierten zukünftigen Cash Flows wie folgt berechnet werden:

$$\text{Duration} = \frac{\sum_{t=1}^{T} \frac{t \cdot CF_t}{(1+r)^t}}{P} = \frac{\sum_{t=1}^{T} \frac{t \cdot CF_t}{(1+r)^t}}{\sum_{t=1}^{T} \frac{CF_t}{(1+r)^t}}$$

---

[21] Vgl. dazu die Ausführungen in Leibowitz, M.: „How Financial Theory Evolves in the Real World–Or Not: The Case of Duration and Immunization", 1992/93.

Bei einer Zerocoupon-Obligation finden keine Zahlungen statt vor Ablauf der Restlaufzeit. Die Duration entspricht in diesem einfachen Falle direkt dem Wert der am Ende der Restlaufzeit anfallenden Zahlung des Rückzahlungsbetrages dividiert durch den Preis. Da aber der Preis seinerseits dem aktuellen Wert der zukünftig anfallenden Rückzahlung entspricht, ist die Duration einer Zerocoupon-Obligation genau die Restlaufzeit.

Beispiel: Eine Zerocoupon-Obligation mit einer Restlaufzeit von 10 Jahren wird zum Preis von Euro 55,839 gehandelt, die Yield to Maturity beträgt 6 %.

Übersicht 13: Berechnung der Macaulay-Duration für eine Zerocoupon-Obligation

t	Anfallender Cash Flow	PV-Faktor	PV des Cash Flow	CF-Gewicht	PV zeitge- wichtet mit t
#1	#2	#3	#4 = #2*#3	#5 = #4/Preis	#6 = #1*#5
1	0,00 %	0,94340	0	0	0
2	0,00 %	0,89000	0	0	0
3	0,00 %	0,83962	0	0	0
4	0,00 %	0,79209	0	0	0
5	0,00 %	0,74726	0	0	0
6	0,00 %	0,70496	0	0	0
7	0,00 %	0,66506	0	0	0
8	0,00 %	0,62741	0	0	0
9	0,00 %	0,59190	0	0	0
10	100,00 %	0,55839	0,55839	1	10
Duration					**10**

5.3.1.2 Duration nach Fisher/Weil

Die Macaulay-Duration unterstellt, dass alle Cash Flows zum gleichen Zinssatz r diskontiert werden und dass dieser Zinssatz r dem Yield to Maturity der Obligation entspricht. Tatsächlich muss aber festgestellt werden, dass jeder Cash Flow zu dem Zinssatz diskontiert wird, der der Fristigkeit des Cash Flows und somit auch der Zeitstruktur der Zinskurve entspricht. Daraus ist ersichtlich, dass die Macaulay-Duration eine flache Zinskurve unterstellt, d. h. alle Yields to Maturity entsprechen einem einzigen Wert, dem so genannten Market-Yield. Wird nicht nur ein einziger Zinssatz, sondern werden mehrere Zinssätze für die Diskontierungen verwendet, so müssen diese entsprechend der Zeitstruktur der Zinskurve angewandt werden, was zu einer Anpassung der bereits verwendeten Definition der Duration führt. Diese Definition von Fisher und Weil wird wie folgt notiert:[22]

---

[22] Fisher und Weil zeigten, dass eine Duration-Matching-Strategie zu praktisch perfekter Immunisierung führt, wenn die überarbeitete Duration-Formel verwendet wird. Vgl. Fisher, Lawrence/Weil, Roman L.: „Coping with the Risk of Market Interest Rate Fluctuations: Returns to Bondholders from Naive and Optimal Strategies", 1991, S. 408–431.

$$\text{Duration nach FW} = \sum_{t=1}^{T} \frac{PV\,(CF_t)}{P} \cdot t = \frac{1}{P} \cdot \sum_{t=1}^{T} \frac{t \cdot (CF_t)}{(1 + r_{0,t})^t}$$

$$= \frac{1}{P} \left[\frac{1 \cdot CF_1}{(1 + r_{0,1})^1} + \frac{2 \cdot CF_2}{(1 + r_{0,2})^2} + \ldots + \frac{T \cdot CF_T}{(1 + r_{0,T})^T} \right]$$

Hinweis: Die Verwendung der Macaulay-Duration für steile Zinskurven führt zu verzerrten Ergebnissen. Spielt man mit dem Spread zwischen dem kurzen und langen Ende und will die Duration berücksichtigen, so muss der korrekten Duration-Formel Beachtung geschenkt werden.

5.3.1.3 Modifizierte Duration (Modified Duration)

Die modifizierte Duration berücksichtigt die nicht-kontinuierliche Verzinsung. Macaulays Duration unterstellt die Annahme einer kontinuierlichen Verzinsung. Die Anzahl Zinszahlungen pro Periode wird durch m dargestellt. Erweitert man m für eine kontinuierliche Verzinsung in die Unendlichkeit, so geht der Nenner r/m gegen Null und die modifizierte Duration entspricht der Macaulay-Duration. Der Effekt auf die Duration-Adjustierung ist umso größer, je länger die Restlaufzeit und die Duration und je höher verzinslich das Instrument sind. Durch diese Umformulierung generiert man eine Kennziffer, die die approximativen Preisveränderungen für eine gegebene Zinssatzveränderung darstellt. Die Modified Duration wird berechnet:

$$\text{Modified Duration} = \frac{\text{Macaulay Duration}}{1 + \dfrac{r}{m}}$$

Die modifizierte Duration ist eine Sensitivitätskennziffer, wogegen die Macaulay-Duration in Jahren ausgedrückt wird. Um beide Kennziffern vergleichbar zu machen, kann die modifizierte Duration wie folgt in Jahren ausgedrückt werden:

$$\text{Modified Duration} = \frac{\text{Duration in Jahren}}{m}$$

Eine Obligation, die halbjährlich Zinsen zahlt, muss mit m = 2 adjustiert werden, da die Cash Flows alle sechs Monate anfallen.

5.3.1.4 Key Rate Duration

Die bisherige Darstellung der Duration ging von der impliziten Annahme aus, dass die Zinsstrukturkurve über das ganze Spektrum der Zinstruktur um den gleichen Betrag Δr verschoben wird, womit eine parallele Verschiebung der Zinsstrukturkurve unterstellt wird. In der Praxis zeigt sich jedoch, dass reine Parallelverschiebungen selten sind.

Einen Ansatz zur Erfassung nichtparalleler Verschiebungen der Zinskurve wurde von Ho vorgestellt.[23] Dabei wird die gesamte Zinsstruktur in eine bestimmte Anzahl Laufzeitbänder

---

[23] Vgl. Ho, Thomas, S. Y.: „Key Rate Durations: A Measure of Interest Rate Risk Exposure", 1988, S. 29–44.

unterteilt, wobei jeder Laufzeit ein bestimmter Zinssatz, der so genannte Key Rate, zugeordnet wird. Die Key Rate Duration beschreibt die Sensitivität des Preises eines zinssensitiven Instrumentes auf die Veränderung der jeweiligen Key Rate. Die Summe aller Key Rate Durations ergibt die modifizierte Duration.

$$\text{Key Rate Duration}_i = \frac{\frac{P_i - P}{P}}{\Delta r_i} = \frac{\frac{\Delta P_i}{P}}{\Delta r_i}$$

Die Key Rate Duration i entspricht der prozentualen Wertvänderung des Cash Flows, der aus der Zinssatzverschiebung Δr_i resultiert. P_i stellt den Preis des Cash Flows nach der Zinssatzveränderung dar.

Beispiel: Die Obligation hat einen Coupon von 3 $^1/_4$ %, eine Restlaufzeit von 5 Jahren und einen Marktkurs von 93,25 Euro. Die modifizierte Duration beträgt 4,45. Für die Jahre 1, 3 und 5 werden effektive Zinsen genommen und die Jahre 2 und 4 werden interpoliert. Die Berechnung muss für jede Key Rate einzeln durchgeführt werden, in diesem Beispiel stimmt die berechnete Key Rate für das Laufzeitband 5 Jahre, sofern für t = 5 ein sehr kleiner Shift angenommen wird und alle anderen Veränderungen gleich Null sind. Diese Vorgehensweise muss für alle Zeitbänder durchgeführt werden.

Übersicht 14: Berechnung der Key Rate Duration

t	1	2	3	4	5	Summe
Spot Rate	2,375 %	3,125 %	3,875 %	4,375 %	4,875 %	
CF	3,25	3,25	3,25	3,25	103,25	
Disk, CF	3,1746	3,0560	2,89997	2,7384	81,3823	93,25
Shift					10^{-10}	
Key Rate t	− 0,0357	− 0,0595	− 0,0952	− 0,1191	− 4,1432	− 4,45

Aus der Berechnung ist ersichtlich, dass die Summe aller Key Rate Durations genau der modifizierten Duration entspricht. Effektiv spielt für die Analyse der Zinssensitivität nur die Periode 5 eine Rolle, da sie den größten Anteil der Duration auf sich konzentiert, die anderen Laufzeitbänder reagieren nur schwach auf die Zinssatzänderungen. Das negative Vorzeichen ergibt sich aus der inversen Beziehung von Zinsen und Kursen, steigende Zinsen senken die Kurse.

Mittels der Key Rate Duration lassen sich auch komplexere Änderungen der Zinsstruktur und deren Auswirkung auf die Bewertung und Duration darstellen. Alle Änderungen in der Zinsstruktur können dargestellt werden, indem die Shifts im jeweiligen Laufzeitband entsprechend berechnet werden.[24]

---

[24] Vgl. dazu auch Bühler, Alfred/Hies, Michael: „Zinsrisiken und Key Rate Duration", 1995, S. 112–118.

5.3.1.5 Duration zur Schätzung von Preisveränderungen

Mit der Duration als Sensitivitäts-Kennzahl kann die Preisvolatilität geschätzt werden.

$$P = \sum_{t=1}^{T} \frac{(CF_t)}{(1+r)^t}$$

Es stellt sich die Frage, was passiert, wenn die Rendite r sich minimal verändert. Die Auswirkung der Änderung des Obligationenpreises auf die Rendite r kann durch die Formel zur Bewertung des Obligationenpreises bezüglich der Yield to Maturity r abgeleitet werden:

$$\frac{dP}{dr} = \frac{d}{dr}\left(\sum_{t=1}^{T} \frac{CF_t}{(1+r)^t}\right) = \frac{d}{dr}\left[\frac{1 \cdot CF_1}{(1+r)^1} + \frac{2 \cdot CF_2}{(1+r)^2} + \ldots + \frac{T \cdot CF_T}{(1+r)^T}\right]$$

$$= \frac{(-1) \cdot CF_1}{(1+r)^2} + \frac{(-2) \cdot CF_2}{(1+r)^3} + \ldots + \frac{-T \cdot CF_t}{(1+r)^{T+1}} = \sum_{t=1}^{T} \frac{-t \cdot CF_t}{(1+r)^{t+1}}$$

Diese Formel kann umgeformt werden und man erhält:

$$\frac{dP}{dr} = -\frac{1}{1+r} \cdot \left(\sum_{t=1}^{T} \frac{t \cdot CF_t}{(1+r)^t}\right)$$

Diese Notierung entspricht dem approximativen Obligationenpreis für kleine Veränderungen der Rendite. Der Teil in den Klammern ist die gewichtete durchschnittliche Restlaufzeit des Cash Flows, wobei die Gewichte die Gegenwartswerte (PV) der Cash Flows sind. Indem man beidseitig durch den Preis P dividiert und mit der Renditeänderung dr multipliziert, erhält man die prozentuale Preisänderung dP/P als Funktion einer Renditeänderung dr:

$$\frac{dp}{dr} = -\left(\frac{\sum_{t=1}^{T} \frac{t \cdot CF_t}{(1+r)^t}}{P}\right) \cdot \frac{dr}{1+r}$$

Der Teil in den Klammern ist die Macaulay-Duration, wodurch die Formel vereinfacht geschrieben werden kann als:

$$\frac{dP}{P} = -D \cdot \frac{dr}{(1+r)}$$

Anstelle der Anwendung für infinitesimale Veränderungen (dargestellt durch die Ableitungen dP und dr), kann die Notation auch für genügend kleine Veränderungen beschrieben werden, dargestellt mit dem griechischen Buchstabe Δ für Delta:

$$\frac{\Delta P}{P} = -\frac{D}{(1+r)} \cdot \Delta r$$

Die vorangegangene Notation wird oft auch dargestellt als:

$$\frac{\Delta P}{P} = -D_M \cdot \Delta r \text{ wobei } D_M = \frac{D}{1+r}$$

D_M ist die modifizierte Duration oder auch Sensitivität einer Obligation.

$$\Delta P = -D_P \cdot \Delta r \text{ wobei } D_P = \frac{D}{1+r} \cdot P = \frac{\Delta P}{\Delta r}$$

ΔP wird die Preis-Duration der Obligation genannt. Die modifizierte Duration berücksichtigt die Yield-Funktion bzw. schätzt die Preis/Yield-Beziehung als grundsätzlich linear. Die effektive Beziehung von Preis/Yield ist eine gekrümmte Linie, wobei die Duration als Tangente zur Funktion von Preis/Yield dargestellt wird mit den Koordinaten des aktuellen Marktpreises und des aktuellen Yield to Maturity-Satzes. Dieser Schritt führt zur Berücksichtigung der Konvexität, die auf die Krümmung der Kurve eingeht.[25]

5.3.1.6 Einflussfaktoren auf die Duration

Auf die Duration einer Obligation haben folgende Faktoren Einfluss: Restlaufzeit, Coupon, aufgelaufene Zinsen, Marktverzinsung, Sinking Fund-Satz, Zusatzoptionen etc.

Übersicht 15: Einflussfaktoren auf das Durationsverhalten

Faktor	Tiefere Duration	Höhere Duration
Restlaufzeit	Kürzer	Länger
Coupon	Höher	Tiefer
Marchzinsen	Größer	Kleiner
Marktzinsniveau	Höher	Tiefer
Sinking Fund-Verpflichtung	Unterschiedlich	Minimal
Call-Option	Unterschiedlich	Minimal

Die Duration reagiert positiv auf die Restlaufzeit, d. h. eine längere Restlaufzeit führt auch zu einer längeren Duration. Es ist aber zu beobachten, dass mit längerer Restlaufzeit die Duration mit abnehmender Wachstumsrate zunimmt. Die Duration kann nicht in die Unendlichkeit wachsen, wogegen die Restlaufzeit „ewig" sein kann. Die maximale Länge der Duration wird berechnet:

$$\text{Maximale Duration} = \frac{1}{\text{Yield der Obligation}} + 1$$

Diese Duration-Berechnung beruht auf der Annahme einer „ewigen" Obligation mit jährlicher Couponzahlung. Bei halbjährlicher Couponzahlung muss gerechnet werden:

$$\text{Maximale Duration} = \frac{1}{\text{Yield der Obligation}} + 0,5$$

---

[25] Mathematisch betrachtet ist die modifizierte Duration die erste Ableitung der gekrümmten Preis/Yield-Funktion. Graphisch betrachtet ist die erste Ableitung die Steigung der Preis/Yield-Kurve an einem bestimmten Punkt, die Tangente durch diesen Punkt der Kurve wird benutzt, um die Steigung zu berechnen.

Bei einem Zerocoupon entspricht die Duration der Restlaufzeit. Die Abbildung 11 verdeutlicht, dass die „normalen" Obligationen aufgrund des *Coupon-Effektes* eine kürzere Duration als ihre Restlaufzeit aufweisen müssen.[26]

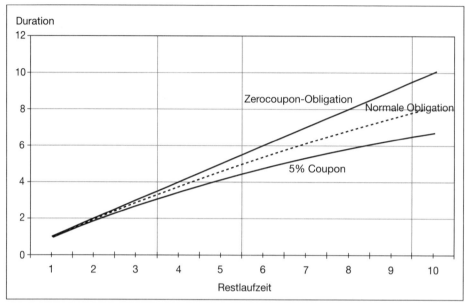

Abbildung 11: Beziehung zwischen Duration und Restlaufzeit

Beispiel: Ein 10-jähriger Zerocoupon weist eine Yield to Maturity von 7 % auf und wird zum Preis von Euro 50,83 gehandelt. Die Duration wird berechnet:

$$\text{Duration} = \frac{\sum_{t=1}^{T} \dfrac{t \cdot CF_t}{(1+r)^t}}{P} = \frac{\dfrac{10 \cdot 100}{1,07^{10}}}{50,83} = \frac{10 \cdot 50,83}{55,83} = 10 \, \text{Jahre}$$

Die Duration entspricht genau der Restlaufzeit, da zwischen Kauf und Rückzahlung kein Cash Flow generiert wird. Ein weiteres Beispiel soll veranschaulichen, wie die Duration durch halbjährliche Zins-Zahlungen beeinflusst wird.

Beispiel: Eine Obligation hat einen Coupon von 7 %, 10 Jahre Restlaufzeit mit teilweiser Rückzahlung von 20 % ab dem 6 Jahr. Die teilweise Rückzahlung von 20 % ab dem 6. Jahr erfolgt jährlich, die Zinsen werden jährlich ausbezahlt (vgl. nationale Zinskonventionen, in den USA muss eine halbjährliche Zinszahlung berücksichtigt werden). Die Duration wird berechnet unter Berücksichtigung der teilweisen Rückzahlung des Nominalwertes vor Ablauf der Restlaufzeit.

---

[26] Dieser Effekt wurde von Bierwag als „coupon bias" bezeichnet und ausführlich beschrieben in Bierwag, Gerald: „Duration Analysis", 1987. Anhang 12 B erläutert, weshalb aufgrund des Coupon-Effektes viele Obligationen nicht für die Yield-Kurve herangezogen werden bei Anwendung des Yield to Maturity-Ansatzes.

Die Duration reagiert negativ auf die Bildung aufgelaufener Zinsen. Die Duration wird länger am Zahlungstag der Zinsen, wenn die aufgelaufenen Zinsen ausbezahlt werden und somit zu einem Cash Flow werden. Dieser Effekt ist besonders ausgeprägt bei Obligationen mit einem hohen Coupon und einer längeren Restlaufzeit.

Die Duration reagiert negativ auf das generelle Niveau der Zinsen. Da die Duration auf dem Prinzip der Diskontierung von Cash Flow-Zahlungen basiert, führt ein höherer Coupon zu einer stärkeren Diskontierung und damit zu einer tieferen Duration.

Übersicht 16: Duration-Berechnung bei vorzeitiger Rückzahlung des Nominalbetrages

t	Rest-N (in %)	Anfallender CF (in %)	PV-Faktor	PV-CF	CF-Gewicht	PV zeitgewichtet mit t
#1	#2	#3	#4	#5=#2*#4	#6=#5/Preis	#7=#1*#6
1	100	7	0,9345	0,0654	0,0654	0,0654
2	100	7	0,8734	0,0611	0,0611	0,1223
3	100	7	0,8163	0,0571	0,0571	0,1714
4	100	7	0,7629	0,0534	0,0534	0,2136
5	100	7	0,7129	0,0499	0,0499	0,2495
6	80	27,0	0,6663	0,1799	0,1799	1,0795
7	60	25,6	0,6228	0,1594	0,1594	1,1160
8	40	24,2	0,5820	0,1408	0,1408	1,1268
9	20	22,8	0,5439	0,1240	0,1240	1,1162
10	0	21,4	0,5084	0,1088	0,1088	1,0879
				100 % Preis		6,35 Duration

5.3.1.7 Duration-Kennzahlen

Grundsätzlich lässt die Duration folgende Aussagen zu:

* Die Duration ist der *zukünftige Zeitpunkt*, zu dem der Investor im Durchschnitt genau die Hälfte der ursprünglichen Investition zurückerhalten hat. Der zukünftige Cash Flow wurde auf den heutigen Wert diskontiert.

* Die Duration ist ein *Risikomaß* und drückt die Zinssensitivität des zugrunde liegenden zinssensitiven Instrumentes aus. Obligationen mit gleicher Duration weisen die gleiche Sensitivität bezüglich der Zinssatzveränderungen auf.

Hinweis: Die Macaulay (unadjustierte) Duration wird in Jahren gemessen, die modifizierte (adjustierte) Duration ist ein Sensitivitätsmaß. Bei Vergleichen dieser beiden Kennziffern muss dieser Umstand berücksichtigt werden.

5.3.2 Konvexität

Die modifizierte bzw. die Preis-Duration spiegelt eine vereinfachte Beziehung zwischen Preis und Rendite wider und ergibt in der Darstellung eine Gerade. In der Praxis ist die Preis/

Rendite-Funktion jedoch eine Kurve. Die Duration ist eine approximative Schätzung der konvexen Form mit einer linearen Funktion. Dementsprechend ergeben sich umso größere Fehler bei der Schätzung der Konvexität, je weiter die Preise bzw. die Renditen sich von den aktuellen Niveaus entfernen. Die Duration ist ein punktueller Wert und wird als Moment-aufnahme aufgezeigt, jedoch konstant modifiziert, da die Zeit die Duration ständig verän-dert. Die Duration gibt die asymmetrische Volatilität nicht wieder. Die Genauigkeit der Schätzung hängt von der Konvexität ab: Je stärker gebogen die Yield-Kurve ist, desto schneller ergeben sich Abweichungen vom effektiven Wert. Die Duration sollte nicht ver-wendet werden für Schätzungen der Preisänderungen bei starken Schwankungen der Marktrendite. Eine bessere Schätzung erhält man, wenn man die beiden ersten Teile einer Taylor-Reihe nimmt, um die Preisveränderung zu schätzen:

$$dP = \frac{dP}{dr} \cdot dr + \frac{1}{2} \cdot \frac{d^2P}{dr^2} \, (dr)^2 + \varepsilon$$

ε ist das Restglied der Taylor-Reihe und d^2P/dr^2 ist die zweite Ableitung des Obligationen-preises bezüglich der Rendite. Dividiert man beide Seiten durch den Preis, so erhält man:

$$\frac{dP}{P} = \frac{dP}{dr} \cdot \frac{1}{P} \, dr + \frac{1}{2} \cdot \frac{d^2P}{dr^2} \cdot \frac{1}{P} \, (dr)^2 + \varepsilon$$

$$dP = \frac{1}{2} \cdot \frac{d^2P}{dr^2} \cdot \frac{1}{P}$$

Ersetzt man die zweite Ableitung der Preisgleichung und formuliert die Notation der Taylor-Reihe neu, so erhält man:

$$dP = \frac{1}{2} \cdot \left[\frac{d}{dr} \left(-\frac{1}{1+r} \cdot \sum_{t=1}^{T} \frac{t \cdot CF_t}{(1+r)^t} \right) \right] \frac{1}{P}$$

$$= \frac{1}{2} \cdot \frac{1}{P} \cdot \frac{1}{(1+r)^2} \left[\frac{1 \cdot 2 \cdot CF_1}{(1+r)} + \frac{2 \cdot 3 \cdot CF_2}{(1+r)^2} + \ldots + \frac{T \cdot (T+1) \cdot CF_T}{(1+r)^T} \right]$$

$$= \frac{1}{2} \cdot \frac{1}{P} \cdot \frac{1}{(1+r)^2} \cdot \sum_{t=1}^{T} \frac{t \cdot (t+1) \cdot CF_t}{(1+r)^t}$$

Die Berechnung der Preis-Konvexität ergibt sich ebenfalls aus der Taylor-Reihe. Ausgehend von der folgenden Formel kann man die Preis-Konvexität herleiten. Der erste Teil ist die Approximation aufgrund der Duration. Der zweite Teil ist eine Annäherung an die Konve-xität aufgrund der Preis/Rendite-Beziehung. Die prozentuale Änderung ergibt sich aufgrund der Duration und der Konvexität durch die Addierung der einzelnen Komponenten. Die Konvexität wird definiert als

$$\text{Konvexität} = \frac{1}{2} \cdot \frac{d^2P}{dr^2} \cdot \frac{1}{P}$$

70

$$\frac{dP}{P} = \frac{dP}{dr} \cdot \frac{1}{P}\,dr + \frac{1}{2} \cdot \frac{d^2P}{dr^2} \cdot \frac{1}{P}\,(dr)^2 + \varepsilon$$

$$\frac{\Delta P}{P} = -D \cdot \frac{\Delta r}{1+r} + \text{Konvexität} \cdot (\Delta r)^2$$

Die Preis-Konvexität kann definiert werden als Konvexität multipliziert mit dem Preis der Obligation.

$$\text{Preis-Konvexität} = C^P = \frac{1}{2} \cdot \frac{d^2P}{dr^2}$$

Aus Duration und Konvexität lässt sich die Preisänderung für kleine Veränderungen der Marktrendite als Wertangabe anstelle einer Prozentzahl angeben:

$$\Delta P = -\text{Duration}^P \cdot \frac{\Delta r}{1+r} + \text{Konvexität}^P \cdot (dr)^2$$

Es stellt sich die Frage, wie genau die Konvexität die Preisänderungen aufgrund von Duration und Konvexität erfasst. Ausgehend von der ursprünglichen Bewertungsformel:

$$P = \sum_{t=1}^{T} \frac{CF_t}{(1+r)^t} \quad \text{ergibt sich die erste Ableitung:}$$

$$\frac{dP}{dr} = \frac{d}{dr}\left(\sum_{t=1}^{T} \frac{CF_t}{(1+r)^t}\right) = \sum_{t=1}^{T} \frac{-t \cdot CF_t}{(1+r)^{t+1}} \quad \text{und die zweite Ableitung:}$$

$$\frac{d^2P}{dr^2} = \frac{d}{dr}\left[\frac{dP}{dr}\right] = \left(\sum_{t=1}^{T} \frac{(t) \cdot (t+1) \cdot CF_t}{(1+r)^{t+2}}\right)$$

Es ist ersichtlich, dass die Konvexität die Änderungen der Preisduration bei Änderungen der Zinsen misst. Wie die Duration verändert sich auch die Konvexität mit der Zeit.[27]

5.3.3 Aussage zur Benutzung von Konvexität und Duration

Die Benutzbarkeit der modifizierten Duration als Koeffizient für das Obligationenrisiko hängt von drei Annahmen ab:

- kleine Änderungen der Rendite;
- parallele Verschiebung der Zinsstrukturkurve, d. h. unabhängig von der Restlaufzeit;
- sofortige Änderung der Rendite.

Des Weiteren wird eine flache Zinsstrukturkurve angenommen. Es bestehen mehrere Methoden, mit denen das Exposure von Obligationen gegenüber einzelnen Renditeänderungen berechnet werden kann bei gleichzeitiger Fixierung der übrigen Renditen. Eine neue Richtung weist die *funktionale Duration*, die definiert ist durch die Preissensitivität einer Obligation gegenüber der Veränderung eines einzigen Zinssatzes, wobei alle übrigen Zinssätze konstant gehalten werden. Diese funktionale Duration sollte vor allem dann angewandt

---

[27] Für zusätzliche Ausführungen zur Konvexität siehe Fabozzi, Frank J.: „Bond Markets, Analysis and Strategies", 1993, S. 61 ff.

werden, wenn wir eine parallele Verschiebung der Zinsstrukturkurve haben, bei der alle Zinssätze um den gleichen Betrag verschoben werden.[28]

5.4 Duration von Portfolios

Die Duration eines Portfolios erhält man durch die Berechnung des gewichteten Durchschnitts der modifizierten Duration der Obligationen in einem Portfolio. Die Gewichtung ergibt sich aus dem Anteil der Obligation am Gesamtwert des Portfolios. Die modifizierte Duration eines Portfolios D_P wird wie folgt dargestellt:

$$D_P = w_1 \cdot D_1 + w_2 \cdot D_2 + \ldots + w_K \cdot D_K$$

w_i = Prozent-Anteil der Obligaten, d. h. Marktwert der Obligation i dividiert durch den Marktwert des Portfolios, D_i = modifizierte Duration der Obligation i, K = Anzahl der Obligationen in diesem Portfolio.

Eine modifizierte Portfolio-Duration von 4,5 bedeutet, dass bei einer Änderung von 1 % des Zinssatzes *aller* Obligationen eines Portfolios sich der Marktwert des Portfolios um 4,5 % ändert. Es muss darauf hingewiesen werden, dass es notwendig ist, dass die Yield aller Obligationen die gleiche 1 %-Veränderung erfährt, um eine sinnvolle Interpretation zu ermöglichen. Dies ist eine kritische Annahme und ist bei der Interpretation dieser Kennziffer zu berücksichtigen.

Die Dollar-Duration eines Portfolios ergibt sich aus dem ursprünglichen Wert des Portfolios und der modifizierten Portfolio-Duration:

Portfolio-Dollar-Duration = modifizierte Portfolio-Duration · ursprünglicher Portfoliowert

Beispiel: Ein Portfolio mit einem ursprünglichen Portfoliowert von Euro 12 123 weist eine modifizierte Portfolio-Duration von 4,5 auf. Die Portfolio-Dollar-Duration beträgt:

$$\text{Euro } 12\,123 \cdot 4,5 = \text{Euro } 54\,554$$

Die Anwendung einer Portfolio-Duration in einem global investierten Portfolio ist diskussionsfähig. Dies hängt damit zusammen, dass man die Duration für die verschiedenen Länder ausweisen sollte, z. B. die Bundesbank-Obligationen in DM-denominierten Papieren, die Italienischen Staatsanleihen in Lira denominiert etc. Für ein gesamtes Portfolio ist eine pauschale Duration-Zahl nicht berechenbar, da die einzelnen Teile des Portfolios zu heterogen sind. Die Volatilitäten der landesspezifischen Government-Yields unterscheiden sich stark, deshalb ist eine einfache Aggregation der Duration nicht sinnvoll.

Hinweis: Die Portfolio-Duration ist begrenzt anwendbar, da die Duration ein Maß für die Preissensitivität der einzelnen Obligation ist. Die Duration des Portfolios drückt dagegen die Sensitivität des Gesamtportfolios bezüglich der Zinsen aus. Dabei geht die Korrelation – und damit die Aussagekraft der Diversifikation – verloren. Zusätzlich werden die unterschiedlichen Zinsstrukturen verschiedener Märkte nicht berücksichtigt.

---

[28] Vgl. dazu Reitano, R., „Non-parallel yield curve shifts and immunization", 1992, S. 36–43.

Zusammenfassung

Dieser Abschnitt geht auf die Risikomessung und -darstellung bei Obligationen ein. Beginnend bei der Beziehung Preis/Rendite für eine gewöhnliche Obligation und Preis/Volatilität einer gewöhnlichen Obligation wird das Konzept der Duration erarbeitet. Die Duration bzw. die modifizierte Duration-Kennzahl als Messgröße der Preissensitivität wird detailliert analysiert. Die Duration nach Fisher/Weil berücksichtigt unterschiedliche Diskontierungssätze für die Cash Flows und stellt eine verfeinerte Version der modifizierten Duration dar. Die Key Rate Duration kommt bei Obligationen und Obligationen-Portfolios zur Anwendung, wenn nicht mit einer parallelen Verschiebung der Zinskurve zu rechnen ist, wie dies bei der Macaulay-Duration und der modifizierten Duration unterstellt wird. Dann folgt die Betrachtung der Duration zur Schätzung von Preisveränderungen sowie der Konvexität. Wichtig ist weiter die Einschränkung bei der Benutzung von Konvexität und Duration und die Interpretation der Kennziffern und ihre Einflussfaktoren. Der Abschnitt schließt mit einer Analyse der Duration von Portfolios.

6. Zinssatz-Futures

Ein Futures-Kontrakt ist ein Vertrag zwischen dem Käufer (Verkäufer) und einer etablierten Futures-Börse oder einem Clearinghaus, in dem sich der Käufer (Verkäufer) bereit erklärt, eine bestimmte Menge einer bestimmten Ware, z. B. Schweinebäuche, Kohle, Bundesobligationen etc. zu einem bestimmten Preis und zu einer bestimmten Zeit zu übernehmen (zu liefern). Für einige Futures-Kontrakte erfolgt das Settlement bei Restlaufzeit in Cash statt in physischer Lieferung.

Wenn ein Käufer eine bestimmte Position eines Futures-Kontraktes kauft, so ist er „long the futures" bzw. er hat eine Long-Position dieses Futures. Umgekehrt, wenn der Investor als Verkäufer einen Futures-Kontrakt verkauft, so ist er „short the futures" bzw. er hat eine Short-Position dieses Futures.

Futures-Kontrakte basieren auf einem Finanzinstrument oder auf einem Finanzindex und sind als Finanz-Futures bekannt. Diese Futures gibt es für Aktien, Obligationen, Währungen und Zinssätze. Dieser Abschnitt beschränkt sich auf die Futures im Zusammenhang mit Zinsen.

Der Gewinn oder Verlust eines Käufers oder Verkäufers eines Zins-Futures hängt vom Preis und dem Zinssatz am Liefertag ab. Wenn der Investor eine erste Positon eines Kontraktes kauft, dann muss er einen gewissen Mindestbetrag (Margin) als Depot (Margin Account) hinterlegen. Dieser Mindestbetrag wird von der Futures-Börse definiert und ist vom Typ des Kontraktes abhängig. Futures-Broker können, und tun dies auch, mehr als das geforderte Minimum hinterlegen. Da der Preis des Futures-Kontraktes im Verlaufe der Zeit schwankt, ändert sich auch der Wert der durch den Futures bewerteten Güter bzw. Instrumente. Am Ende jedes Handelstages werden durch die Clearinghäuser die Änderungen der Futures-preise notiert und ein Gewinn bzw. ein Verlust festgestellt und verbucht. Diese Prozedur wird als „mark to market" bezeichnet und stellt die Bewertung des Futures-Kontraktes zu aktuellen Marktbedingungen dar. Fällt nun der Futures-Wert unter eine von der Börse festlegte Bandbreite, so muss der Investor zusätzliches Geld auf das Depot einzahlen (Margin Call), um zu verhindern, dass der Verlust aus der Bewertung des Futures den Wert des Depots unter die minimale Bandbreite fallen lässt. Fällt nun bei einem Gewinn Geld an und übersteigt die obere Marge, so kann der Investor dieses Geld abheben, da es auf dem Margen-Konto nicht benötigt wird. In einem Margen-Konto fallen täglich Cash Flow-Bewegungen an bis zur Fälligkeit.

Eine Option gibt dem Investor als Käufer einer Option das Recht, aber nicht die Pflicht, tätig zu werden. Lediglich der Verkäufer einer Option hat die Pflicht zu liefern (beim Verkauf von Call-Optionen) bzw. zu kaufen (bei Verkauf von Put-Optionen). Im Falle eines Futures-Kontraktes haben sowohl Käufer wie auch Verkäufer Verpflichtungen. Dadurch, dass der Futures-Kontrakt standardisiert ist und von beiden Seiten eine aktive Teilnahme verlangt, ist auch die Risiko-/Risikoprämien-Struktur der beiden Verträge (Futures, Option) unter-schiedlich ausgeprägt. Bei einem Währungsfutures wird ein Gewinn erzielt, wenn der Preis des Futures steigt. Umgekehrt tritt ein Verlust ein, wenn der Preis des Futures sinkt. Eine

74

Option hingegen weist keine solche symmetrische Risiko-/Risikoprämien-Ausprägung auf. Bei einer Long-Position erzielt der Optionen-Halter einen Verlust der Optionen-Prämie, während die Long-Position das gesamte Potenzial nach oben behält. Dadurch wird aber insgesamt der Gewinn durch die Optionsprämie geschmälert. Bei einer Short-Position ist der maximale Gewinn die Optionsprämie, während ein substanzielles Risiko nach unten bleibt.

6.1 Futures- versus Forward-Transaktionen

Die Unterschiede zwischen den beiden Instrumenten Futures- und Forward-Kontrakt werden in Übersicht 17 verdeutlicht.

Übersicht 17: Futures- und Forward-Kontrakte

Futures-Kontrakt	Forward-Kontrakt
• Standardisierter Vertrag mit festgelegten Angaben über Grösse, Lieferdatum, Settlement, etc.	• Vertrag nach den Wünschen des Kunden aushandelbar bezüglich verschiedener Inhaltspunkte.
• Standardisierter Vertrag zwischen dem Investor und dem Clearinghaus.	• Vertrag auf privater Basis zwischen zwei Vertragsparteien.
• Alle Kontrakte werden täglich mittels der „mark to market"-Prozedur bewertet und der Gewinn/Verlust sofort ermittelt.	• Gewinn/Verlustermittlung erfolgt bei Fälligkeits-, bzw. Lieferdatum.
• Margen müssen eingehalten bzw. einbezahlt werden, um Preisbewegungen korrekt darzustellen.	• Margen bzw. Depot als Sicherheit werden am Tag der Vertragsabmachung festgelegt.

Die Zinssatz-Futures gehören zu den am aktivsten gehandelten Futures-Transaktionen der Welt, insbesondere die Eurodollar- und US Treasury-Kontrakte. Das hat unter anderem damit zu tun, dass die Zinssätze ein Bindeglied zwischen den Geld- und Kapital- sowie den Währungsmärkten darstellen. Mit Hilfe der Zinssatz-Futures werden die Bewegungen der Zinssätze abgehedged, z. B. um die Portfolios bzw. Kredite gegenüber Zinssatzbewegungen zu schützen. Eine weitere Möglichkeit besteht in der Konstruktion eines Zinssatz-Exposures durch Ausnützung des großen Leverages dieser Instrumente. Dies kann der reinen Spekulation dienen oder um mit einem geringen Anteil des Gesamtportfolios eine Zinssatz-Exposure für das gesamte Portfolio zu generieren. Auf diese Variante wird in Abschnitt 9 noch genauer eingegangen.

Viele der folgenden Ausführungen orientieren sich an den Standards und Regeln der amerikanischen Futures-Märkte, weil einerseits diese standardisierten Instrumente dort entstanden sind und andererseits die Handhabung und Regulation bezüglich Börse, Händlerverhalten etc. in den Vereinigten Staaten viel stärker strukturiert und weiterentwickelt sind. Die europäischen und asiatischen Märkte orientieren sich stark an diesen Vorgaben und übernehmen viele Standards.

6.2 Funktionsweise des Futures-Handels

Die Preisnotation ist speziell und weist keine mathematische Logik auf. Die Preisnotationen sind historisch bedingt, sind aber in den verschiedenen Märkten ähnlich. Notationen für kurzfristige Kontrakte werden als Diskont von 100 % angegeben. Bei Restlaufzeit erreicht das Instrument 100 %, die Lieferung erfolgt zu 100 % minus des Zinssatzes für das darunterliegende Instrument. Diese Notation ist vom amerikanischen Treasury Bill-Markt abgeleitet. Um nun den Gewinn/Verlust des Kontraktes genau festlegen zu können, sind weitere Berechnungen notwendig, da die Zinssätze oft auf jährlicher Basis festgelegt sind, Futures-Kontrakte aber auch kürzerfristige Laufzeiten aufweisen. Der wahre Zinssatz eines dreimonatigen Instrumentes ergibt sich aus der Division des Jahreszinssatzes für dreimonatige Gelder durch vier. Dementsprechend ergibt sich der Gewinn/Verlust eines Zinssatzfutures-Kontraktes für dreimonatige Gelder (Eurodollar oder US Treasury Bill) wie folgt:

$$\text{Gewinn/Verlust} = (\text{Futureswert} - \text{Diskontwert})/4 \cdot \text{Kontraktgröße}$$

Beispiel: Ein Zinssatz-Futures wird zum Diskontwert von 93,61 gekauft. Bei Restlaufzeit von drei Monaten erhält der Investor für das dreimonatige Eurodollar-Papier einen Zinssatz von 6,39 %. Der Zinssatz fällt nun auf 6 % und der Futures-Kontrakt weist bei Lieferung einen Wert von 94 % auf. Der Gewinn/Verlust wird wie folgt berechnet:

$$\text{Gewinn} = (94\,\% - 93,61\,\%)/4 \cdot 100\,000 = 975$$

Die Preisnotierung von längerfristigen Instrumenten ist vielfältiger. Der Kontrakt ist gewöhnlich definiert in Bezug auf eine theoretisch berechnete Obligation mit gut bekannten Eigenschaften, diese Obligation wird als *Notional Bond* bezeichnet. Beispielsweise beziehen sich die an der Chicago Board of Trade und der LIFE gehandelten Futures-Kontrakte auf den Notional US Treasury Bond mit 8 % Rendite und einer 20-jährigen Restlaufzeit. Der sich darauf beziehende Futures-Kontrakt weist eine Restlaufzeit von 15 Jahren auf und ist nicht vorzeitig rückrufbar. Die Bewertung des Futures-Kontraktes richtet sich genau nach der Preisnotierung der 20-jährigen 8 % Coupon aufweisenden Obligation. Will nun der Verkäufer des Kontraktes die physische Lieferung der Obligation, so kann der Verkäufer dies tun durch Lieferung einer US Treasury-Obligation mit einer Restlaufzeit von mindestens 15 Jahren, die aber nicht rückrufbar ist. Da diese Obligation aber von der Notional-Obligation abweicht, wird mittels eines Konversions-Faktors der Preis der gelieferten Obligation bezüglich Coupon und Restlaufzeit angepasst. Der Preis der gelieferten Obligation entspricht dem Settlementpreis der Notional-Obligation, angepasst mittels des Konversionsfaktors. Obligationen mit einem Coupon höher als 8 % weisen einen Konversionsfaktor K von weniger als eins aus, da ein höher verzinsliches Papier mehr Wert aufweist.

$$\text{Gewinn/Verlust} = (\text{Futureswert} - \text{Diskontwert})/\text{Kontraktgröße} \cdot K$$

Der vom Käufer bezahlte Betrag muss zusätzlich noch um die aufgelaufenen Zinsen der gelieferten Obligationen adjustiert werden. Auf dem Markt gibt es ständig einige Obligationen, die etwas günstiger zu liefern sind als die Notional-Obligation mit ihrem theoretischen Wert. Diese „Cheapest To Deliver"-Obligationen korrelieren sehr stark mit dem

Futurespreis: Per Fälligkeit des Futures wird der Verkäufer die „Cheapest To Deliver"-Obligation liefern und der Futurespreis entspricht dann gerade dem Preis dieser Obligation.

Die Funktionsweise der anderen nationalen Futures-Märkte erfolgt ähnlich wie die der Vereinigten Staaten. Unterschiedlich sind die Konversionsfaktoren der zu liefernden Obligationen, da die Notional-Obligationen unterschiedlich definiert sind, z. B. mit 10 % in Frankreich, mit 12 % in England.

6.3 Bewertung von Futures-Kontrakten

6.3.1 Zinssatz-Futures, Obligationen

Der Preis eines Obligationen-Futures hängt direkt vom Preis der zugrunde liegenden Obligationen ab. Die Beziehung zwischen dem Obligationenpreis und dem Futurespreis kann aufgrund der Arbitrage-Überlegungen erklärt werden. Aus theoretischer Sicht bedeutet dies, dass der „faire" Preis, d. h. der „fair value" eines Futures durch die Gegenüberstellung des Wertes der Obligationen durch den Kauf im Markt und den Erwerb des entsprechenden Obligationen-Futures ermittelt werden kann. Die beiden Anlagestrategien (einerseits direkter Kauf der Obligation, andererseits Kauf eines Obligationen-Futures, um die gleiche Exposure zu generieren) führen zum gleichen Ergebnis und damit zum gleichen Preis. Der Futures-Käufer verfügt zum Zeitpunkt der Fälligkeit über den Gegenwartswert der Obligationen und deren Couponzahlungen.

Bei der *direkten Anlagestrategie* kauft der Investor die Obligation sofort. Der Preis dafür entspricht dem notierten Kaufpreis plus Marchzinsen bis zur Restlaufzeit. Die Coupons erhält der Käufer im Verlaufe der Investitionsdauer und kann diese Cash Flows am Geldmarkt zinsbringend anlegen.

Bei der *indirekten Anlagestrategie* kauft der Investor einen Obligationen-Futures, das dafür notwendige Geld legt der Investor für die Dauer des Futures-Kontraktes auf dem Geldmarkt zinsbringend an und hat zum Zeitpunkt der Fälligkeit des Futures den entsprechenden Gegenwert für die Verpflichtungen aus dem Futures-Vertrag. Fällige Coupons während der Laufzeit des Futures müssen bereits zum aktuellen Zeitpunkt als Barwert ebenfalls bereitgestellt bzw. auf dem Geldmarkt zinsbringend angelegt werden. Übersicht 18 verdeutlicht die anfallenden Zahlungsströme und deren Komponenten.

Zum Zeitpunkt T müssen die beiden Anlagestrategien zum gleichen Ergebnis führen, die beiden Strategien müssen deshalb heute bereits gleich bewertet werden. Daraus ergibt sich die folgende Gegenüberstellung:

$$\text{Barwert } (F_{t,T}) + \text{Barwert } (M_T) + \text{Barwert } (C_{t_c}) = P_t + M_t$$

oder als Formel:

$$\frac{F_{t,T}}{1 + \dfrac{{}_t r_t \cdot (T - t)}{360}} + \frac{M_t}{1 + \dfrac{{}_t r_T \cdot (T - t)}{360}} + \frac{C_{t_c}}{1 + \dfrac{r_{t_c} \cdot (T - t_c)}{360}} = P_t + M_t$$

Übersicht 18: Vergleich anfallender Zahlungsströme bei direkten/indirekten Anlagestrategien

	Portfolio zum Zeitpunkt t	Kosten heute (t)	Investition zum Zeitpunkt T
Direkte Anlagestrategie	Kauf der Obligationen	$P_t + M_t$	Obligation plus Coupon plus Zinsen auf dem Coupon
Indirekte Anlagestrategie	Kauf des Obligationen-Futures	keine Kosten	
	Geldmarktanlage des Barwertes des Futurespreises	Barwert $(F_{t,T})$	Obligation (Kauf zum Preis $F_{t,T} + M_T$)
	Geldmarktanlage des Barwertes der Marchzinsen zum Zeitpunkt T	Barwert (M_T)	
	Geldmarktanlage des Barwertes einer eventuellen Zins-zahlung während der Laufzeit des Futures	Barwert (C_{t_c})	Coupon plus Zinsen auf den Coupon

Der Futurespreis $F_{t,T}$ lässt sich aus dem ersten Teil der Formel herleiten:

$$F_{t,T} = (P_t + M_t) \cdot \left(1 + \frac{{}_tr_T \cdot (T-t)}{360}\right) - \frac{1 + \dfrac{r_T \cdot (T-t)}{360}}{1 + \dfrac{r_{t_c} \cdot (T-t_c)}{360}} - M_T$$

Das weitere Vorgehen wird dadurch vereinfacht, dass Futures i. d. R. keine Zinszahlungen während der Restlaufzeit erhalten. Dementsprechend ist $C_{t_c} = 0$. Die Rendite r_{t_c} der Couponzahlungen zum Zeitpunkt t kann vernachlässigt werden, da der Futurespreis bezüglich r_{t_c} eine sehr geringe Sensitivität aufweist. Vereinfacht lautet die Preisformel für den Obligationen-Futures:

$$F_{t,T} = (P_t + M_t) \cdot \left(1 + \frac{{}_tr_T (T-t)}{360}\right) - M_T$$

Die bisherigen Überlegungen funktionieren unter der Annahme, dass die beiden Anlagestrategien gleich viel kosten. Es stellt sich die Frage, was passiert, wenn die Preise der Strategien voneinander abweichen.

6.3.2 Nettofinanzierungskosten von Obligationen-Futures

Die Differenz zwischen dem Futurespreis und dem Obligationenpreis sind Nettofinanzierungskosten bzw. „Cost of Carry". Die Nettofinanzierungskosten werden aus der Differenz der Finanzierungskosten der Obligationen und den während der Restlaufzeit des Futures aufgelaufenen Marchzinsen errechnet. Werden die angefallenen Marchzinsen ersetzt durch:

$$M_T - M_t = C \cdot \frac{(T-t)}{360} \text{ , so ist der Futurespreis:}$$

$$F_{t,T} = (P_t + M_t) \cdot \left(1 + \frac{{}_t r_T (T-t)}{360}\right) - M_T = P_t + \left[(P_t + M_t) \cdot \frac{(T-t)}{360} \cdot \left({}_t r_T - \frac{C}{P_t + M_t}\right)\right]$$

$$= P_t + (P_t + M_t){}_t r_T \frac{(T-t)}{360} - C \cdot \frac{(T-t)}{360}$$

Der Futurespreis kann in einzelne Komponenten zerlegt werden:

F = Obligationenpreis + Finanzierungskosten – Marchzinsen bis Fälligkeit
  = Obligationenpreis + Nettofinanzierungskosten (Cost of Carry)

Die Nettofinanzierungskosten sind insgesamt umso größer, je länger die Laufzeit des Futures-Kontraktes ist. Bei Erreichen der Fälligkeit wird diese Zahl gleich Null, d. h. Obligationenpreis und Futurespreis entsprechen sich.

- Finanzierungskosten > Marchzinsen = positive Nettofinanzierungskosten
- Finanzierungskosten < Marchzinsen = negative Nettofinanzierungskosten

6.4 Rendite- und Risiko-Charakteristika von Futures-Kontrakten

6.4.1 Impliziter Repo-Satz

Die Obligation mit dem höchsten Konversionsfaktor identifiziert nicht die am besten bewertete Obligation (Cheapest to Deliver; CTD) im Zusammenhang mit Futures-Kontrakten. Es ist notwendig zu berücksichtigen, dass eine Obligation mit einem Konversionsfaktor > 1 eine Obligationenprämie mit sich bringt, die sich auch im Kaufpreis niederschlägt. Ein Merkmal, das die „Preiswertigkeit" der zu liefernden Obligation ausdrücken soll, muss auch die relativen Kosten berücksichtigen. Der *implizite Repo-Satz* ist die erhaltene Rendite beim Kauf der Basis. Dies bedingt, dass man die Obligation gegen Cash kauft, finanziert durch einen Kredit mit dem heutigen Zins- bzw. dem Repo-Satz, um damit die Obligationen zu liefern, die man gemäß dem verkauften Obligationen-Futures zu einem späteren Zeitpunkt haben muss. Deshalb ist die Obligation mit dem höchsten impliziten Repo-Satz die am preiswertesten zu liefernde Obligation. Die Berechnung des impliziten Repo-Satzes ist relativ einfach. Man annualisiert die Rendite des anfallenden Cash Flows durch 360/n. In den Vereinigten Staaten ist dies die Konvention für Geldmarkt-Instrumente, für andere Märkte gelten andere Konventionen:

$$\text{Impliziter Repo-Satz} = \frac{[(F \cdot KF) + Ze + IC - (O + Za)] \cdot 360}{t_1 \cdot (O + Za) - (IC \cdot t_2)}$$

F = Futurespreis, KF = Konversionsfaktor, Za = Zinsen am Anfang der Futures-Transaktion, Ze = Zinsen am Ende der Futures-Transaktion, IC = Interims Coupon (Coupon zwischen Settlement-Datum und Lieferungsdatum), t_1 = Anzahl Tage zwischen Settlement-Datum und Lieferungsdatum, t_2 = Anzahl Tage zwischen IC und Obligationen-Lieferung.

6.4.2 Basis von Futures-Kontrakten

Wie bereits erwähnt, ist eines der besten Merkmale zur Beurteilung der Preiswertigkeit von Obligationen der implizite Repo-Satz. Doch gibt es noch andere Indikatoren, die aussagen, welche Obligation berücksichtigt werden sollte, um festzustellen, ob der Futures-Kontrakt unter- oder überbewertet ist. Dies erfolgt durch Berücksichtigung der Basis – da der implizite Repo-Satz relativ aufwendig in der Berechnung ist –, die vom Preis abgeleitet wird, den die Händler beim Handeln mit Cash-Bonds und Futures beachten. Die Basis ist die Differenz zwischen dem Cash-Obligationenpreis und dem adjustierten Futurespreis. Der adjustierte Futurespreis ist das Produkt aus dem Futurespreis und dem Konversionsfaktor K:[29]

$$\text{Basis} = (\text{Obligationenpreis} - \text{Futurespreis} \cdot K) \cdot 32$$

Eine *Long-Basis*-Transaktion ist eine Transaktion mit dem Kauf einer lieferbaren Cash-Obligation und dem Verkauf eines Futures-Kontraktes mit Konvertierungsfaktor-gewichtetem Wert. Eine *Short-Basis*-Transaktion ist eine Transaktion mit dem Verkauf einer lieferbaren Cash-Obligation und dem Kauf eines Futures-Kontraktes mit Konvertierungsfaktor-gewichtetem Wert. Es soll erwähnt werden, dass die Basis der Cheapest-to-Deliver-Obligation bis zur Restlaufzeit gegen Null konvergieren muss. Sollte dies nicht der Fall sein, wäre dies eine risikolose Arbitragemöglichkeit. Die Basis kann negativ werden. Die Netto-Basis hingegen kann nicht negativ werden; denn wie eine Option verkörpert die Netto-Basis lediglich das Recht, aber nicht die Pflicht, eine Transaktion zu einem bestimmten Preis zu kaufen/verkaufen. Die Basis ist negativ, wenn die Yield-Kurve vor der Restlaufzeit invers ist und dementsprechend der Wert des Futures unter den ausgehandelten Futurespreis zur Restlaufzeit fällt.

6.4.3 Hedge-Ratio

Sinn und Zweck eines Hedges besteht darin, die Gewinne/Verluste des Futures-Kontraktes mit gegenläufigen Verlusten/Gewinnen aus dem Zielpreis und dem aktuellen Verkaufspreis einer bestimmten Position auszugleichen. Der kritische Faktor beim Hedgen über Futures ist, das Risiko aus einem Cross-Hedge minimal zu halten. Dies erfolgt über die korrekte Wahl des Hedge-Ratios. Der Hedge-Ratio wird so gewählt, dass die Volatilitäten des

---

[29] Um die Basis gemäß amerikanischer Usance in 1/32 darzustellen, muss aufgrund der Preis-Konvention mit 32 multipliziert werden.

Futures-Kontraktes und der abzusichernden Position bzw. die Wertveränderungen übereinstimmen.

$$\text{Hedge-Ratio} = \frac{\sigma_{\text{Obligation}}}{\sigma_{\text{Hedge}}}$$

Die Formel lässt erkennen, dass bei größerer Volatilität der Obligation als die des Hedge-Instruments eine größere Menge des Hedge-Instruments notwendig ist, um den Cross-Hedge auszugleichen. Die Volatilitäten (σ) der beiden Instrumente sind entscheidend für die Berechnung des Hedge-Ratio. Die Volatilität kann aber unterschiedlich definiert werden. In den folgenden Ausführungen verwenden wir die Preis-Volatilität, d. h. die Wertschwankung in absoluten Wertzahlen. Um die Preis-Volatilität genau bestimmen zu können, muss der genaue Zeitpunkt zur Berechnung der Volatilität[30] sowie der entsprechende Zielpreis oder Yield festgelegt werden.[31] Der Zeitpunkt für die Berechnungen wird durch das Datum festgelegt, an welchem der Hedge aufgelöst bzw. auslaufen soll. Die Wertänderung in der Zwischenzeit ist praktisch unbedeutend, da ja der Preis für eine bestimmte Zeitspanne eingefroren werden soll. Dementsprechend ist der Yield, für den die Volatilität berechnet werden soll, der Zielzinssatz. Daraus lässt sich ableiten, dass die Volatilität der zu hedgenden Obligation sich auf den Wert der Obligation zu dem Zeitpunkt bezieht, wo der Hedge ausläuft bzw. aufgehoben wird, ausgedrückt in Basispunkten zum aktuellen implizierten Forward-Satz.

In der bisherigen Formel wird nicht die Volatilität der Cheapest-to-Deliver-Obligation berücksichtigt, sondern die des Hedge-Instruments, in diesem Fall der Futures-Kontrakt. Da man die Volatilität der zu hedgenden Obligation gegenüber der Cheapest-to-Deliver-Obligation sowie die Volatilität der Cheapest-to-Deliver-Obligation (CTD) gegenüber dem Futures-Kontrakt kennt, kann man die *relativen Volatilitäten*, die den Hedge-Ratio (HR) definieren, wie folgt darstellen:

$$\text{HR} = \frac{\sigma_{\text{Obligation}}}{\sigma_{\text{Hedge}}} = \frac{\sigma_{\text{Obligation}}}{\sigma_{\text{CTD-Obligation}}} \cdot \frac{\sigma_{\text{CTD-Obligation}}}{\sigma_{\text{Futures-Kontrakt}}}$$

Geht man von einem fixen Spread zwischen der zu hedgenden Obligation und der Cheapest-to-Deliver-Obligation aus, ergibt sich:

$$\text{HR} = \frac{\text{PWBP der zu hedgenden Obligation}}{\text{PWBP der CTD-Obligation}} \cdot \text{K}_{\text{CTD}}$$

PWBP ist die Veränderung des Preiswertes eines Basispunktes im Yield, basierend auf Forward-Preisen für das Settlement-Datum, an dem der Hedge geschlossen wird oder ausläuft. Die Formel zeigt, wie ein Hedge mittels Futures und des empfohlenen Hedge-Ratios den Zielpreis einer Obligation einfriert. Zusätzlich kann festgestellt werden, dass der abweichende Wertunterschied durch häufige Anpassungen des Hedge-Ratios erklärt werden kann, da der Preiswert eines Basispunktes sich verändert, wenn die Zinsen sich auf- und abwärts bewegen.

---

[30]   Die Volatilität nimmt gegen die Restlaufzeit der Obligation ab, da sich der Wert der Obligation asymptotisch dem Rückbezahlungsbetrag annähert.

[31]   Ein höherer Yield reduziert i. d. R. die Preisvolatilität für eine gegebene Yield-Veränderung.

Im vorherigen Abschnitt wurde von einem fixen Spread zwischen der zu hedgenden Obligation und der CTD-Obligation ausgegangen. Durch Anpassung des Yield-Spreads kann die Hedge-Strategie verfeinert werden. Dies ist vor allem dann notwendig, wenn die zu hedgende Obligation nicht geliefert werden soll oder kann. Die Zinsunterschiede zwischen den Instrumenten sind nicht konstant, sondern Schwankungen im Zeitablauf unterworfen. Sie werden durch die Restlaufzeit der Instrumente beeinflusst, durch das allgemeine Niveau der Zinssätze sowie durch viele unvorhersehbare und unsystematische Ereignisse. Mit Hilfe einer Regressionsanalyse kann die historische Beziehung zwischen den Zinssätzen und den Zinssatzunterschieden berechnet werden. Für die Bestimmung der Veränderung des Spreads im Laufe der Zeit werden die Zinssätze der zu hedgenden Obligation und der CTD-Obligation regressiert:

$$r_{Obligation} = a + \beta \cdot r_{CTD\text{-}Obligation} + \varepsilon$$

Das Yield-Beta (β) ist eine Schätzung für die erwartete relative Veränderung des Spreads zwischen den beiden Instrumenten während der historischen Zeitperiode. Der Störterm ε berücksichtigt die Tatsache, dass sich die Instrumente nicht perfekt linear zueinander verhalten, sondern unvorhergesehenen und unsystematischen Ereignissen unterworfen sind. Ein Beta größer als eins bedeutet, dass der ursprüngliche Hedge-Ratio vergrößert werden muss, um die Schwankungen der Zinsen korrekt im Gesamtbetrag des Hedge-Instruments wiederzugeben.

$$HR = \frac{\text{PWBP der zu hedgenden Obligation}}{\text{PWBP der CTD-Obligation}} \cdot K_{CTD\text{-}Obligation} \cdot \beta$$

Die Formel für den Hedge-Ratio wird angepasst durch Berücksichtigung des Einflusses des Yield-Beta.

6.4.4 Anwendung im Portfolio-Management

Duration-Steuerung des Portfolios

Eine wichtige Anwendung von Zinssatz-Futures liegt in der Steuerung der Duration in einem Portfolio. Dazu ist es notwendig, dass der Portfolio-Manager Erwartungen über die Entwicklung der Zinssätze hat. Wird erwartet, dass die Zinssätzen steigen, will der Portfolio-Manager die Duration kürzen, wird erwartet, dass die Zinssätze sinken, will der Portfolio-Manager die Duration verlängern. Eine weitere Anwendung ist die Steuerung der Duration gegenüber einem Benchmark. Die Verwendung von Zinssatz-Futures ist eine effiziente und schnelle Lösung, um die Duration zu verändern. Insbesondere bei vorübergehenden Zinssatzschwankungen ist es sinnvoll, Futures zu benutzen, da diese liquide und standardisiert sind, währenddessen es schwierig sein kann, die richtigen Obligationen zu fairen Preisen zu erhalten. Durch Kaufen von Obligationen-Futures wird die Duration verlängert, durch Verkaufen von Obligationen-Futures wird die Duration verkürzt.

Beispiel: Ein Investor hat nur in Geldmarktpapiere investiert. Obwohl er aus Gründen der Flexibilität keine längerfristigen Obligationen kauft, möchte er dennoch die Duration verlängern. Dies erfolgt durch Kauf einer Anzahl Kontrakte, sodass dieselbe Exposure resultiert wie wenn er voll in Obligationen mit der gewünschten Durationen investiert hätte. Dies wäre allerdings mit hohen Transaktionskosten verbunden. Mittels Futures kann die Duration rasch und unkompliziert gesteuert werden.

In der Übersicht 19 wird ein Portfolio, das nur in Geldmarktpapiere investiert hat und eine entsprechend niedrige Duration von 0,25 aufweist, mittels Zinssatz-Futures auf eine Ziel-Duration verlängert. Der Umrechnungsfaktor beträgt 1,039721, der Futures-Kurs beträgt 112,35, wodurch sich ein Kontraktwert von 112 350 ergibt

Übersicht 19: Duration-Steuerung mittels Zinsfutures-Kontrakten

Portfolio-Position	Exposure	Yield to Maturity	Duration	Preis des Futures	Anzahl Kontrakte
Geldmarkt	5 000 000	3,50 %	0,25 %		
Futures	5 000 000		7,90 %	112,35	45,392944

Asset Allocation

Um die Gewichtungen zwischen Aktien, Obligationen, Rohstoffen und liquiden Mitteln rasch und effizient zu ändern, können Futures für alle Anlageklassen verwendet werden; Aktien- und Obligationen-Futures sind liquide und verändern die Asset Allocation in sehr kurzer Zeit, während das Kaufen/Verkaufen einzelner Positionen zur Veränderung der Asset Allocation aufwendig und langsamer ist.

Hedging

Das Hedgen mit Futures-Kontrakten bedingt eine Futures-Transaktion zum aktuellen Zeitpunkt, um dadurch eine Transaktion zu neutralisieren, die zu einem späteren Zeitpunkt erfolgen soll. Laufen der Cash- und der Future-Preis gegeneinander, so wird jeder Verlust des Hedges durch eine Transaktion mit dem Gewinn der anderen Transaktion ausgeglichen. Wenn sich Gewinne und Verluste der Transaktionen genau aufheben, so spricht man von einem perfekten Hedge.

In der Praxis ist das Hedgen nicht ganz so einfach. Häufig entwickelt sich der erwartete Nettogewinn nicht wie erwartet. Das Ergebnis ist davon abhängig, in welcher Beziehung der Cash-Preis und der Futurespreis stehen und zu welchem Zeitpunkt der Futures-Kontrakt aufgelöst wird. Die Differenz zwischen dem Cash-Preis und dem Futurespreis ist die Basis. Das Risiko, dass sich die Basis in eine nicht erwartete Richtung entwickelt, ist das *Basisrisiko*. In vielen Fällen ist die abzuhedgende Obligationen-Position bzw. das Portfolio nicht identisch mit den dem Futures zugrunde liegenden Obligationen. Diese Art des Hedgens wird als Cross Hedgen bezeichnet. Das kann eine zusätzliche Quelle für das Basisrisiko sein. Eine nicht abgesicherte Position ist dem Preisrisiko ausgesetzt: Der Preis entwickelt sich in die entgegengesetzte Richtung. Eine gesicherte Position wird durch Substitution des Basisrisikos gegenüber Preisrisiken geschützt.

Übersicht 20: Hedgen einer Obligation bis zur Restlaufzeit mittels Zinssatz-Futures

Aktueller Wert der Obligation	Yield auf Futures-Verkauf	Yield der Bundes-anleihe	Preis der Bundes-anleihe	Preis des Futures	Gewinn/ Verlust auf Kontrak-ten	Effektiver Preis
10 399 092	4,50 %	4,10 %	107,32	111,10	–313 214	10 085 878
10 317 755	4,60 %	4,20 %	106,48	110,23	–237 123	10 080 631
10 237 185	4,70 %	4,30 %	105,64	109,36	–161 753	10 075 432
10 157 374	4,80 %	4,40 %	104,81	108,50	–87 095	10 070 279
10 078 315	4,90 %	4,50 %	103,99	107,65	–13 142	10 065 172
10 000 000	5,00 %	4,60 %	103,18	106,81	60 111	10 060 111
9 922 421	5,10 %	4,70 %	102,37	105,98	132 674	10 055 095
9 845 570	5,20 %	4,80 %	101,57	105,15	204 554	10 050 125
9 769 442	5,30 %	4,90 %	100,78	104,33	275 756	10 045 198
9 694 027	5,40 %	5,00 %	100,00	103,52	346 288	10 040 315
9 619 318	5,50 %	5,10 %	99,22	102,72	416 158	10 035 476

In der Übersicht 20 hält der Investor ein Portfolio von Euro 10 Mio. mit einer einzigen Obligation, die zu 5 % verzinst wird (die Yield to Maturity beträgt als vereinfachende Annahme ebenfalls 5 %), gegenüber den Bundesanleihen im Schnitt einen Qualitätsspread von 40 Basispunkten aufweist und vom 31. 12. 1997 bis 31. 12. 2007 läuft. Der notwendige Hedge-Ratio beträgt 0,86 und der Konversionsfaktor 0,96219, die Zinszahlungen erfolgen halbjährlich. Der zur Absicherung benutzte Futures auf die Bundesanleihen weist einen Kurs von 107,50 auf.

Das *Verkaufen von Kontrakten* (oder einer Short-Position) wird genutzt, um sich gegenüber dem Sinken des Cash-Preises einer Obligation abzusichern. Um einen Short-Hedge zu generieren, werden Futures-Kontrakte verkauft. Durch den Verkauf von Kontrakten hat der Hedger den zukünftigen Cash-Preis fixiert und damit das Preisrisiko mittels des Futures-Kontraktes auf den Käufer transferiert. Sollten die Zinsen in der Zwischenzeit steigen, so gewinnt der Short-Futures-Kontrakt in dem Maße an Wert wie die Obligationen an Wert verlieren.

Das *Kaufen von Kontrakten* (oder einer Long-Position) wird genutzt, um sich gegen das Ansteigen des Cash-Preises einer Obligation abzusichern. Um einen Long-Hedge zu generieren, werden Futures-Kontrakte gekauft, um den Kaufpreis einzufrieren. Sollten fallende Zinssätze erwartet werden und in absehbarer Zukunft Käufe zu tätigen sein, so kann durch Kaufen von Kontrakten der zukünftige Preis eingefroren werden. Eine andere Möglichkeit besteht in der Absicherung der Reinvestition von Obligationen, die demnächst auslaufen und zurückgezahlt werden.

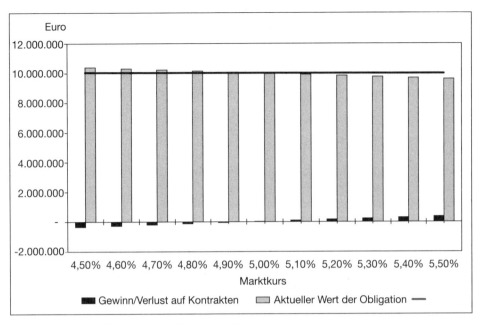

Abbildung 12: Absicherung mittels Zinsfutures-Kontrakten

Zusammenfassung

Der Abschnitt 6 geht auf die Zinssatz-Futures ein. Der Futures-Kontrakt als standardisiertes Instrument gehört zu den wichtigsten „Werkzeugen" von Portfolio-Managern, Investoren etc. Innerhalb kürzester Zeit lassen sich große Geldbeträge zu bestimmten Zwecken in Bewegung setzen. Am Anfang des Abschnittes wird auf die Unterschiede zwischen Futures- und Forward-Transaktionen eingegangen, gefolgt von Ausführungen über die Funktionsweise des Futures-Handels. Die Bewertung von Futures-Kontrakten sowie die Abschnitte über Rendite- und Risiko-Charakteristika führen zu den Anwendungen im Portfolio-Management. Hier sind insbesondere die Duration-Steuerung, die Asset Allocation sowie die Konstruktion von synthetischen Wertschriften wie auch das Hedging zu erwähnen. Ohne den liquiden Futures-Markt sind große Obligationen-Portfolios heute nicht mehr steuerbar, insbesondere bei Benchmarks ist die Einhaltung des Tracking Errors von Bedeutung und nur über kostengünstige und schnelle Transaktionen wie z. B. mit Futures-Kontrakten möglich.

7. Zinssatz-Optionen

7.1 Definition/Arten/Unterschiede zu Futures-Kontrakten

7.1.1 Definition

Eine Option ist ein Vertrag, bei dem der Verkäufer dem Käufer der Option das Recht garantiert, ihm ein bestimmtes Instrument zu einem bestimmten Preis und zu einem bestimmten Zeitpunkt nach oder während einer bestimmten Zeitspanne zu kaufen bzw. zu verkaufen. Der Verkäufer dieser Option bzw. der „Schreiber" einer Option garantiert dem Käufer dieses Recht und erhält dafür den Optionspreis bzw. die Optionsprämie. Der Preis, zu dem das Instrument gekauft oder verkauft wird, ist der Ausübungspreis oder Strike-Preis, das Datum, an dem die Option ausgeübt wird, ist das Ausübungsdatum oder Verfall-Datum. Wenn die Option nur am Ausübungsdatum ausgeübt werden kann, spricht man von einer europäischen Option, ist die Option an jedem beliebigen Zeitpunkt während der Zeitspanne bis zum Verfallsdatum möglich, spricht man von einer amerikanischen Option. Wenn die Option dem Käufer der Option das Recht gewährt, dem Verkäufer der Option ein Instrument zu verkaufen, spricht man von einer Put-Option. Der Käufer erhält eine Long-Position bezüglich der Option. Wenn die Option dem Verkäufer der Option das Recht gewährt, vom Käufer der Option ein Instrument zu kaufen, spricht man von einer Call-Option. Der Verkäufer erhält eine Short-Position bezüglich der Option. Der Käufer der Option hat ein wesentliches Potenzial nach oben, der Verkäufer ein wesentliches Risiko nach unten. Der maximale Profit für den Verkäufer der Option besteht in der Optionsprämie.

7.1.2 Arten

Es lassen sich grundsätzlich zwei Arten von Zinssatz-Optionen unterscheiden:

- Optionen auf physisch lieferbare Instrumente und
- Optionen auf Futures.

Die Zunahme verschiedener Futures und insbesondere von OTC-Produkten erlaubt es dem Investor, die Zinssatz-Optionen zu wählen, die seinen Bedürfnissen am besten entsprechen. Das betrifft vor allem die Möglichkeit, die Laufzeit des darunter liegenden Instruments so zu wählen, dass es der Restlaufzeit der zu hedgenden Position entspricht. Zusätzlich muss sich der Investor bei Futures weniger um die Liquidität Sorge machen als bei physisch lieferbaren Instrumenten.

7.1.3 Unterschiede zwischen Optionen und Futures-Kontrakten

Wie bereits in Abschnitt 6 über Futures erwähnt, gewährt die Option ein Recht, aber keine Verpflichtung. Der Käufer einer Call-Option hat ein Recht darauf, ein Instrument zu einem bestimmten Preis zu kaufen, er kann aber nicht verpflichtet werden, dies auch zu tun. Der

Verkäufer der Call-Option ist verpflichtet, aber nicht berechtigt, das Instrument zum aus-gehandelten Preis zu verkaufen. Beim Futures-Kontrakt sind hingegen beide Seiten glei-chermaßen berechtigt und verpflichtet zu liefern bzw. die Margen nachzuzahlen. Die sich daraus ergebenden Rendite-/Risikoprämien-Beziehungen sind bei Optionen und Futures unterschiedlich ausgeprägt. Der maximale Verlust, den man bei einer Long-Position mit Optionen realisieren kann, ist die Optionsprämie – während das Potenzial nach oben unli-mitiert ist – reduziert um die bezahlte Prämie. Der maximale Profit, den man bei einer Short-Position realisieren kann, ist die erhaltene Optionsprämie, während das Risiko nach unten voll bestehen bleibt.

7.2 Bewertung von Optionen

Die Bewertung einer Option orientiert sich an den Kosten bzw. der Prämie, die ein Käufer zahlen muss.[32] Der Wert der Option besteht aus dem intrinsischen Wert und dem Zeitwert.

7.2.1 Intrinsischer Wert der Option

Der intrinsische Wert einer Option ist der ökonomische Wert der Option unter der Annahme der sofortigen Ausübung. Sollte es sich nicht lohnen die Option auszuüben, da man einen Verlust realisieren würde, hat auch die Option keinen ökonomischen Wert. Die Option hat einen minimalen intrinsischen Wert von Null.

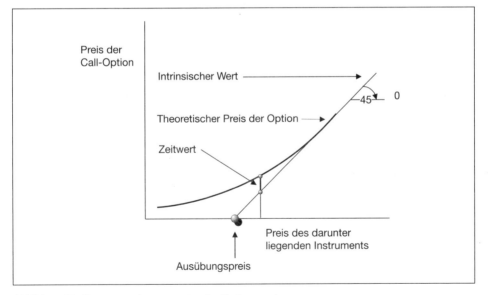

Abbildung 13: Bewertungskomponenten des Optionswertes

---

[32] Vgl. dazu die wegweisende Arbeit von Black und Scholes in Black, Fisher/Scholes, Myron: „The Pricing of Options and Corporate Liabilities", 1973.

Eine Option mit einem positiven intrinsischen Wert wird definiert als „in the money", eine Option, deren Ausübungspreis dem aktuellen Preis entspricht, als „at the money".

Wenn der Ausübungspreis über dem aktuellen Preis liegt, ist die Call-Option „out of the money". Sowohl die „at the money"- wie „out of the money"-Option haben einen intrinsischen Wert von Null, da die Ausübung der Option nicht lohnt.

- *Call-Option*: Der intrinsische Wert einer Call-Option auf einen Zinssatz-Futures-Kontrakt ist die Differenz zwischen dem aktuellen Wert des Futures-Kontraktes und dem Ausübungspreis. Ist der Ausübungspreis einer Call-Option z. B. Euro 95 und der aktuelle Preis des Futures-Kontraktes Euro 107, dann ergibt sich der intrinsische Wert von Euro 12. Der Käufer der Option kann die Option ausüben, indem er gemäß der Option einen Futures-Kontrakt zum Preis von Euro 95 kauft, den er simultan am Markt zu Euro 107 verkauft und dadurch einen Gewinn von Euro 12 realisiert.

- *Put-Option*: Bei der Put-Option ist der intrinsische Wert positiv, wenn der aktuelle Preis unter dem Ausübungspreis liegt und es deshalb für den Investor attraktiv ist, das zinssensitive Instrument zum Ausübungspreis zu verkaufen. Ist zum Beispiel der Ausübungspreis einer Put-Option Euro 107 und der aktuelle Preis des Futures-Kontraktes Euro 95, dann ergibt sich der intrinsische Wert von Euro 12. Der Käufer der Option kann die Option ausüben, indem er am Markt einen Futures-Kontrakt zu Euro 95 kauft und gemäß der Option den Futures-Kontrakt simultan zum Preis von Euro 107 verkauft und dadurch einen Gewinn von Euro 12 realisiert.

7.2.2 Zeitwert der Option

Der Käufer einer Option rechnet damit, dass sich die Zinsen im Laufe der Zeit (aber vor Ablauf der Restlaufzeit) zu seinen Gunsten ändern und den Wert der Option erhöhen. Dementsprechend ist der Käufer bereit, einen zeitgebundenen Aufwert über dem intrinsischen Wert zu zahlen. Der Zeitwert der Option entspricht der Differenz zwischen Marktwert und intrinsischem Wert. Ist zum Beispiel der Ausübungspreis einer Call-Option Euro 95 und der aktuelle Preis des Futures-Kontraktes Euro 107, dann ergibt sich der intrinsische Wert von Euro 12. Die Option wird zu 110 gehandelt. Es entsteht ein Zeitwert von Euro 3. Ist der Ausübungspreis einer Put-Option Euro 107 und der aktuelle Preis des Futures-Kontraktes Euro 95, dann beträgt der intrinsische Wert Euro 12. Die Put-Option wird zu 98 gehandelt, es ergibt sich ein Zeitwert von Euro 3.

Es bestehen grundsätzlich zwei Arten der Realisierung des Optionswertes. Erstens besteht die Möglichkeit der Ausübung von Futures-Optionen. Durch die Ausübung erhält der Käufer einer Call-Option die entsprechende Position eines Futures-Kontraktes zum aktuellen Marktpreis und erhält vom Verkäufer der Option die Differenz zwischen dem aktuellen Marktpreis und dem Ausübungspreis. Die zweite Möglichkeit der Realisierung des Optionswertes ist der Verkauf der Option. Diese Variante hat den Vorteil, dass ein vorhandener Zeitwert realisiert wird, während bei der Variante mit Futures-Optionen der gesamte Zeitwert verloren geht.

7.2.3 Einflussfaktoren auf den Optionspreis

Der Wert von Optionen wird von verschiedenen Faktoren beeinflusst. Deren Einfluss hängt wiederum davon ab, ob die Option eine Put/Call-Option ist, als amerikanische/europäische Option ausgestaltet ist oder ob das darunter liegende Instrument eine Obligation oder ein Obligationen-Futures ist. Die Einflussfaktoren sind:

- *Ausübungspreis:* Wenn alle anderen Faktoren konstant gehalten werden, so führt ein höherer Ausübungspreis (Strike Preis) zu einem tieferen Wert der Call-Option. Bei einer Put-Option hingegen steigt der Wert der Option mit steigendem Ausübungspreis.

- *Aktueller Preis des darunter liegenden Instruments:* Bei einer Call-Option steigt/sinkt der Optionspreis, wenn der aktuelle Preis des darunter liegenden Instruments steigt/sinkt. Bei einer Put-Option steigt/sinkt der Optionspreis, wenn der aktuelle Preis des darunter liegenden Instruments sinkt/steigt.

- *Coupon der darunter liegenden Obligation:* Bei einer Option auf eine Obligation erhöht der Coupon bzw. der daraus resultierende Zinsbetrag den Anreiz, die Option auszuüben bzw. er erhöht den Anreiz, die Obligation zu halten. Dementsprechend ist die Optionsprämie für Coupon-tragende Obligationen höher als für nicht-Coupon-tragende Obligationen. Umgekehrt verhält es sich bei Put-Optionen: Coupons erhöhen den Optionspreis.

- *Restlaufzeit:* Die Restlaufzeit spielt bei europäisch und amerikanisch ausgestalteten Optionen eine wichtige Rolle. Der Optionspreis wird durch eine lange Restlaufzeit erhöht, wenn alle anderen Variablen konstant gehalten werden.

- *Risikofreier Zinssatz während der Restlaufzeit der Option:* Werden alle anderen Faktoren konstant gehalten, dann steigt/sinkt der Call-Preis einer Obligationen-Option, wenn der risikofreie Zinssatz steigt/sinkt. Bei einer Put-Option sinkt der Preis, wenn der risikofreie Zinssatz steigt. Bei einer Futures-Option hingegen steigt/sinkt sowohl bei einer Put- wie bei der Call-Option der Preis, wenn der risikofreie Zinssatz sinkt/steigt.

- *Erwartete Volatilität der Yields bzw. Preise während der Restlaufzeit der Option:* Der Preis der Optionen steigt/sinkt mit steigender/sinkender Volatilität der Preise bzw. Yields, gemessen mit der Varianz bzw. Standardabweichung der Preise. Der Grund dafür ist, dass mit zunehmender Volatilität die Wahrscheinlichkeit zunimmt, dass der Preis der darunter liegenden Obligation bzw. des Futures sich gegen den Ausübungspreis hin bewegt. Der Verkäufer der Option verlangt für die größere Schwankung eine größere Prämie, da er sich mit zunehmender Schwankung dem Risiko aussetzt, dass der Käufer die Option zum Ausübungspreis geltend macht.

7.3 Theoretischer Wert der Call-Option

Der theoretische Wert der Call-Option ergibt sich aufgrund des Preises des darunter liegenden Instruments, z. B. eines Zinssatz-Futures oder einer Obligation. Die Abbildung 14 zeigt die beiden Komponenten (Zeitwert und intrinsischer Wert) und das Verhältnis der beiden

Komponenten je nach Höhe des darunter liegenden Instruments. Die 45-Grad-Linie von der horizontalen Achse aus gibt den Zeitwert an, d. h. theoretischer Wert minus intrinsischer Wert. Vom Ursprung bis zum Ausübungspreis ist diese Komponente gleich Null, da die Option unterhalb des Ausübungspreises keinen intrinsischen Wert aufweist. Vom Ausübungspreis an steigt der intrinsische Wert im Verhältnis 1:1, d. h. jeder Euro über dem Ausübungspreis des darunter liegenden Instruments steigert den intrinsischen Wert der Option um einen Euro. Der Zeitwert ist die Differenz zwischen dem theoretischen Wert der Call-Option und dem intrinsischen Wert.

Der theoretische Wert der Call-Option wird durch eine konvexe Linie dargestellt. Die Steigung der Linie wird durch den Koeffizienten *Delta* (Δ) dargestellt, wobei die Ableitungen des Preises der Call-Option = $P_{Call-Option}$ und des Preises der Obligation = $P_{Obligation}$ dividiert werden:

$$\delta = \frac{dP_{Call-Option}}{dP_{Obligation}}$$

Das Delta kann auch als Hedge-Ratio bezeichnet werden und spielt eine wichtige Rolle für Portfolio- und Trading-Strategien und für Options-Bewertungsmodelle. Je steiler die Steigung der Linie, desto größer ist das Delta der Call-Option. Wenn die Call-Option „deep in the money" ist, d. h. der Marktwert der Obligation ist stark über dem Ausübungspreis, hat die Option ein Delta nahe bei 1. Daraus ergibt sich, dass der Wert der Call-Option mit jedem zusätzlichen Euro über dem Ausübungspreis praktisch um einen Euro zunimmt.

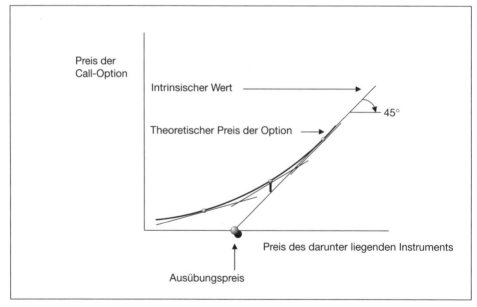

Abbildung 14: Herleitung des Delta-Wertes von der Bewertungsfunktion

Die Tangente der Preis-Linie nähert sich der 45-Grad-Linie mit einer Steigung von eins. Der Preis der Option über dem Ausübungspreis wird praktisch nur vom intrinsischen Wert bestimmt. Eine Option, die als „deep out of the money" bezeichnet wird, d. h. der Marktwert der Obligation ist stark unter dem Ausübungspreis, hat ein Optionen-Delta von gegen Null. Die Steigung der Preis-Linie ist sehr flach und die entsprechende Tangente hat eine Steigung von gegen Null, da der Marktwert stark unter dem Ausübungspreis liegt; der theoretische Wert besteht nur aus dem Zeitwert, dieser nimmt gegen den Ausübungspreis hin zu. Wenn der Marktwert und der Ausübungspreis übereinstimmen, dann ist das Optionen-Delta annäherungsweise bei 0,5. Die Bandbreite des Optionen-Deltas reicht von Null (deep out of the money), über 0,5 (at the money) bis 1 (deep in the money). Bei der Verwendung des Delta-Koeffizienten bei Anlage- und Absicherungsstrategien und im Handel muss zusätzlich die Volatilität des Obligationenpreises berücksichtigt werden.

7.3.1 Optionsbewertungsmodelle

Der Einsatz von Optionen bzw. von Instrumenten mit eingebetteten Derivaten bedingt, dass der theoretische Preis der Option bekannt ist. Dieser basiert auf Arbitrage-Überlegungen. Grundsätzlich geht man bei der Bewertung auf die folgenden Faktoren ein:

- aktueller Preis des zugrunde liegenden Instruments,
- Ausübungspreis,
- Restlaufzeit,
- Zinssatz eines risikolosen Instruments mit vergleichbarer Restlaufzeit wie das zugrunde liegende Instrument.

Der Erwartungswert des zugrunde liegenden Instruments hat keinen Einfluss auf die Bewertung der Option und bildet ein grundsätzliches Unterscheidungskriterium zum Futures, wo bei den Bewertungsmodellen der erwartete Preis bzw. die implizite Volatilität über die Restlaufzeit einfließt. Bei Aktien-Optionen ist das am häufigsten eingesetzte Bewertungsmodell das Black-Scholes-Modell. Dieser Ansatz geht von der grundlegenden Überlegung aus, dass eine synthetische Call-Option besteht, indem man das zugrunde liegende Instrument kauft und einen Teil der dazu notwendigen Mittel zum risikolosen Zinssatz am Markt aufnimmt. Die synthetische Option muss die gleiche Wertveränderung ergeben wie eine richtige Option. Berücksichtigt man das Delta der Option zum zugrunde liegenden Instrument, so muss die Option das entsprechende Gewinn- und Verlustprofil aufweisen wie das zugrunde liegende Instrument. Da die synthetische Option und die echte Option das gleiche Gewinn- und Verlustprofil aufweisen, muss die synthetische Option den gleichen Preis aufweisen wie die echte Option. Diese Überlegungen stimmen mit den Modellannahmen für amerikanische Optionen auf Aktienzertifikate überein. Bei einer direkten Anwendung auf zinssensitive Instrumente ergeben sich jedoch mehrere Probleme, die auf die Annahmen zurückzuführen sind, die dem Black-Scholes Modell zugrunde liegen.

Beispiel: Eine dreimonatige Call-Option auf eine Nullcoupon-Obligation weist eine 10-jährige Restlaufzeit auf und es wird angenommen, der Ausübungspreis liegt über 100. Verwendet man einen geläufigen Optionenrechner, der auf Black-Scholes basiert, so erhält man einen positiven Preis. Aus praktischer Überlegung muss festgehalten werden, dass kein

Rechner notwendig ist, um den Wert der Option festlegen zu können. Da es sich um eine Nullcoupon-Obligation handelt und der Kurs als diskontierter Wert dargestellt ist, wird sie bei Restlaufzeit zu 100 zurückbezahlt. Im Verlauf der Zeit bis zur Rückzahlung nähert sich der Kurs dem Rückzahlungskurs von 100 und wird ihn nicht übersteigen, außer es findet in der Periode von drei Monaten eine extreme Zinssatzsenkung statt, die den Kurs kurzfristig hochschnellen lässt. Generell darf davon ausgegangen werden, dass die Option keinen Wert haben kann, da sie nicht ausgeübt wird. Bei Verwendung eines Optionsbewertungsmodells erhält man allerdings einen positiven Wert für eine Option, die mittels Black-Scholes berechnet wurde. Dies hängt mit den folgenden drei Annahmen zusammen:

- Die *Volatilität* der Preise wird als konstant unterstellt. Führt man sich aber vor Augen, dass die Volatilität abnimmt, je näher eine Obligation an den Rückzahlungstermin heranrückt, desto weniger stimmt diese Annahme. Die Annahme konstanter Volatilitäten kann für Obligationen nicht aufrechterhalten werden.

- Der *risikolose Zinssatz* wird als konstant angenommen und ändert im Laufe der Zeit den Wert nicht. Eine Veränderung der kurzfristigen Zinsen ändert die Zinssätze entlang der Yield-Kurve und damit auch den Preis einer Zinssatz-Option. Die Annahme konstanter Zinssätze mag für Aktienoptionen eine gewisse Berechtigung haben, für zinssensitive Instrumente sicher nicht.

- Die *Wahrscheinlichkeitsverteilung*, die einen maßgeblichen Beitrag für den positiven Preis der Option bildet, beruht auf der Annahme einer lognormalen Verteilung. Diese führt dazu, dass ein Teil der Verteilung (wie wenig auch immer) positive Werte annimmt und damit zu einem positiven Preis wird. Aus dem Beispiel mit der Nullcoupon-Obligation ist ersichtlich, dass der Preis der Obligation nicht über 100 gehen kann, er kann den diskontierten Wert aller Cash Flows nicht übersteigen (Rückzahlung plus alle Couponzahlungen). Die Obligationen haben im Gegensatz zu den Aktien einen Maximalwert. Um den ökonomisch sinnvollen Maximalwert zu übersteigen, müssten Verhältnisse mit negativen risikolosen Zinsen vorherrschen, was aber kaum möglich ist.

Aus den oben genannten Gründen ist es wenig sinnvoll, das ursprüngliche Black-Scholes-Modell für zinssensitive Instrumente einzusetzen. Auch das Binominalbewertungs-Modell, das ebenfalls die Verteilung der Preisbewegungen benutzt, weist die gleichen Probleme auf wie das Black-Scholes-Modell. Andere Modelle erwiesen sich als geeigneter, beispielsweise das Zweifaktoren-Modell von *Longstaff/Schwartz*.[33]

7.3.2 Implizite Volatilität

Die Bewertung von Optionen hängt von den erwähnten Faktoren ab. Für die Berechnung des theoretischen Optionspreises müssen alle sechs Faktoren (siehe Abschnitt 7.2.3) berücksichtigt werden, die Volatilität ist als einziger Faktor nicht bekannt und muss deshalb geschätzt werden als erwartete Volatilität der Rendite bzw. des Preises über die Zeitperiode bis zur Restlaufzeit der Option. Eine der gebräuchlichsten Methoden zur Schätzung der

---

[33] Vgl. die Ausführungen in Longstaff, F. A./Schwartz, E. S.: „Interest Rate Volatility and the Term Structure: A Two Factor General Equilibrium Model", 1990.

Volatilität und damit des Optionspreises geht von der Annahme aus, dass die Option korrekt bewertet ist. Benutzt man ein Optionen-Bewertungsmodell und gibt den als korrekt angenommenen Preis und die anderen fünf Faktoren ein, so kann man die *implizite Volatilität* schätzen. Diese implizite Volatilität kann nun mit der aktuellen Marktvolatilität des der Option zugrunde liegenden Instruments (Obligation, Futures) verglichen werden. Zudem ist eine Gegenüberstellung der impliziten mit der erwarteten Volatilität zum Zeitpunkt der Restlaufzeit möglich. Wenn die implizite über der aktuellen oder/und der erwarteten Volatilität liegt, wird die Option als überbewertet angesehen. Für das Grundverständnis der Optionen-Bewertung ist es wichtig zu begreifen, dass der Handel und die Investitionsstrategien mit Zinsoptionen durch das Kaufen und Verkaufen von Volatilität maßgeblich bestimmt werden. Unter Berücksichtigung der verschiedenen erwarteten Volatilitäten zur Bewertung von Zinsoptionen kann ein und dieselbe Option unter verschiedenen Erwartungen als unter- oder überbewertet eingestuft werden.

7.4 Gewinn- und Verlustprofile einfacher Optionen-Strategien

Übersicht 21: Zinserwartung und Optionen-Strategie

Zinserwartung	Strategie
• Sehr positiv	• Kaufe Call
• Leicht positiv	• Schreibe Put
• Leicht negativ	• Schreibe Call
• Stark negativ	• Kaufe Put

Die Long-Position und Short-Position sind einfach zu erläutern. Durch Kombination stellen sie Strategien dar, da z. B. durch den bewussten Entscheid, eine Position zu verkaufen (Short-Position), ein entsprechendes Gewinn- und Verlustprofil entsteht. Der Kauf einer Position (Long-Position) ergibt das normale Profil. Die gebräuchlichste Form einer Optionen-Strategie bei der Partizipierung von erwarteten sinkenden Zinsen besteht im Kauf von Call-Optionen, wodurch ein Engagement in einem entsprechenden Zinsinstrument entsteht (Long Call-Strategie). Umgekehrt kann sich bei kaum ändernden oder bei erwarteten steigenden Zinsen durch Verkauf von Call-Optionen (Short Call-Strategie) der Gewinn in Form der Optionsprämie realisiert werden, bei sinkenden Zinsen und damit steigenden Kursen sind aber starke Verluste möglich. Die gebräuchlichste Form, von antizipierten steigenden Zinsen zu profitieren, besteht im Kauf von Puts (Long Put-Strategie). Bei sich kaum ändernden oder bei erwarteten sinkenden Zinsen kann durch Verkauf von Put-Optionen (Short Put-Strategie) der Gewinn in Form der Optionsprämie realisiert werden, bei steigenden Preisen und damit sinkenden Kursen sind aber starke Verluste möglich. Durch Kombination zweier Optionen entsteht der Straddle. Durch Kauf eines Calls und eines Puts mit dem gleichen Ausübungspreis und Ausübungsdatum entsteht der Long Straddle. Diese Strategie baut auf eine genügend große Volatilität des Kurses nach oben oder unten und generiert einen Gewinn, sofern am Ausübungsdatum der Kurs nicht zu nahe am Ausübungspreis liegt. Durch Verkauf eines Calls und eines Puts mit gleichem Ausübungspreis und Ausübungsdatum entsteht der Short Straddle. Die Short Straddle-Strategie hingegen baut auf eine geringe

Volatilität und generiert einen positiven Gewinn, sofern der Kurs am Ausübungsdatum nahe beim Ausübungspreis liegt.

7.5 Put/Call Parity-Beziehung

Die Put/Call-Parität gehört zu den wichtigeren Zusammenhängen der Optionspreis-Theorie und bringt die Preise von Put- und Call-Optionen in Beziehung. Betrachtet man eine Call- und eine Put-Option für eine Obligation mit dem gleichen Ausübungspreis, so ergibt sich ein geteiltes Gewinn- und Verlustdiagramm. Geht der Preis in die Höhe, so wird der Call ausgeübt; fällt der Preis, so wird der Put ausgeübt. In jedem Fall wird die Obligation bei Fälligkeit zum Ausübungspreis geliefert. Besitzt man eine Call-Option und verkauft gleichzeitig eine Put-Option, dann ergibt sich finanziell dasselbe, als wenn man die Obligation direkt halten würde.

- Obligation gekauft + Festgeld = Call gekauft + Put verkauft
- Call gekauft = Obligation gekauft + Put gekauft – Festgeld
- Put gekauft = Obligation verkauft + Call gekauft + Festgeld

Diese Beziehung wird als Put/Call-Parität bezeichnet. Im Zusammenhang von Obligationen-Anleihen mit Optionen kann gezeigt werden, dass vorzeitig rückrufbare Obligationen (Callable) und Obligationen mit vorzeitigem Rückgaberecht (Putable) ihn ähnlicher Weise betrachtet werden. Eine vorzeitig rückrufbare Obligation kann beispielsweise in eine vorhandene Obligationen-Position und eine Short-Optionen-Position aufgeteilt werden. Für die Replikation muss das Festgeld berücksichtigt werden. Interessiert nur der p&l-Effekt, dann ist das Festgeld nicht zu berücksichtigen.

7.6 Hedge-Strategien

Um die Wirkungsweise von Hedge-Strategien zu verstehen, zerlegt man die Strategie in die zugrunde liegenden Komponenten. Die folgenden Abbildungen 15–18 gehen auf die Basisstrategien für Obligationen ein und zerlegen jeweils für die Call- und Put-Instrumente das Gewinn- und Verlustdiagramm. Die Beziehung von Call- und Put-Instrumenten wird als Put/Call-Parität bezeichnet. Es ist eine der grundlegenden Wirkungsweisen, die dem Optionenmarkt zugrunde liegen. So kann beispielsweise eine Call-Position generiert werden, indem zu einer bestehenden Obligation eine entsprechende Put-Option gekauft und ein fester Vorschuss (in Höhe des Strikes) aufgenommen wird. Das Verständnis für die Austauschbarkeit einzelner Komponenten einer Hedge-Strategie ermöglicht die Implementierung effizienter Hedge-Strategien.

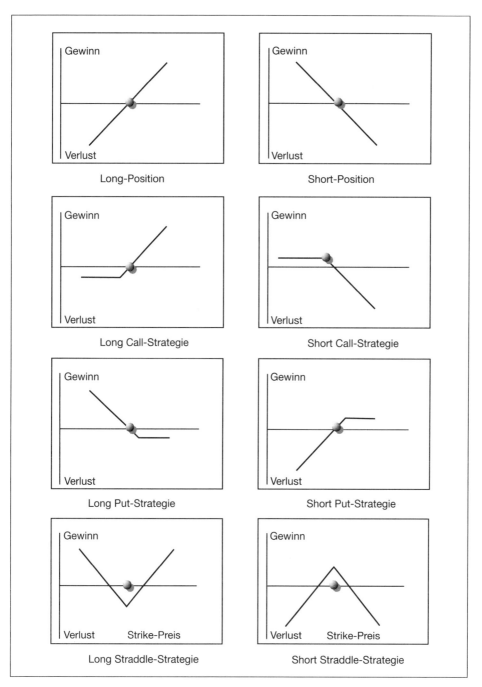

Abbildung 15: Gewinn- und Verlustprofile einfacher Optionen-Strategien

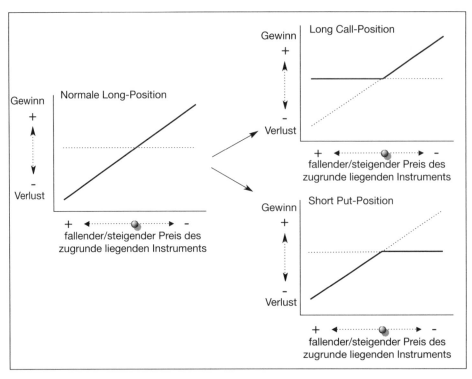

Abbildung 16: Gewinn- und Verlustprofile einer normalen Obligationen-Position

Gewinn- und Verlustprofil bei Kauf einer Obligation

Das Gewinn- und Verlustdiagramm einer bestehenden Obligation kann dargestellt werden aus den entsprechenden Wirkungsdiagrammen einer gekauften Call-Option und einer verkauften Put-Option und einem Festgeld (in Höhe des Strikes). Das kombinierte Diagramm zeigt, wie sich die Wirkungsweisen der Optionen aufheben (siehe Abbildung 16).

Gewinn- und Verlustprofil bei Kauf eines Obligationen-Calls

Das Gewinn- und Verlustdiagramm einer Long Call-Option kann dargestellt werden aus den entsprechenden Wirkungsdiagrammen einer bestehenden Obligation und einer gekauften Put-Option und einem festen Vorschuss (in Höhe des Strikes). Das kombinierte Diagramm zeigt, wie sich die Wirkungsweisen ergänzen und eine Hedge-Strategie den Verlust nach unten limitiert, nach oben hin aber offen ist (siehe Abbildung 17).

Gewinn- und Verlustprofil bei Kauf eines Obligationen-Puts

Das Gewinn- und Verlustdiagramm einer Long Put-Option kann dargestellt werden aus den entsprechenden Wirkungsdiagrammen einer verkauften Obligation (Short) und einer gekauften Call-Option und einem Festgeld (in Höhe des Strikes). Das kombinierte Diagramm

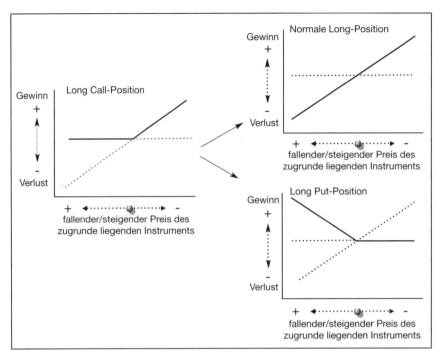

Abbildung 17: Gewinn- und Verlustprofile einer Long Call-Position

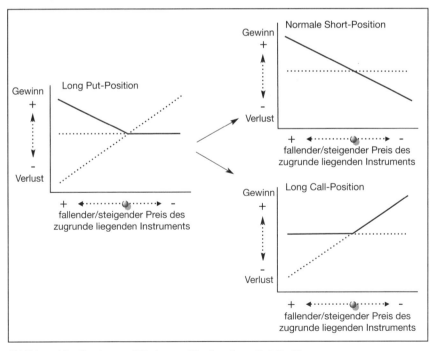

Abbildung 18: Gewinn- und Verlustprofile einer Long Put-Position

zeigt, wie sich die Wirkungsweisen ergänzen und eine Hedge-Strategie bei fallenden Kursen den Gewinn bei steigenden Kursen limitiert, bei sinkenden Kursen aber offen ist (siehe Abbildung 18).

Zusammenfassung

Der Abschnitt geht zu Beginn auf die Unterschiede zwischen Optionen und Futures-Kontrakten ein. Dann folgen die Bewertung von Optionen und Erläuterung der wichtigsten Definitionen. Die Bewertungskomponenten wie intrinsischer Wert oder Zeitwert sowie die Einflussfaktoren auf den Optionspreis werden detailliert analysiert. Im Abschnitt über den theoretischen Wert der Option werden die Optionsbewertungsmodelle, die implizite Volatilität sowie die Optionen-Strategien beschrieben. Die grundsätzlichen Optionen-Strategien und die Erwartung der Zinsentwicklungen werden erwähnt und mit Gewinn- und Verlustprofilen einfacher Optionen-Strategien schematisch dargestellt. Die Put/Call-Parität gehört zu den wichtigeren Beziehungs-Koeffizienten der Optionspreis-Theorie und bringt die Preise von Put- und Call-Optionen in Beziehung. Dies führt zu den Hedge-Strategien, die am Ende dieses Abschnittes anhand detaillierter Wirkungsprofile dargestellt und kommentiert werden.

8. Zinssatz-Swaps und Forward Rate Agreements

8.1 Zinssatz-Swaps

Bei einem Zinssatz-Swap stimmen zwei Vertragsparteien überein, ihre Zinszahlungen aus-zutauschen. Die Vertragsparteien tauschen nur die effektiven Zinszahlungen gegenseitig aus, nicht das dem Zinssatz zugrunde liegende Instrument. Das häufigste Swap-Geschäft besteht darin, dass eine Vertragspartei seine fixen Zinszahlungen während der Vertragsdauer an die Gegenpartei zahlt. Im Gegensatz dazu zahlt die Gegenpartei variable Zinszahlungen, die an einen vertraglich vereinbarten Referenz-Zins gebunden sind. Die Vertragsparteien verändern durch das Eingehen eines Swap-Vertrags die Cash Flow-Charakteristika der Zinszahlungen.

Die Referenz-Zinsen bzw. die Benchmarks, die in der Regel verwendet werden, sind: London Interbank Offered Rate (LIBOR)[34], Treasury Bills, Fed Fund-Satz, Prime Rate, Euromarkt-Zinssätze.

Der Zinssatz-Swap zeigt, wie die Gegenparteien von ihren komparativen Vorteilen einen Nutzen ziehen und gleichzeitig die Finanzierungskosten senken können durch Austausch der Cash Flows.[35] So können die Ineffizienzen zwischen den Märkten durch Arbitrage genutzt werden. Der schnell wachsende Swap-Markt hat die Ineffizienzen zwischen den Märkten stark reduziert und damit konsequenterweise auch die Kostenmarge zwischen den Gegenparteien. Folgende Faktoren haben wesentlich zur stetigen Entwicklung der Swap-Märkte geführt:

- *Umgehung der Regulationen:* Da lediglich die Cash Flows, d. h. die Zinssatz-Beträge ausgetauscht werden, die darunter liegenden Investitionssummen aber bei den Parteien bleiben, können legal steuerliche und regulatorische Mehrbelastungen verhindert werden. Diese würden unter Umständen entstehen, wenn zusätzlich die Investitionssummen über die Grenzen hinaus ausgetauscht würden.

- *Ausnutzung von Marktsituationen:* Eine Firma, die günstige Finanzierungsmöglichkeiten sucht, kann beispielsweise die lokalen Gegebenheiten, wie niedriges Zinsniveau in einem Markt (z. B. in der Schweiz), nutzen, indem sie dort eine Emission zu niedrigem lokalen Zinssatz emittiert, um nach erfolgreicher Platzierung den aufgenommenen Zins gegen den Referenzsatz des Heimmarktes zu swapen (z. B. Deutschland).

- *Generierung von neuen Finanzprodukten:* Die Flexibilität der Swap-Verträge erlaubt die Generierung einer Vielzahl von Finanzprodukten, die auf die Bedürfnisse der Kunden bzw. der Emittenten zugeschnitten sind.

---

[34] London Interbank Offered Rate ist der Zinssatz, zu dem Banken bereit sind, Euro-Deposits zu leihen. Einige FRA's sind zum London Interbank Bid Rate (LIBID) indexiert, der Zinssatz, zu dem die Banken bereit sind, für Euro-Deposits zu zahlen. Andere Instrumente sind indexiert zu LIMEAN, dem Durchschnitt zwischen LIBID und LIBOR. Die Differenz beträgt weniger als 1/8 %.

[35] Vgl. Jarzombek, Susan M.: „Interest Rate Swaps Can Reduce Borrowing Cots", 1989, S. 70–74; Bicksler, James/ Chen, Andrew: „An Economic Analysis of Interest Rate Swaps", 1986; Turnbull, Stuart M.: „Swaps: A Zero Sum Game?", 1987, S. 15–21.

8.1.1 Swap-Markt

Der Swap-Markt ist in den vergangenen Jahren stark gewachsen und führte zur Entwicklung von zwei unterschiedlichen Teilmärkten:[36]

Kurzfristiger Swap-Markt

Der kurzfristige Swap-Markt ist primär ein US-Markt und weist Swap-Verträge mit bis zu drei Jahren Laufzeit auf. Der Markt konzentriert sich auf New York – mit signifikanten Tätigkeiten in London und Tokio. In den vergangen Jahren entwickelte sich auch eine zunehmende Aktivität in Schweizer Franken.

Der Swap-Markt ist primär ein Interbanken-Markt. Er ist hochentwickelt und global vernetzt. Es besteht ein substanzieller Sekundärmarkt, der wesentlich zur Entwicklung des Marktes beigetragen hat. Dies führt dazu, dass Swap-Positionen jederzeit glattgestellt werden können zu niedrigen Kosten. Diese Risikoreduktion führt zu einer Minimierung der Spreads und damit zu einer Steigerung der Effizienz des Marktes.

Langfristiger Swap-Markt

Der langfristige Swap-Markt ist gekennzeichnet durch die Aktivitäten im Eurobondmarkt mit Schwerpunkt des Handels in London. Die Bewertung der langfristigen Swap-Verträge wird ausgedrückt durch den Spread über der Staatsanleihe des jeweiligen Emissionslandes.

Es besteht ein Sekundärmarkt, dieser ist jedoch bedeutend kleiner als der für kurzfristige Swaps. Dies hat unter anderem damit zu tun, dass Swaps für langfristige Euroemissionen auf den Emittenten maßgeschneidert werden und deshalb nicht über den Sekundärmarkt gehandelt werden können. Der Nachteil besteht darin, dass diese Positionen nicht kurzfristig glattgestellt werden können bzw. nur mit hohen Kosten. Häufig werden zudem nicht-standardisierte Begriffe und Definitionen verwendet, was einen liquiden Handel erschwert. Sowohl die International Swap Dealers Association (ISDA) sowie die British Banker's Association (BBA) haben standardisierte Verträge ausgearbeitet, die sich bei den Zinssatz-Swaps immer mehr durchsetzen.

8.1.2 Rolle des Intermediärs

Für die Abwicklung von Swap-Verträgen ist in der Regel eine Bank oder ein anderer Intermediär notwendig, der den Vertrag vermittelt. Die Vermittlung der Gegenparteien erfolgt auf zwei Arten:

- Der Intermediär fungiert als Broker und vermittelt zwischen beiden Parteien die Swap-Zahlungen, wobei entweder beide oder eine Partei die Vermittlungsgebühr an den Intermediär zahlen.

---

[36] Der Swap-Markt wird ausführlich dargestellt in Kopprasch, R./Macfarlance, J./Showers, J.: „The Interest Rate Swap Market: Terminology and Conventions", 1987; Saber, N.: „Interest Rate Swaps: Valuation, Trading and Processing", 1994.

- Der Intermediär übernimmt eine Seite des Swap-Vertrags und damit eine Position zu jeder Vertragspartei und übermittelt die Zahlungen zwischen den Parteien. Der Intermediär verdient, indem er eine Kommission auf die Zahlungen verlangt bzw. einen Spread zwischen den Zinssätzen, den er an die einzelnen Vertragsparteien vermittelt.[37] Der Intermediär geht in der Regel mit einer Vertragspartei einen Vertrag ein, bevor er für den zweiten Vertrag eine Gegenpartei gefunden hat. Er geht ein solches Positionsrisiko nur ein, wenn er davon ausgehen kann, eine andere Gegenpartei zu finden. Wird dies regelmäßig auf der gleichen Basis gemacht, spricht man von „Warehousing". Der Intermediär verwendet Hedge-Techniken in der Zwischenzeit, wo jeweils eine Vertragsseite offen steht, um das Risiko zu senken. Die Swap-Portfolios werden regelmäßig abgesichert, das „Warehousing" hat substanziell zur Liquidität des Swap-Marktes beigetragen.

8.1.3 Arten von Zinssatz-Swaps

- *Substitutions-Swap*: Wenn zwei Obligationen identisch sind in Bezug auf Coupon, Restlaufzeit und Qualität, aber nur ein Merkmal unterscheidet sie, so sollte es immer attraktiver sein, die teure Obligation gegen die preiswertere Obligation zu tauschen, dies gilt allerdings nur, sofern die Zinsdifferenz nicht durch den Qualitätsspread aufgrund unterschiedlicher Ratings erklärt werden kann.

- *Intermarket-Swap*: Wenn zwei Obligationen aus irgendeinem Grund unterschiedlich bewertet werden (Branchenzugehörigkeit, Qualität etc.), die Zinsdifferenz dies aber nicht widerspiegelt und davon ausgegangen werden darf, dass die eine oder andere Obligation aufgrund ihrer Verzinsung bevorzugt wird. Damit sind grundsätzlich zwei Risiken verbunden: 1) Die Annahme, dass die Zinsen nicht den Gegebenheiten entsprechen, kann falsch sein. 2) Die Annahme ist korrekt, aber der Markt braucht viel länger, um die Zinsdifferenz auszugleichen. Wenn nun bezüglich der Zinsen zwischen den Obligationen erwartet wird, dass sie sich annähern, so ist es besser, die höher verzinsliche Obligation zu kaufen und die niedriger verzinsliche Obligation zu verkaufen. Umgekehrt, wenn nun bezüglich der Zinsdifferenz zwischen den Obligationen erwartet wird, dass sie sich erweitert, so ist es besser, die höher verzinsliche Obligation zu verkaufen und die niedriger verzinsliche Obligation zu kaufen. Der letztere Vertrag ist der heiklere, weil hier ein höher verzinsliches Instrument verkauft und ein niedriger verzinsliches Instrument gekauft wird in der Erwartung, dass die ursprüngliche Zinsdifferenz zwischen den Instrumenten durch eine noch größere Zinsänderung mehr als kompensiert wird.

- *Zinssatzerwartungs-Swap*: Diese Swap-Art geht davon aus, dass eine Erwartung über die zukünftige Form der Zinskurve besteht und sich dementsprechend einzelne Restlaufzeiten der Zinskurve besser rentieren als andere. Mit dieser Swap-Art sind zwei Risiken verbunden: 1) Die Erwartung bezüglich der Zinsänderungen ist falsch. 2) Die Erwartung ist an sich korrekt, aber das Timing ist falsch.

---

[37] Die Spreads wurden untersucht in Brown, K. C./Harlow, W. V./Smith, D. J.: „An Empirical Analysis of Interest Rate Swap Spreads", 1994.

- *Tax-Swap*: Er ist in Europa kaum bekannt, wird aber in den USA häufig angewandt. Diese Swap-Art wird benutzt, um durch den Verkauf von Obligationen bzw. deren Zinsen einen Steuerverlust zu realisieren und gleichzeitig eine Obligation bzw. deren Zinsen (mit gleichem Coupon, Restlaufzeit, Qualität und Preis) zu kaufen, um damit Steuern zu sparen, ohne das Portfolio substanziell zu verändern. Das Risiko besteht darin, dass die ausgetauschten Obligationen nicht wirklich identisch sind und sich trotzdem eine ungewollte Portfolio-Veränderung ergibt.

8.1.4 Swap-Vertrag

Bewertung

Der Preis des Swaps wird entsprechend dem Gegenwartswert der erwarteten Cash Flows festgelegt. Man verwendet für die Diskontierung der Cash Flows die Spot-Zinssätze oder die Zinssätze von Nullcoupon-Anleihen. Die Herleitung der exakten Zinssätze für Nullcoupon-Anleihen ist in Abschnitt 2.3.1 dargestellt.

Jeder Cash Flow wird mit dem entsprechenden Zinssatz diskontiert (d. h. es wird derjenige Zinssatz verwendet, der der Zeitperiode bis zum Anfallen des Cash Flows entspricht). Bei kurzläufigen Swaps ist der Aufwand relativ einfach: Je länger die Restlaufzeit des Swaps ist, desto aufwendiger wird die Berechnung und es müssen auch Modellier-Methoden für die Zinssätze verwendet werden, da nicht für alle Restlaufzeiten ein entsprechend liquider Markt vorhanden ist, sodass eine generische Zinskurve abgeleitet werden muss.

Duration des Swap-Vertrags

Wie alle zinssensitiven Instrumente hat auch ein Swap-Vertrag eine Duration. Der Wert eines Swap-Vertrags ändert sich, wenn sich die Zinsen ändern. Dementsprechend leitet sich die Duration des Swaps aus den beiden Bestandteilen „variabler Zins" und „fixer Zins" ab. Die Duration eines Swap-Vertrags hängt von der Sichtweise der Vertragsparteien ab. Für die Gegenpartei, die variable Zinsen zahlt und fixe Zinsen erhält, wird die Swap-Position wie folgt dargestellt:

Long-festverzinsliche Obligation + Short-variabel verzinsliche Obligation

Dementsprechend ergibt sich für die Duration eines Zinssatz-Swaps, dass die Duration der Differenz der Duration der beiden Bestandteile des Swap-Vertrages entsprechen muss. Der größere Anteil an der Swap-Duration stammt von der Duration des festverzinslichen Betrags, der Beitrag des variablen Vertragsteils an der Duration ist dagegen gering, er wird immer kleiner sein als die Restlaufzeit bis zum nächsten Reset-Datum. Die Duration des Floating-Leg nimmt ab, je näher das nächste Reset-Datum ist. Bei einem Swap mit einem variablen Zins, der alle drei Monate neu festgelegt wird (Reset-Datum), beträgt die Duration des Floating-Leg deshalb weniger als drei Monaten. Die Gesamtduration ergibt sich aus der Duration der festverzinslichen Obligation minus der Duration der variabel verzinslichen Obligation (FRN).

8.2 Forward Rate Agreement

Die Achtzigerjahre erlebten einen wahren Boom an neuen Produkten und Techniken in der Handhabung von Zinssatzrisiken. Im Wesentlichen verwendeten Portfolio-Manager OTC-gehandelte Forwards und Optionen, die mit auf den Kunden zugeschnittenen Charakteristika verkauft wurden. Diesen Produkten stehen börsengehandelte Produkte gegenüber, die standardisiert sind und deren Eigenschaften der Käufer/Verkäufer akzeptieren muss, z. B. Ausübungspreis, Ausübungsdatum, Kontraktgrößen etc. In diese Kategorie fallen Zinssatz-Agreements wie Zinssatz-Floors, Caps und Collars.

Ein Forward Rate Agreement (FRA) ist ein Zinssatz-Agreement in Form eines Vertrags zwischen zwei Parteien, wobei eine Vertragspartei bereit ist, gegen eine Anfangsprämie die Gegenpartei zu entschädigen, sollte der Zinssatz für einen zukünftigen Kredit vom vertraglich ausgehandelten Zinssatz (d. h. Forward Rate) abweichen. Optionen auf zinssensitive Instrumente existieren seit geraumer Zeit, diese Instrumente basieren jedoch auf dem Preis des Produktes und nicht auf dem Zinssatz. Willigt eine Partei ein, die Gegenpartei zu entschädigen, wenn ein im Voraus festgelegter Referenz-Zinssatz einen bestimmten Ausübungspreis übersteigt, so spricht man von einem Zinssatz-Cap. Umgekehrt bezeichnet man ein Agreement als Zinssatz-Floor, wenn die Auszahlung bei Unterschreiten einer Zinssatzuntergrenze erfolgt. Die wichtigsten Eigenschaften eines Zinssatz-Agreements sind:

- Ausübungspreis bzw. Floor/Cap,
- Referenz-Zinssatz,
- Zeit bis zum Ausübungsdatum,
- Nominalbetrag des darunter liegenden Instruments.

In der Regel sind es zu 99 % OTC-gehandelte Positionen. Das Settlement ist entscheidend und sollte mit den entsprechend zu hedgenden Cash Flows abgestimmt werden, z. B. der Cap für den Emittenten einer Obligation sollte die maximale Zinszahlung (Coupons) halbjährlich nach oben beschränken.

Eine Kombination von Zinssatz-Caps und Zinssatz-Floors ergibt einen Zinssatz-Collar. Dieses Produkt erhält man durch Kauf eines Zinssatz-Caps und Verkauf eines Zinssatz-Floors. Je nachdem, wie man die Ausübungspreise festlegt, kann sich der Zinssatz innerhalb einer bestimmten Bandbreite bewegen.

Bei einem Zinssatz-Agreement zahlt der Käufer einer Zinssatz-Option eine Prämie vorab, die den maximalen Verlust darstellt, den der Käufer erleiden kann. Gleichzeitig stellt dieser Betrag auch den maximalen Gewinn dar, den der Verkäufer (Schreiber der Option) realisieren kann. Der Verkäufer der Zinssatz-Option hingegen unterliegt dem Risiko, dass der Zinssatz über den Ausübungspreis hinausgeht und der Verkäufer den Käufer entschädigen muss. Bei einer Floor-Option erhält der Käufer eine Entschädigung, falls der Zinssatz unter den Ausübungswert des Referenzzinses fällt.

Zusammenfassung

Der Swap-Vertrag ist insbesondere im Zinsbereich ein sehr häufig gebrauchtes Instrument. Der erste Abschnitt geht deshalb auf den Swap-Markt ein, der in einen kurz- und langfristigen Markt unterteilt wird. Diese Unterteilung, die unterschiedlichen Bedürfnissen der Anbieter und Nachfrager entspricht, hat ihren Einfluss auf die Ausgestaltung der Swap-Verträge und die Vorgehensweise der Vertragsparteien. Dabei ist die Rolle des Intermediärs entscheidend. Der Intermediär kann sowohl auf eigene Rechnung wie auch als Vermittler zwischen den Vertragsparteien auftreten. Bei den Swap-Arten wird grundsätzlich zwischen einem Substitutions-Swap und einem Zinssatzerwartungs-Swap unterschieden. Die Bewertung dieser Verträge und die Berechnung der Duration von Swaps ergänzen die Darstellung der Swap-Verträge als Instrumente des Portfolio Managements. Das Zinssatz-Agreement ist ein anderes Produkt, das den gleichen Bereich wie die Zinssatz-Swaps abdeckt und deshalb an dieser Stelle genannt wird. Dabei werden die unterschiedlichen Anwendungsmöglichkeiten und Vertragscharakteristika dargestellt.

9. Strategien für aktives Portfolio-Management

Die Portfolio-Strategien für Obligationen können in die vier Gruppen unterteilt werden: aktive Strategien, passive Strategien, Fund Matching-Techniken und Kontingent-Procedures.

Übersicht 22: Die Ansätze im Obligationen-Portfolio-Management

Aktive Strategien	Passive Strategien
• Zinssatz-Erwartung • Bewertungsanalyse • Kreditanalyse • Yield-Spread-Analyse • Obligationen-Swaps	• Buy and Hold • Indexierung
Fund-Matching-Techniken	**Kontingent-Procedures**
• Bestimmtes Portfolio, exaktes Cash Matching • Bestimmtes Portfolio, optimales Cash Matching und Reinvestition • Klassische Immunisierung • Horizont-Matching	• Kontingent-Immunisierung[38] • Andere Kontingent-Procedures

9.1 Investitionsprozess

9.1.1 Anlageziel

Der erste Schritt ist die Festlegung des Anlagezieles. Je nach Kunde ist das Anlageziel ein anderes. Für einen jüngeren Kunden ist das Ziel eher die Kapitalvermehrung ohne große Generierung von Einkommen, während für ein pensioniertes Ehepaar das Generieren von Einkommen und die Gleichhaltung des Kapitals im Vordergrund stehen. Bei einer Pensionskasse dagegen kann das Anlageziel darin bestehen, genügend Cash Flow zu generieren, um die Verpflichtungen gegenüber den Leistungsberechtigten erfüllen zu können. Bei einem Anlagefonds wiederum können es verschiedene Verpflichtungen sein, die zu erfüllen sind. In diesem Fall wird in der Regel ein Benchmark festgelegt und das Anlageziel besteht häufig darin, den Benchmark bei möglichst niedrigem Risiko (Tracking Error) unter Einhaltung verschiedener Anlagerestriktionen zu übertreffen.

9.1.2 Anlagerichtlinien

Nach der Festlegung des Anlagezieles müssen Anlagerichtlinien festgelegt werden, damit das Anlageziel erreicht werden kann. Der erste Schritt ist die Bestimmung der Asset Allocation: Aufteilung des Vermögens auf die Anlagekategorien (Geld- und geldnahe

---

[38] Vgl. Leibowitz, M./Weinberger, A.: „Contingent Immunization", 1992/93.

Anlagen, Aktien, Obligationen, Immobilien) und die Länder ist der wichtigste Schritt, mit dem das grundsätzliche Rendite-/Risikoprofil des Portfolios festgelegt wird. Bei der Festlegung der Asset Allocation müssen die Vorgaben des Kunden und regulatorische Vorschriften berücksichtigt werden. Kundenvorgaben können z. B. sein, dass der Kunde kein Engagement in Nordamerika wünscht, bestimmte Länderquoten nicht überschritten werden dürfen oder keine verrechnungssteuerpflichtigen Obligationen gehalten werden dürfen. Gelder der öffentlichen Hand oder Pensionskassen sind bestimmten regulatorischen Vorschriften unterworfen, die bei der Asset Allocation berücksichtigt werden müssen. Das können Vorschriften bezüglich der ausländischen Immobilien sein oder zu Beschränkungen bei Gruppen- und Einzelpositionen, wonach eine einzelne Position 5 % und alle Positionen eines Landes 20 % eines Portfolios nicht überschreiten dürfen. Eine weitere Implikation ist die Berücksichtigung von Steuern bei der Festlegung der Anlagerichtlinien. Um gewisse Steuervergünstigungen zu erhalten, müssen in gewissen Ländern Positionen eine bestimmte Zeit lang gehalten werden, um Steuervergünstigung geltend machen zu können. Verrechnungssteuerpflichtige Wertschriften müssen vermieden werden, wenn der Kunde im Inland keine Steuererklärung abgibt oder das Stiftungsprivileg besitzt. In diesem Falle sind Euro-Obligationen und supranationale Obligationen zu halten.

9.1.3 Wahl der Portfolio-Strategie

Damit das Anlageziel unter Berücksichtigung der Anlagerichtlinien erreicht werden kann, ist eine Strategie festzulegen. Es können grundsätzlich zwei Strategien unterschieden werden: die aktive Strategie und die passive Strategie.

Maßgebend bei allen *aktiven Strategien* ist die Identifizierung der beeinflussenden Faktoren bzw. derjenigen Faktoren, die der Portfolio-Manager als wichtig erachtet. Für Obligationen-Portfolios sind dies Angaben über Kredit-Ratings, Duration-Zahlen, Erwartungen bezüglich zukünftiger Zinssatzänderungen, zukünftiger Zinssatzunterschiede und zukünftiger Veränderungen der Yield-Kurve. Bei international ausgerichteten Obligationen-Portfolios beinhaltet die aktive Strategie auch Prognosen zu zukünftigen Wechselkursen. Die aktive Strategie geht nach den in Abbildung 19 genannten Phasen vor, die in periodischen Intervallen wiederholt werden müssen, um die inzwischen bei den Portfolios aufgetretenen Abweichungen und Fehler den veränderten Umständen anzupassen. Denn ein disziplinierter Prozess ist der Schlüssel zum längerfristigen Erfolg.

Bei *passiven Strategien* wird ein minimaler Aufwand an Faktor-Erwartungen angestrebt. Eine geläufige Strategie ist die Indexierung, bei der durch Replizierung eines bestimmten Indizes bzw. eines Benchmarks eine höchstmögliche Annäherung des Rendite-/Risiko-Profils angestrebt wird. Bei Aktien-Portfolios wird das Indexieren schon seit längerem mit Erfolg angewandt, bei Obligationen-Portfolios ist das Indexieren noch in den Anfängen, da sich bei der Replizierung von Obligationen-Indizes gewisse Probleme ergeben.

Zwischen der aktiven und der passiven Strategie hat sich eine ganze Bandbreite von *gemischten Strategien* entwickelt. Eine geläufige Strategie ist die Indexierung des Portfolios, aber unter Verwendung von Risiko-Applikationen zur Verminderung des Gesamtrisikos des

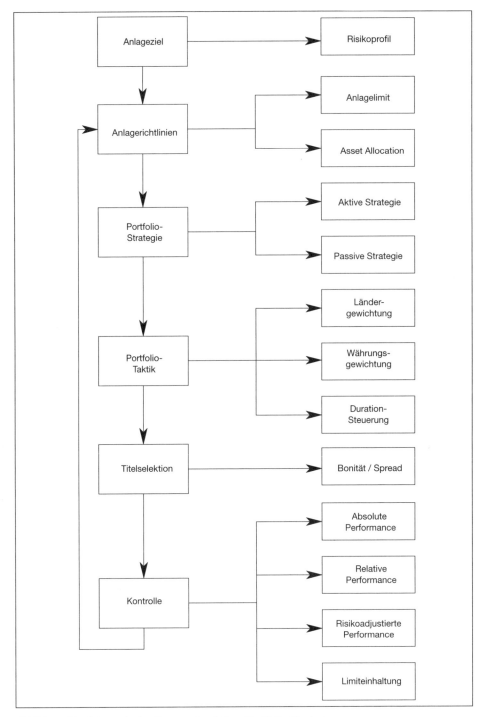

Abbildung 19: Schematischer Prozess der aktiven Portfolio-Strategie

Portfolios relativ zum Index. Eine andere Strategie ist, das Portfolio zu indexieren, aber die Dividenden/Zinsen zum Kauf von Put-Optionen zu gebrauchen und damit das Downside-Risiko des Portfolios relativ zum Index zu verkleinern.

Bei den Obligationen werden verschiedene Strategien benutzt, die als *strukturierte Portfolio-Strategien* bezeichnet werden. Solche Portfolio-Strategien werden konstruiert, um die Rendite-/Risiko-Struktur eines Portfolios oder Index nachzubilden. Häufig werden diese Strategien eingesetzt, um die Finanzierung von Verpflichtungen sicherzustellen. Wenn eine bestimmte Geldmenge am Markt aufgenommen werden soll, egal wie hoch die Zinsen sind oder sich künftig entwickeln werden, dann wird häufig die Immunisierung als Strategie angewandt.[39] Wird dagegen davon ausgegangen, dass in der Zukunft mehrere Verpflichtungen erfüllt werden müssen, so wird die Strategie des Cash Flow-Matching angewandt. Um die Immunisierungs- und die Cash Flow-Matching-Strategie anzuwenden, werden häufig aktive Strategien zur Senkung des Risikos genutzt. Diese bestehen darin, dass mittels Optionen das Risiko wertmäßig nach unten begrenzt wird, sobald bestimmte Parameter verletzt werden. Sind bestimmte Parameter verletzt, wird das Portfolio über die Ausübung bzw. die Wertsteigerung von Optionen immunisiert. (Auf die passive Strategie wird in Abschnitt 10 näher eingegangen.)

Die Wahl der Strategie hängt von den Vorgaben des Kunden ab. Strukturierte Portfolios kommen häufig dann zur Anwendung, wenn der Kunde Verpflichtungen (Liabilities) in der Zukunft erfüllen muss und dies durch eine entsprechende Konstruktion des Portfolios sicherstellen will. Aktive Strategien sind in effizienten Märkten schwierig durchzuführen. Wenn Märkte als preiseffizient eingestuft werden, so können aktive Strategien nicht zu einer systematischen Überschussrendite führen nach Berücksichtigung des Risikos und der Transaktionskosten.

9.1.4 Bestimmung der Taktik

Die Portfolio-Taktik übernimmt die Vorgaben der Strategie-Ebene und passt sie an die aktuellen Gegebenheiten bzw. die prognostizierten Entwicklungen der Märkte an. Im Obligationen-Umfeld bedeutet dies, sich bezüglich der Duration, Länder- und Branchengewichtungen, Bonitätsratings und der Währungen zu positionieren.[40] Im Falle einer relativen Positionierung gegenüber einem Benchmark handelt es sich um Über-/Untergewichtungen, Qualitätsspreads und um eine kürzere oder längere Duration als die des Benchmarks etc.

9.1.5 Wahl der Wertschriften

Nachdem die Portfolio-Strategie definiert und durch die Taktik an die Marktzustände angepasst wurde, müssen diejenigen Wertschriften identifiziert und ausgewählt werden, die

---

[39] Reding zeigte als erster, wie die Macaulay-Duration bei der Immunisierung von Asset- und Liability-Strukturen einer Bilanz eingesetzt werden können. Vgl. dazu Reding, F. M.: „Review of the Principle of Life Office Valuations", 1952, S. 286–340.

[40] In den USA ist die Branchen-Orientierung in Obligationen stark verbreitet, da dort hauptsächlich in inländische Obligationen investiert wird, v. a. auch aus steuerlichen Überlegungen.

den Anforderungen der Strategie und Taktik entsprechen. Im Rahmen einer aktiven Strategie bedeutet dies die Identifizierung von unterbewerteten Wertschriften. Bei den Obligationen müssen Faktoren wie Coupon, Kreditrating, Restlaufzeit, Optionen zugunsten des Emittenten bzw. des Investors berücksichtigt und bewertet werden. Die Bewertung muss, den aktuell herrschenden Rahmenbedingungen entsprechend, auch die am Ende der Investitionsperiode erwarteten Umstände berücksichtigen. Der Portfolio-Manager konstruiert aus einzelnen Obligationen-Positionen ein Portfolio, das die Vorgaben des Kunden und die regulatorischen Vorschriften erfüllt und gleichzeitig als optimales bzw. effizientes Portfolio erachtet wird. Dabei ist anzumerken, dass die Betrachtung als optimales Portfolio nur unter der Berücksichtigung der erwarteten Renditen und des erwarteten Risikos gilt. Für einen anderen Kunden mag ein Obligationen-Portfolio gänzlich anders konstruiert sein, um dessen Vorgaben und Erwartungen wiederzugeben. Bei der Auswahl der individuellen Wertschriften kann man grundsätzlich zwei Vorgehensweisen unterscheiden, nach welchen die einzelnen Titel ausgewählt werden:

• Retrospektive Unterbewertung bzw. zu hoher Yield im Vergleich zu Wertschriften mit vergleichbaren Charakteristika (Laufzeit, Coupon, Rückzahlung etc.).
• Prospektive Erwartung einer Veränderung des Ratings bzw. der Zinsen und die erwartete Preisänderung der zur Auswahl stehenden Obligationen.

Der Portfolio-Manager muss darauf achten, die Positionen entsprechend der Strategie und der taktischen Asset Allocation auszuwählen, und zwar die jeweils preiswertesten in den entsprechenden Segmenten.

9.1.6 Messung und Auswertung der Performance

Die Messung und Auswertung der Performance eines Portfolios ist der letzte Schritt eines ständig sich wiederholenden Prozesses. Die Performance des Obligationen-Portfolios wird gemessen und durch Berechnung des Benchmark-Portfolios der Performance des Vergleichs-Portfolios gegenübergestellt. In der Übersicht 23 ist eine Auswahl von bekannten Obligationen-Indizes aufgeführt, die bei der Bewertung von Obligationen-Portfolios häufig benutzt werden.

Als Benchmark werden häufig bekannte Indizes benutzt.[41] Wichtig bei der Auswahl von Benchmark-Indizes ist, dass die Faktoren, die beim Portfolio beobachtet werden und Erwartungswerte bilden, auch beim Index vorhanden und bekannt sind. Dies betrifft insbesondere Kennziffern wie Duration, Gewichtung, Restlaufzeit einzelner Segmente und Kreditrating der Position im Index. Nur bei Kenntnis der vergleichbaren Faktoren ist es möglich, ein Portfolio gegen einen Benchmark zu messen. Für den Portfolio-Manager bildet die Kenntnis dieser Faktoren auch die Ausgangslage sich relativ zum Benchmark zu positionieren und seine relativen Rendite- und Risiko-Exposures zu messen. Große institutionelle Investoren und insbesondere Pensionskassen sind unter Anleitung von Consultants dazu übergegangen, maßgeschneiderte Benchmarks zu generieren, die die Asset & Liability-

---

[41] Eine gute Analyse der Korrelationen zwischen US-Indizes ist dargestellt in Reilly, F./Kao, G. W./Wright, D. J.: „Alternative Bond Indexes", 1992.

Struktur der Pensionskasse korrekt berücksichtigen. Dies ist insbesondere bei der Gestaltung der strategischen Asset Allocation und der Aufteilung in verschiedene Mandate von großer Bedeutung. Indexlieferanten sind:

- Schweiz: Pictet, Lombard Odier, Vontobel
- Großbritannien: Financial Times
- Frankreich: Credit Lyonnais
- United States: Lehman, Salomon Brothers, Merril Lynch, J. P. Morgan

Die Bewertung und Analyse der Leistung von Portfolio-Managern ist relativ schwierig. Immer häufiger werden Consultants und spezielle Software hinzugezogen, um die große Datenmenge korrekt analysieren zu können. Die Beurteilung der Leistung beinhaltet auch die Einhaltung von Vorschriften seitens des Kunden und der Regulatoren.

Übersicht 23: Indexlieferanten und Obligationen-Indizes

Indexlieferanten	Beschreibung
Salomon Brothers	Salomon Brothers berechnet und veröffentlicht seit geraumer Zeit für alle wichtigen Märkte Indizes und dazugehörende Performance-, Gewichtungs- und andere Zahlen. Die Berechnungen erfolgen täglich. Diese Indizes gehören zu den weltweit am häufigsten verwendeten Benchmarks für Performance-Berechnungen und Gewichtungs-Positionierungen. Total-Return Berechnungen werden berücksichtigt, um sowohl Kursbewegungen als auch die Einnahmeeffekte auszuweisen.
J. P. Morgan	J. P. Morgan veröffentlicht ebenfalls Informationen für alle wichtigen Märkte. Diese Indizes gehören zu den weltweit am häufigsten verwendeten Benchmarks für Performance-Berechnungen und Gewichtungs-Positionierungen.
ISMA	ISMA publiziert Total-Return- und Preisindizes für den Eurobondmarkt.
The Financial Times	In der Financial Times werden repräsentative Benchmark-Obligationen für die wichtigsten Märkte publiziert.
Lombard Odier et Cie.	Lombard veröffentlicht seit 1982 tägliche Total-Return- und Preisindizes im Wallstreet Journal Europe.
Pictet et Cie.	Pictet veröffentlicht vor allem Indizes, die im Rahmen der schweizerischen Pensionskassen-Gesetzgebung die gesetzlichen Bedingungen berücksichtigen. Die BVG-Performance-Indizes berücksichtigen auch unterschiedliche Liquiditätsanteile.

9.2 Aktive Portfolio-Strategien

Die Entwicklung einer aktiven Portfolio-Strategie fängt in der Regel bei der Identifizierung der die Rendite beeinflussenden Faktoren an. Bei einem Obligationen-Portfolio sind dies Faktoren, die einen Einfluss auf die Rendite aus Zinsen, aus Kapitalgewinnen und -verlusten und auf die Reinvestition haben. Dementsprechend ist der Ausgangspunkt für die Entwicklung von aktiven Obligationen-Strategien die Untersuchung dieser Faktoren und deren möglicher Einfluss auf das Portfolio:

- Veränderungen des Gesamtniveaus der Zinssätze,
- Veränderung in der Form/Struktur der Yield-Kurve,
- Veränderung der Zinssatz-Unterschiede zwischen einzelnen Obligationen-Segmenten,
- Veränderung der Zinssatz-Unterschiede von einzelnen Obligationen aufgrund von Kreditrating-Veränderungen.

Ein Portfolio-Manager, der eine aktive Strategie beabsichtigt, wird ein Vermögen so positionieren, dass es den Vorschriften der Kunden und der Regulatoren entspricht und die Erwartungen in Bezug auf zukünftige Zinssatz-Entwicklungen, Veränderungen in der Form und Struktur der Yield-Kurve, Veränderungen von Zinssatz-Unterschieden zwischen den Segmenten und Qualitätsunterschiede einzelner Obligationen bestmöglichst widerspiegelt.

Wichtig bei dieser Analyse ist die Unterscheidung von historischen Daten und Erwartungswerten. Um die erwartete Rendite einer Obligation oder eines Obligationen-Portfolios zu berechnen, sollte der Total Return-Ansatz benutzt werden. Wie schon in Abschnitt 3 beschrieben, sind Yield-Kennziffern für die Berechnung potenzieller, d. h. künftiger Renditen einzelner Obligationen nicht geeignet. Bei einem Obligationen-Portfolio ist der Begriff Portfolio-Yield deshalb fragwürdig und macht keine Aussage über die Zusammensetzung des Portfolios über einen längeren Zeithorizont.

9.2.1 Zinssatz-Erwartungs-Strategie

Geht der Portfolio-Manager von der Annahme oder Erfahrung aus, das zukünftige Niveau der Zinsen prognostizieren zu können, so kann er die Sensitivität der Obligationen bzw. des Portfolios bezüglich der erwarteten Zinsen berücksichtigen. Die Duration ist dabei ein wichtiges Hilfsmittel, denn durch die Duration wird die Sensitivität der Instrumente auf Zinssatzänderungen ausgedrückt. Eine einfache Strategie kann darin bestehen, bei steigenden Zinsen eine kurze Duration zu halten und bei sinkenden Zinsen die Duration zu verlängern. Institutionelle Kunden und Pensionskassen geben häufig eine absolute Duration bzw. eine Bandbreite vor, innerhalb welcher die Duration eines Portfolios schwanken darf. Wenn ein Benchmark vorgegeben wird, dann muss festgelegt werden, wie stark das Portfolio vom Benchmark abweichen darf bezüglich der Duration. Die Kenntnis der Komponenten und der jeweiligen Duration des Benchmarks erlauben es dem Portfolio-Manager, die Unter-/Übergewichtung der Duration und Portfolio-Anteile – und so eine aktives Management mittels Zinserwartungen – zu verfolgen. Die Duration kann mittels Zinssatz-Futures oder durch Zins-Swaps verlängert oder verkürzt werden. Durch Kauf von Zinssatz-Futures wird die Duration verlängert, durch Verkauf von Zinssatz-Futures wird die Duration verkürzt. Zusätzlich muss die Art der Instrumente berücksichtigt werden. Zerocoupon-Obligationen haben eine größere Sensitivität als normale Obligationen gleicher Laufzeit und Qualität. Obligationen mit eingebauten Call-Optionen oder Convertibles reagieren anders als normale Obligationen ohne zusätzliche Ausstattung.

9.2.2 Yield-Kurven-Strategie

Sofern der Portfolio-Manager sich auf Erwartungswerte bezüglich zukünftiger Zinsen verlässt, sollte er sich auch Gedanken über die zukünftige Form der Yield-Kurve machen. Die Yield-Kurve als Beziehung von Restlaufzeit und Yield-Sätzen ist keine gegebene Form, sondern unterliegt ständigen Verformungen und Lageveränderungen. Da in einem Portfolio Positionen mit unterschiedlichen Restlaufzeiten gehalten werden, werden diese Positionen durch Formveränderungen der Yield-Kurve auch entsprechend unterschiedlich im Preis reagieren. Grundsätzlich können drei Arten von Veränderungen der Yield-Kurve unterschieden werden:

- parallele Verschiebung,
- Veränderung der Steigung der Kurve (steiler/flacher),
- Veränderung der Krümmung der Kurve (Butterfly-Veränderung).

Um nun die richtige Strategie anwenden zu können, müssen Erwartungen bezüglich der Zinssatzänderungen vorhanden sein. Dafür muss man das Segment der Restlaufzeit und die Richtung und Stärke der Zinssatzänderung kennen, um die richtige Strategie bestimmen zu können.

9.2.3 Yield-Spread-Strategie

Bei der Yield-Spread-Strategie wird ein Portfolio so zusammengesetzt, dass die erwarteten Zinssatz-Unterschiede zwischen verschiedenen Segmenten des Obligationenmarktes optimal genutzt werden. Dies kann beispielsweise dadurch erfolgen, dass der Zinssatz-Unterschied zwischen zwei Segmenten mit historischen Daten verglichen wird, als zu hoch (tief) eingeschätzt und innerhalb einer bestimmten Zeitperiode eine Korrektur erwartet wird. Bei dieser Strategie benutzt man sogenannte „Intermarket Spread Swaps", wodurch die unterschiedlichen Zinserwartungen zwischen einzelnen Marktsegmenten zur Renditesteigerung genutzt werden. Die Abbildung 20 charakterisiert die sechs grundsätzlichen Verhaltensmuster der Zinskurven bei Zinssatzänderungen. In der Praxis sind die einzelnen Grundtypen selten so typisch ausgeprägt, sondern liegen in einer Vielzahl von Kombinationen vor, wobei die Übergänge der Grundformen häufig fließend sind.

Zinssatzunterschiede zwischen verschiedenen Segmenten der Restlaufzeit stellen unterschiedliche Erwartungen bezüglich der kurz- und langfristigen Zinsen dar. Zinssatzunterschiede aufgrund von Veränderungen der Kreditqualität werden von Erwartungsänderungen in der Entwicklung der Wirtschaft gebildet. Zinssatzunterschiede zwischen Staats- und Firmenobligationen nehmen zu, wenn die Wirtschaft eine kontraktierende Entwicklung aufweist, während bei einer boomenden Entwicklung die Zinssatzunterschiede abnehmen. Bei einer kontraktierenden Wirtschaftsentwicklung gehen i. d. R. die Firmengewinne zurück und es steht für die Erfüllung der Zins- und Tilgungsverpflichtungen weniger Geld zur Verfügung. Dementsprechend verlangen die Investoren in dieser Situation eine Risikoprämie, die den Yield erhöht und die Preise senkt. Dagegen nehmen bei guter Wirtschaftsentwicklung die Gewinne und damit der Cash Flow zu, wodurch zur Erfüllung der Leistungsverpflichtungen genug Geld zur Verfügung steht und sich die Risikoprämie abbaut.

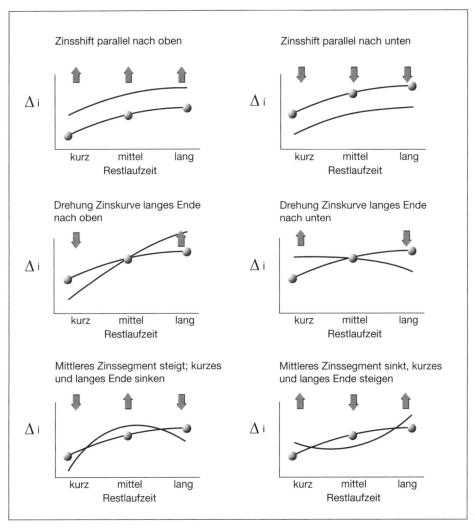

Abbildung 20: Zinskurven bei unterschiedlichen Zinssatzänderungen

9.3 Absicherung des systematischen Risikos, Cash Flow Matching und Immunisierung

9.3.1 Cash Flow Matching

Das Cash Flow Matching stellt eine Methode des Mehrperioden-Hedges dar, der bestimmte Cash Flows absichert. Die grundlegende Überlegung (aus der Sicht des Emittenten) besteht darin, dass ein Portfolio zusammengestellt wird, das über die Coupon-Zahlungen die Ver-pflichtungs-Cash Flows in ihrer Wirkung aufhebt.

Am einfachsten kann diese Vorgehensweise mit Zerocoupon-Obligationen durchgeführt werden, da aber nicht für alle Restlaufzeiten der Cash Flows entsprechende Zerocoupon-Obligationen bestehen, müssen auch normale Obligationen benutzt werden, die in Bezug auf Coupon, Qualität etc. der „idealen" Spotkurve möglichst nahe kommen. Cash Flow Matching erfolgt durch einen iterativen Prozess, wobei mit dem Cash Flow mit der größten Restlaufzeit angefangen wird. Eine Obligation mit Restlaufzeit 5 wird gesucht, die über den Investitionsbetrag und die Couponzahlung den Cash Flow der Verpflichtung in diesem Laufzeitband neutralisiert. In diesem Fall wird für das Laufzeitband 5 eine Investition P_5 getätigt, die den Coupon C_5 generiert. Dadurch wird L_5 durch $P_5 + C_5$ neutralisiert.

Übersicht 24: Cash Flows aus Verpflichtung, z. B. Obligationen-Emission

Laufzeitband t	1	2	3	4	5
Liability	L_1	L_2	L_3	L_4	L_5
Asset Cash Flow	C_5	C_5	C_5	C_5	$P_5 + C_5$
Gesamteffekt	$L_1 - C_5$	$L_2 - C_5$	$L_3 - C_5$	$L_4 - C_5$	0

In einem zweiten Schritt muss eine Obligation für das Laufzeitband 4 gefunden werden, die über den Investitionsbetrag und die Couponzahlung den Cash Flow der Verpflichtung im Laufzeitband 4 neutralisiert. In diesem Fall wird für das Laufzeitband 4 eine Investition P_4 getätigt, die den Coupon C_4 generiert. Dadurch wird L_4 durch $P_4 + C_4 + C_5$ neutralisiert. Nach dem zweiten Schritt ergibt sich folgendes Bild:

Übersicht 25: Cash Flow Matching nach dem zweiten Schritt

Laufzeitband t	1	2	3	4	5
Liability	L_1	L_2	L_3	L_4	L_5
Asset Cash Flow	C_5	C_5	C_5	$P_4 + C_4 + C_5$	$P_5 + C_5$
Gesamteffekt	$L_1 - C_5$	$L_2 - C_5$	$L_3 - C_5$	0	0

Diese Vorgehensweise wird nun für alle Laufzeitbänder bzw. für alle Cash Flows und ihre Restlaufzeiten durchgeführt. Durch dieses iterative Vorgehen werden für alle Laufzeitbänder die Cash Flows (Verpflichtungen) durch entgegengesetzte Investitionen (Investition plus Coupon) neutralisiert. Durch Anwendung der linearen Programmierung und eines genügend großen Obligationen-Spektrums kann ein Algorithmus benutzt werden, der den Arbeitsaufwand für die Portfolio-Konstruktion begrenzt.

Cash Flow Matching darf nicht mit Immunisierung gleichgesetzt werden. Der Unterschied liegt darin, dass beim Cash Flow Matching keine Duration-Überlegungen einfließen, während die Immunisierung die Duration berücksichtigt. Ferner muss beim Cash Flow Matching keine Umstrukturierung des Obligationen-Portfolios durchgeführt werden, mit Ausnahme von Obligationen, die auslaufen, zurückgerufen wurden oder durch Qualitätsüberlegungen einen Umtausch erfordern. Im Gegensatz zur Immunisierung bleiben Zinssatzänderungen unberücksichtigt. Schließlich besteht ein Restrisiko, wodurch die Cash Flows der Verpflichtungsseite nicht gedeckt werden können infolge Defaultrisiko (Rating-Migration) oder Reinvestitionsrisiko (mangels adäquater Reinvestitionsmöglichkeiten) auf der Vermögensseite.

9.3.2 Zinssatz-Immunisierung

Die Zinssatz-Immunisierung berücksichtigt die Preisrisiken bzw. Zinsrisiken und das Reinvestitionsrisiko. Grundsätzlich besteht die Funktionsweise der Immunisierung in einer Portfoliostruktur, die den Unterschied zwischen dem Wert des Portfolios bis zum Ende der Restlaufzeit und die Rendite der Reinvestition der Couponzahlungen des Portfolios neutralisiert. Während niedrige Zinsen den Wert bzw. Kurs der Obligationen erhöhen, können die anfallenden Couponzahlungen nur zu einem entsprechend niedrigen Zinssatz reinvestiert werden. Es wird deutlich, dass es über das ganze Zeitspektrum hin einen Zeitpunkt gibt, wo sich diese beiden gegenläufigen Effekte aufheben, d. h. wo sich die Wertschwankungen und Rendite aus der Couponreinvestition neutralisieren. In diesem Falle ist das Portfolio immun gegenüber Zinssatzänderungen. Dieser Zeitpunkt entspricht der Duration der Portfolios. Wählt man nun eine Struktur, bei der die Zeitpunkte von Anlagezeithorizont und Duration des Portfolios übereinstimmen, dann weist das Portfolio kein Zinsrisiko auf. Diese Überlegung wird auch bei relativen Positionierungen gegenüber einem Benchmark angestellt. Nun lässt sich der Zeithorizont nicht an die Portfolio-Duration anpassen, vielmehr ist der Fall umgekehrt, dass der Investor einen bestimmten Zeithorizont hat, für welchen er bereit ist, Geld zu investieren. Durch Strukturierung des Portfolios aus einer geeigneten Auswahl von Obligationen entsteht ein Portfolio, dessen Duration dem Investitionshorizont des Anlegers entspricht. Die Portfolio-Duration ist der gewichtete Durchschnitt der Duration der einzelnen Instrumente. Bei der Strukturierung gilt es insbesondere zu berücksichtigen:

- Die Durationsänderung ist im Verlauf der Zeit nicht linear, die des Investors dagegen nimmt linear mit dem Investitionshorizont ab. Das Portfolio muss deshalb umstrukturiert werden, um die Duration an den Zeithorizont anzupassen. Dies führt zu Transaktionskosten und führt im Falle eines Benchmarks auch zu tendenziell höherem Tracking Error.

- Bei Zinssatzänderungen entfernt sich der Zeithorizont des Portfolios über die geänderte Duration vom Investitionshorizont und das Portfolio muss angepasst werden. Dieser Prozess kann sich mehrmals wiederholen, wodurch eine dynamische Immunisierung notwendig wird.

- Die Couponzahlungen des Portfolios verändern die Portfolio-Duration auf nicht-lineare Weise, wodurch ebenfalls eine Umstrukturierung ausgelöst werden kann.

Wie soeben erwähnt, ergibt sich im Laufe der Zeit immer wieder die Notwendigkeit einer Anpassung der Portfolio-Struktur. Die Immunisierung ist ein auch mit Nachteilen behafteter dynamischer Prozess und besitzt keine statische Struktur wie das Cash Flow Matching:

- Der Vorteil der Neutralisierung von Zinssatzschwankungen besitzt die Kehrseite, dass bei strikter Immunisierung der Vorteil steigender Kurse bzw. sinkender Zinssätze nicht genutzt werden kann.

- Die Immunisierung geht von der Annahme aus, dass die Zinssätze sich um den gleichen Betrag ändern, es wird von einer parallelen Bewegung der flachen Zinskurve ausgegangen. In der Praxis zeigt sich, dass diese Annahme nicht zutrifft, weil im Allgemeinen das lange Ende weniger Volatilität aufweist als das kurze.

- Zinssatzänderungen und Zeitablauf exponieren ein Portfolio, das trotz des Zinssatzrisikos nicht entsprechend umstrukturiert wird.

Zusammenfassung

Der Abschnitt 9 geht auf die Strategien des aktiven Portfolio-Managements ein. Es wird ein strukturierter Prozess dargestellt, der mit der Identifizierung des Anlagezieles beginnt. Es kann sich dabei um Ziele wie Kapitalvermehrung, Renditegenerierung, Asset-/Liability-Matching bei Pensionskassen etc. handeln. In einem zweiten Schritt werden die Anlagerichtlinien definiert, die den Umgang mit dem Portfolio bestimmen. Dies betrifft Punkte wie Basiswährung, Limits aller Art (von Seiten des Kunden und des Gesetzes), Zeithorizont etc. Der nächste Schritt konkretisiert die Portfolio-Strategie, mit der das Anlageziel unter Berücksichtigung der Anlagerichtlinien erreicht werden kann. Es wird zwischen aktiven und passiven Strategien unterschieden. Die Wahl der Strategie hängt von den Vorgaben des Kunden ab. Passive Strategien kommen häufig dann zum Zug, wenn bestimmte Verpflichtungen in der Zukunft seitens des Kunden bereits bekannt sind und durch Konstruktion (Struktur) des Portfolios sichergestellt werden sollen. Aktive Strategien sind in sehr effizienten Märkten schwierig durchzuführen. Die Taktik als nächster Schritt passt die Strategie gemäß dem aktuellen Marktumfeld an und identifiziert diejenigen Wertschriften, die im Rahmen der gewählten Strategie und der Anlagerichtlinien den bestmöglichen Kundennutzen generieren. Dabei muss es sich je nach gewählter Strategie (z. B. passiv) nicht notwendigerweise um diejenigen Titel mit der größten Rendite handeln, wenn die passive Strategie eine bestimmte Rendite unter Einhaltung von Zahlungsverpflichtungen in der Zukunft zwingend vorschreibt. Das Risiko muss ebenfalls berücksichtigt werden. Die Messung und Auswertung der Performance ist von größter Wichtigkeit, sowohl für den Portfolio-Manager als auch für den Kunden, die im Rahmen einer Performance-orientierten Verwaltungsgebühr an einer effizienten Abwicklung des Verwaltungsauftrages interessiert sind. Es folgen die aktiven Strategien im Rahmen von Zinssatzänderungen. Es werden die verschiedenen Vorgehensweisen zur bestmöglichen Nutzung von Zinssatzänderungen besprochen.

10. Indexierung für strukturierte Portfolio-Strategien

10.1 Ziel und Zweck der Obligationen-Indexierung

Mit der Indexierung wird ein Portfolio konstruiert, das einen bestimmten Index bestmöglichst nachbildet. Bezweckt wird damit, dass ein derart konstruiertes Portfolio die Charakteristika eines Index (Gewichtung, Duration, Risikoausprägung, Kreditrating etc.) und damit auch die Performance eines Index aufweist. Die Indexierung von Aktien-Portfolios ist ein allgemeines Know-how und wird seit längerer Zeit effektiv betrieben. Die Anwendung auf Obligationen ist erst seit einigen Jahren stark verbreitet. Dies hat unter anderem mit den großen Datenmengen zu tun, die für die Generierung von Indizes notwendig sind. Die Erfassung neuer Obligationen und die Löschung alter Obligationen erfordern eine ständige Aufdatierung und Betreuung solcher Datenbanken, was die Erstellung von Indizes teuer macht. Ein anderer Grund besteht in der verstärkten Professionalisierung und dem stärkeren Konkurrenzdruck, der die Margen in diesem Geschäft drückt.

Die niedrigeren Verwaltungs- und Custodiangebühren sowie die verstärkte Verwendung von Performance-abhängigen Mandatsgebühren sind ein weiterer Grund, weshalb die Indexierung von Obligationen-Portfolios stark an Popularität zugenommen hat. Durch die Vergabe von Mandaten aufgrund der strategischen Asset Allocation ist es den Consultants von institutionellen Kunden und Pensionskassen möglich, den Spielraum der Portfolio-Manager stark einzuschränken und dadurch die Vermögensverwalter zu zwingen, eine vorgegebene Strategie genau einzuhalten. Die Überwachung und Performance-Berechnung wird dadurch vereinfacht. Erlaubt man dem Portfolio-Manager beispielsweise, innerhalb einer bestimmten Durations-Bandbreite relativ zum Index zu investieren, kann der Portfolio-Manager bestimmte Unter- und Übergewichtungen bezüglich der Duration machen. Durch die fixe Vorgabe der Portfolio-Struktur wird die Wahrscheinlichkeit der Abweichung vom Index stark minimiert und deshalb sollte auch die Performance nicht stark von derjenigen des Index abweichen. Wie bereits erwähnt, sind die Gebühren für ein indiziertes Portfolio signifikant niedriger als ein aktiv geführtes Portfolio. Dies erklärt die zunehmende Beliebtheit solcher Mandate. Es muss allerdings gesagt werden, dass solche Portfolios nur ab gewissen Größen am Markt effizient investiert werden können. In den USA rechnet man für ein aktiv geführtes Portfolio mit Verwaltungsgebühren von 15 bis 50 Basispunkten, für indexierte Portfolios rechnet man mit 1 bis 20 Basispunkten, wobei die obere Bandbreite für die Portfolios gilt, für die spezielle oder kundenspezifische Indizes bzw. Benchmarks angewendet werden. In Europa muss aufgrund der weniger effizienten Märkte mit höheren Margen gerechnet werden.

Obwohl mit der Indexierung die Performance eines Portfolios mit derjenigen des Index übereinstimmen sollte, ist noch nichts über die optimale Performance ausgesagt. Obwohl ein Index korrekt nachgebildet wird, bedeutet dies nicht, dass damit auch der optimale Benchmark verfolgt wird. Bei falscher Wahl des Index werden die effektiven Kundenbedürfnisse nicht abgedeckt. Dies trifft insbesondere auf Versicherungen und Pensionskassen zu, die bestimmte zukünftige Cash Flow-Verpflichtungen erfüllen müssen. Die Indexierung reduziert lediglich die Wahrscheinlichkeit, dass ein Portfolio nicht zu stark vom Index abweicht.

Erst die korrekte Wahl des Index bzw. die maßgeschneiderte Konstruktion des Index stellt sicher, dass eine bestimmte Cash Flow-Struktur generiert werden kann. Ein weiterer Nachteil der Indexierung besteht darin, dass der Portfolio-Manager an die Struktur des Index gebunden ist und dadurch bestimmte Durations-Vorgaben, Gewichtungen und Qualitätsspreads einhalten muss, obwohl einzelne Segmente des Marktes, bestimmte Restlaufzeiten oder Instrument-Typen eine bessere Performance versprechen.

10.2 Einflussfaktoren bei der Indexierung

Ein Portfolio-Manager, der eine Index-Strategie verfolgt, muss wissen, welchen Index er zu wählen hat und welche Eigenschaften der Index aufweist. Es gibt verschiedene Segmentierungen und Einflussfaktoren, die die Investitionsentscheidung beeinflussen. Die wichtigsten Segmentierungen sind in der Übersicht 26 dargestellt.

Übersicht 26: Segmentierungsvarianten der Obligationen-Märkte

Marktsegment:	Staatsanleihe		Firmenobligation		Synthetisches Papier	
Restlaufzeit:	1–3 Jahre	3–7 Jahre		7–15 Jahre		> 15 Jahre
Bonitätsrating (Qualitätsspread):	AAA	AA	A		BBB	. . .
Zusatzoption:	Call-Option		Sinking fund		Garantie	

Wenn der Investor sehr konservativ eingestellt ist, wird er Obligationen mit kurzer Duration und hoher Qualität suchen. Ein Investor, der hingegen von sinkenden Zinsen ausgeht und ein gewisses Risiko eingehen will, wird eher in längerfristige Firmenobligationen mit entsprechendem Qualitätsspread investieren.

Die Übersicht 27 enthält die wichtigsten Einflussfaktoren bei der Berechnung der Indizes. Die unterschiedlichen Ausprägungen haben einen maßgeblichen Einfluss auf die Rendite und Struktur dieser Indizes.

Bei der Auswahl des Index muss darauf geachtet werden, dass dieselben Einschränkungen berücksichtigt werden wie beim Portfolio. Dürfen beim Portfolio bestimmte Märkte oder Segmente nicht berücksichtigt werden, so muss dies auch für die Zusammensetzung des Index gelten. Eine andere Bedingung kann die Qualität sein, denn bei verschiedenen Mandaten darf z. B. nicht in High Yield-Obligationen investiert werden, da diese ein erhöhtes Bonitätsrisiko aufweisen. Andere Kunden verlangen, dass der Sektor, in dem der Kunde seine Geschäfte tätigt, nicht im Portfolio vertreten sein darf. Andere Restriktionen wie die Mindest-/Maximalgrößen der Positionen können es sehr schwierig machen, einen Index nachzubilden, wenn dessen Struktur stark von der Portfolio-Struktur abweicht. Der Portfolio-Manager sollte sich dann sehr genau nach einem geeigneten Index umsehen, insbesondere dann, wenn mit dem Index auch eine Performance-abhängige Verwaltungsgebühr verbunden ist. Der Portfolio-Manager kann sonst durch eine nicht sorgfältige Indexauswahl seine Chance, den Index zu schlagen, unnötig verschlechtern.

Übersicht 27: Einflussfaktoren bei der Berechnung von Indizes

Einflussfaktor	Auswirkungen
Zusammensetzung:	• Die Zusammensetzung des Index hängt von dessen Charakteristika ab. Zusätzlich werden Kriterien berücksichtigt wie minimales Emissionsvolumen bzw. ausstehende Emission, minimale Liquidität am Markt etc. Damit wird sichergestellt, dass nur liquide Emissionen mit einem regelmäßig bezahlten Preis berücksichtigt werden
Frequenz:	• Die Frequenz gibt die Verfügbarkeit des Index an. Die meisten Indizes werden täglich berechnet und publiziert. Für die Bewertung werden die gehandelten und veröffentlichten Preise der Positionen berücksichtigt. Andere Indizes sind auf wöchentlicher oder monatlicher Basis verfügbar. Seltener sind längere Perioden der Verfügbarkeit, da sie dann nur noch von statistischer Bedeutung sind und nicht mehr aktiv eingesetzt werden können.
Gewichtung:	• Es ist zu unterscheiden zwischen gleichgewichteten, marktgewichteten und GDP-gewichteten Indizes.
Indexüberarbeitung:	• Die meisten Indizes werden jährlich zu Beginn des neuen Jahres überarbeitet. Emissionen, welche bestimmte Kriterien wie Restlaufzeit, Qualität (Rating) etc. nicht mehr erfüllen, werden ausgetauscht durch neue Positionen. Indizes mit unterjährigen Restlaufzeiten haben einen entsprechend höheren Rhythmus der Überarbeitung.
Reinvestition:	• Bei den Indizes muss unterschieden werden zwischen Indizes, welche die Zinszahlungen und andere Cash Flows wieder reinvestieren, und Indizes, die dies nicht tun. Dies hat Einfluss auf die Rendite, Duration und Gewichtung. Die Reinvestition erfolgt mit der gleichen Häufigkeit wie die Frequenz der Verfügbarkeit der Indexdaten. So werden bei monatlich publizierten Indizes die zwischenmonatlich anfallenden Zinszahlungen und anderen Cash Flows akkumuliert und am Ende des Monats als Zufluss zum Index dazugerechnet.
Historie:	• Da die Indizes vor ihrer Veröffentlichung einem Backtest-Verfahren unterzogen werden müssen, um die Eigenschaften des Index zu testen, sind entsprechende Zeitreihen einige Jahren in die Vergangenheit zurückgerechnet worden. Diese Zahlen werden i. d. R. auch verfügbar gemacht, da die Erstellung und der Unterhalt von Indizes mit erheblichen Kosten verbunden sind und über den Verkauf der Daten wieder amortisiert werden können.

10.3 Obligationen-Indizes

Bei einem Index handelt es sich um einen Korb von Positionen, der konstruiert wurde, um eine Struktur und ein Performance-Verhalten eines Marktes oder Marktsegmentes zu replizieren. Der Index kann dabei in einer bestimmten Währung, mit bestimmten Restlaufzeiten und mit spezifischen Charakteristika konstruiert werden. In den folgenden Abschnitten wird auf die Charakteristika und die wichtigsten Obligationen-Indizes eingegangen.

Hat sich ein Investor dazu entschlossen, das geplante Portfolio mit einem Index zu vergleichen, so steht er vor der schwierigen Wahl des dafür entsprechenden Index. Grundsätzlich stehen ihm verschiedene Varianten zur Verfügung:

- allgemeiner Obligationen-Index eines Marktes,
- spezialisierter Obligationen-Index für einen bestimmten Markt oder ausgerichtet auf bestimmte Einflussfaktoren (Duration, Qualität etc.),
- maßgeschneiderter Benchmark auf seine spezifischen Bedürfnisse.

Der Unterschied im Verhalten zwischen Portfolio und dem Vergleichsindex wird mit dem Tracking Error ausgedrückt (vgl. Abschnitt 10.4.2).

Um möglichst nahe an den Index heranzukommen, kann der Investor alle Positionen des Index mit entsprechend linear angepassten Gewichtungen kaufen. Dies bringt allerdings erhebliche Transaktionskosten mit sich, die den Tracking Error wieder erhöhen. Zusätzlich müssen alle Cash Flows (Coupons, Rückzahlungen etc.) ebenfalls wie beim Index reinvestiert werden (sofern es ein reinvestierender Index ist). Ein Problem besteht in der Preisstellung, denn für kleine Positionen erhält man nicht den gleich guten Preis für den Index wie bei größeren Positionen. Ein solches Verfahren führt von Anfang an zu einem Nachteil.

Um dieses aufwendige Verfahren zu vereinfachen, kann der Investor sich darauf beschränken, die wichtigsten Positionen zu kaufen, welche den Tracking Error in bestimmten Grenzen halten. Dieses Vorgehen hat den Vorteil, dass man die größeren Positionen zu vernünftigen Preisen erhält, die Transaktionskosten sich durch die verringerte Anzahl von Positionen in Grenzen halten und der Aufwand mit der Handhabung der zusätzlichen Cash Flows beschränkt ist.

Die beiden Vorgehensweise verdeutlichen, dass es einen Trade-Off gibt zwischen einer möglichst genauen Replikation des Index mit vielen Positionen, hohen Transaktionskosten und entsprechend hohem Aufwand der Cash Flow-Reinvestition einerseits sowie der Replikation mit einem gewissen Tracking Error, aber weniger Positionen und entsprechend niedrigen Transaktionskosten und geringerem Aufwand im Verarbeiten der zusätzlichen Cash Flows andererseits.

Die verschiedenen Obligationen-Indizes können in die breit abgestützten Marktindizes und in die speziellen Segment-Indizes unterteilt werden. Häufig verwendet werden die Indizes von Morgan Stanley, J. P. Morgan und Salomon Brothers. Die Indizes unterscheiden sich durch die Selektionskriterien, nach welchen die einzelnen Positionen ausgewählt werden. Diese umfassen die Liquidität, Duration, Bonitätsrating, Emissionsvolumen etc. Die spezialisierten Indizes sind auf bestimmte Investitionskriterien oder Subsegmente eines Marktes ausgerichtet, wie z. B. hypothekargesicherte Obligationen, Emerging-Market etc. Mit zunehmender Regulation im Pensionskassenbereich und anderen Märkten ist verstärkt auch der Kundenwunsch nach maßgeschneiderten Benchmark-Indizes aufgekommen. So bieten einzelne Banken spezielle Pensionskassen-Indizes an, die als Benchmark für Pensionskassen-Mandate dienen und sämtliche regulatorischen Bedingungen berücksichtigen.[42]

---

[42] Vgl. z. B. dazu den Pictet Pensionskassen-Index.

Übersicht 28: Merkmale verschiedener Obligationen-Weltindizes

Struktur-Faktoren	Salomon Brothers	J. P. Morgan
Emittenten-Kategorie	Staatsobligationen, Agenturen (Agencies), Hypothekar-abgesicherte und Firmen-Obligationen	J. P. Morgan verwendet gleiche Emittenten, schließt aber Perpetuals (ewige Obliga-tionen) und STRIPS aus.
Gewichtung	marktgewichtet	marktgewichtet
Minimal ausstehendes Emissionsvolumen	Kein Minimum, aber Emission muss liquid sein, d. h. täglich gehandelt werden.	Variiert von Land zu Land, z. B. 170 Mio. US$ für USA, 1.6 Mrd. Yen für Japan.
Minimal verbleibende Restlaufzeit	1 Jahr	13 Monate
Maximal verbleibende Restlaufzeit	keine	keine
Qualitäts-Kategorie	Emission muss ein Rating von S&P haben.	Emission muss ein Rating von S&P haben.
Frequenz	täglich	täglich
Bewertung	täglich zu Schlusspreisen, Wechselkurse London 17:00 Mid-Fixing.*	täglich zu Schlusspreisen, Wechselkurse London 17:00 Mid-Fixing.
Reinvestition	zum durchschnittlichen 1-Monats T-Bill-Satz	täglich, vollinvestiert in Index
Historie für Mehrheit der Indizes	31. 12. 1979**	31. 12. 1985

* Salomon benutzte ursprünglich New York 14:00 Mid-Fixing, weshalb die historischen Zeitreihen nicht direkt vergleichbar sind.
** Salomon berechnete von 1984 bis Oktober 1992 nur monatliche Zahlen, seit 1992 sind ebenfalls tägliche Daten vorhanden, historische Zeitreihen auf Tagesbasis sind trotzdem nicht für alle Indizes verfügbar.

Quelle: J. P. Morgan und Salomon Brothers

Der Anreiz für die verschiedenen Institutionen für die Berechnung und Publikation von Indizes liegt vor allem in der Generierung von Trades und maßgeschneiderten Derivativ-Produkten auf diese Indizes. Durch den Verkauf maßgeschneiderter Produkte kann ein Finanzinstitut den Kunden längerfristig an sich binden, da diese Indizes nicht einfach von anderen Banken repliziert werden können und damit der Handel und die Verbuchung von solchen Produkten die Kunden bindet.

10.4 Systematische Ansätze der Indexierung

10.4.1 Stratified Sampling or Cell Approach

Dieser Ansatz berücksichtigt die Einflussfaktoren, die in Abschnitt 10.2 genannt sind. Die jeweiligen Positionen werden den entsprechenden Faktoren zugeordnet. Dieses Vorgehen wird ebenso für den Index verwendet, sodass man aus den unterschiedlichen Zuordnungen die Unter- oder Übergewichtung entnehmen kann.

Insgesamt gibt es mit den vier Einflussfaktoren und den jeweiligen Merkmalen insgesamt 144 Varianten von möglichen Positionen. Die Schwierigkeit des Portfolio-Managers besteht darin, das Portfolio auf die einzelnen Positionen aufzuteilen und dabei gleichzeitig die verschiedenen Varianten zu berücksichtigen. Als Richtwert kann von der Verteilung des Index ausgegangen werden. Wenn nur ein kleines Portfolio vorhanden ist, dann hat der Portfolio-Manager das Problem, dass er in viele Positionen investieren muss, insbesondere auch in ungerade Schlusseinheiten, was die Transaktionskosten und den Tracking Error erhöht. Der Portfolio-Manager kann auch die Anzahl Positionen verringern und damit auch die Transaktionskosten aufgrund der größeren Positionen. Dies wiederum vergrößert den Tracking Error gegenüber dem Index, denn die Gewichtungscharakteristika können dadurch erheblich verschieden sein.

10.4.2 Optimierungstechniken

Mit Hilfe der Optimierungstechniken kann der Portfolio-Manager ein Index-Portfolio berechnen, das die Positionen des Index nachbildet und gleichzeitig andere Ziele als Nebenbedingungen bei der Optimierung berücksichtigt. Diese Ziele können Duration-Vorgaben, Rendite-Bandbreiten oder minimale/maximale Positions-Größen sein. Zur Berechnung der optimalen Lösung wird häufig die lineare Programmierung verwendet, da durch sie die linearen Nebenbedingungen als lineares Gleichungssystem dargestellt werden kann. Liegt bei dieser Problematik eine quadratische Funktion vor, muss die quadratische Programmierung angewendet werden.

Tracking Error

Wie gut ein Index bzw. ein Benchmark nachgebildet wird, kann mit dem Tracking Error gemessen werden. Der Tracking Error (TE) ist das Maß eines Risikos relativ zum Index/Benchmark. Mathematisch wird für die Berechnung die Standardabweichung (bzw. die Varianz) benutzt:

$$TE = \sqrt{\sigma^2{}_P + \sigma^2{}_{Index} - 2 \cdot cov_{P,Index}}$$

Der Tracking Error wird im Portfolio-Management als Steuer- und Kontrollgröße benutzt und seitens des Kunden vorgegeben. Wichtig ist dabei, dass die Mandatart definiert wird: Bei aktiven Mandaten muss mit größeren Abweichungen gerechnet werden, bei passiven Mandaten ist ein Tracking Error bis 1 üblich. Der Tracking Error gibt an, wie stark das

Portfolio gegenüber dem vorgegebenen Index schwankt. Ein Tracking Error von 1 bedeutet, dass die Schwankung des Portfolios gegenüber dem Index 1 % beträgt. Maßgebend ist die Gesamtsumme, mit der ein Index nachgebildet werden kann. Je größer das Portfolio ist, desto besser können die einzelnen Positionen des Index nachgebildet werden. Für kleine Portfolios ist deren Mindestgröße von Positionen das Problem, um am Markt gute Preise zu erzielen. Je kleiner die Transaktionssummen werden, desto schwieriger wird es am Markt, konkurrenzfähige Preise zu erhalten und umso stärker fallen die Transaktionskosten ins Gewicht. Märkte, die nicht sehr liquid sind, sind schwierig nachzubilden. Das Risiko der individuellen Positionen steigt sehr stark an, da es aufgrund der geringen Diversifikation sowie deren Bewertung auf jede Position ankommt, um einen Index nachzubilden. Die Faktoren (vgl. Abschnitt 10.2 „Einflussfaktoren bei der Indexierung") können neben der Gewichtung die Abweichung vom Index bzw. Benchmark erklären. Die Verwendung von Firmenobligationen mit einem Qualitätsspread relativ zum vorgegebenen Index, beispielsweise ein Staatsobligationenindex, ergibt neben einem höheren Yield – und damit einer höheren Rendite – auch einen höheren Tracking Error, da sich die Firmenobligationen im Laufe der Zeit nicht gleich entwickeln wie die Staatsobligationen. Zudem erhöhen Veränderungen von Kreditratings den Tracking Error. Sinking Fund und Call-Optionen von Obligationen erhöhen die Schwierigkeit, einen Obligationen-Index zu tracken.

Varianz-Minimierung

Der Varianz-Minimierungsansatz ist ein Spezialfall der Optimierung, denn es gilt, mit Hilfe historischer Daten die Varianz des Tracking Errors zu schätzen und zu minimieren. Dazu sind die zur Auswahl stehenden Positionen für das Portfolio und die des Vergleichsindex in Form von Zeitreihen notwendig. In diesen Zeitreihen müssen alle Cash Flows (Zinszahlungen, Sinking Fund-Verpflichtungen, Rückzahlungen etc.) mit dem entsprechenden Spot-Satz diskontiert werden. Unter Berücksichtigung aller Einflussfaktoren (Duration, Rating etc.) werden für die einzelnen Zeitreihen (Positionen) Preisfunktionen geschätzt durch die Anwendung ökonometrischer Methoden. Die Preisfunktionen bilden dann Bestandteil der Varianz-Gleichung, die es hinsichtlich des Tracking Errors zu minimieren gilt. Die einzelnen Positionen sind über die Preisfunktionen so zu gewichten, dass der Tracking Error minimiert wird. Da es sich um ein quadratisches Optimierungsproblem handelt, muss die quadratische Programmierung angewandt werden. Diese Vorgehensweise ist nicht unproblematisch, da die Preisfunktionen schwierig herzuleiten und auch nicht immer stabil sind. Die Emissionen liegen in einer Vielzahl von Varianten vor, werden z. T. vorzeitig zurückgerufen und unterliegen anderen Schwankungen wie Rating-Änderungen, Veränderung des gesamten Zinsumfeldes etc. Die Obligationen haben generell den Nachteil gegenüber den Aktien, dass sie immer wieder neu emittiert werden, verfallen oder vorzeitig zurückgerufen werden. Dies erschwert eine problemlose Aufbereitung der Daten. Der Varianz-Minimierungs-Ansatz ist der schwierigste Ansatz bei der Indexierung von Portfolios. Für diesen Ansatz sind viele historische Daten notwendig, um die Varianz des Tracking Errors schätzen zu können. Jede einzelne Position (bzw. deren Preis) des Index wird mittels einer individuellen Funktion geschätzt. Dies erfolgt bei Obligationen-Portfolios unter Berücksichtigung von zwei Gruppen von Einflussgrößen:

- die zukünftigen Cash Flows (Zinsen, Sinking Fund und Call-Optionen, Rückzahlung) der Obligation diskontiert zum theoretischen Spot Satz;

- alle anderen Faktoren des Abschnittes 10.2 „Einflussfaktoren bei der Indexierung" (Restlaufzeit, Bonitätsrating, Zusatzoption, Frequenz der Berechnung, Gewichtung, Indexüberarbeitung, Reinvestition etc.).

Unter Verwendung von ökonometrischen Modellen und einem breiten Spektrum von Obligationen wird die Preisfunktion historisch geschätzt. Nachdem diese Schätzung für alle Positionen durchgeführt wurde, kann mittels der Varianz-Minimierung der Tracking Error berechnet werden. Ziel ist die Minimierung des Tracking Errors bei der Zusammensetzung des Index-Portfolios relativ zum Index. Da die Varianz eine quadratische Funktion ist, wird die quadratische Programmierung benutzt, um das optimale Index-Portfolio zu bestimmen. Die Art dieses strukturierten Vorgehens hat den Vorteil, dass bei einem gut definierten Spektrum von Titeln mit vorgegebenen Einschränkungen ein Algorithmus große Mengen an Daten besser analysieren kann als ein Portfolio-Manager. Problematisch ist bei diesem Vorgehen, dass die geschätzte Preisfunktion nicht immer stabil und Schwankungen unterworfen ist.

Zusammenfassung

Die Indexierung für strukturierte Portfolio-Strategien hat in den vergangenen Jahren an Bedeutung gewonnen. Dementsprechend ausführlich wird auf die verschiedenen Aspekte dieser Methodik eingegangen. Es werden zunächst die Vorgehensweise und Ziele der Obligationen-Indexierung behandelt. Die Techniken, die im Aktienmarkt schon lange bekannt sind, werden verstärkt auch bei Obligationen eingesetzt. Dies ist auf erhöhtes Performance/ Risiko-Denken, Einhaltung von Investitionsvorgaben und -restriktionen sowie einen verstärkten Margendruck zurückzuführen. Es wird auf die Faktoren eingegangen, die einen maßgeblichen Einfluss auf die Rendite und Struktur der Indizes bzw. der strukturierten Portfolios haben. Dies betrifft insbesondere Faktoren wie: Diversifikation, Verfügbarkeit der Indexinformationen, Gewichtungsarten, Indexüberarbeitung, Reinvestitionsfragen, Historie etc. Es folgen die verschiedenen Obligationen-Indizes. Es geht darum zu verdeutlichen, dass es für die verschiedenen Investitionsansätze auch verschiedene Index-Typen gibt, und es enorm wichtig ist, die richtige Kombination zu finden. Die systematische Behandlung der Indizes wird ausführlich behandelt und es werden die unterschiedlichen quantitativen Ansätze und ihre Vor- und Nachteile erläutert. Der Tracking Error und andere Kennziffern und Vorgehensweisen werden beschrieben und die bekanntesten Welt-Indizes und deren wichtigste Eigenschaften genannt.

11. Verschuldungspapiere

11.1 Floating Rate-Obligationen

Eigenschaften von Floating Rate Notes

Floating Rate-Obligationen, oder auch Floating Rate Notes genannt, sind Schuldpapiere, deren Coupon zu bestimmten Zeitpunkten (Reset Dates) periodisch angepasst wird. Gewöhnlich erfolgt eine Anpassung an einen unabhängigen Zinssatz-Index. Im Euromarkt ist es üblich, eine bestimmte Marge über dem London Interbank Offered Rate (LIBOR), in der Regel der Dreimonats-LIBOR, als Referenzgröße zu nehmen. FRNs werden im Euromarkt mit folgenden Eigenschaften gehandelt:

- Es sind langläufige Zinspapiere, deren Zinssatz an kurzläufige Geldmarktindizes gebunden ist.
- Coupons werden periodisch alle drei, sechs etc. Monate ausbezahlt und ebenfalls gleichzeitig neu angepasst. Im Gegensatz dazu tendieren europäische Obligationen mit fixen Coupons dahin, den Zinssatz jährlich auszuzahlen (USA halbjährlich).

Langläufige FRNs tendieren dazu, illiquid zu sein und deshalb auch volatiler, da die Banken als größte Investoren von FRNs kürzerfristige Instrumente mit kurzen Restlaufzeiten vorziehen. Die andere Komponente der relativen Preisvolatilität ist die Häufigkeit, mit der die Coupons angepasst werden: Je häufiger die Coupons angepasst werden, desto geringer sind die Volatilitäten von FRNs.

Vor- und Nachteile für Emittenten

Banken sind in der Lage, FRNs zu emittieren, die einen niedrigeren Zinssatz aufweisen als diejenigen Sätze, die man auf syndizierte Kreditportfolios erhält. FRNs weisen eine ähnliche Struktur der Zinszahlungen auf wie die bei syndizierten Krediten und erlauben deshalb unter dem Gesichtspunkt des Asset/Liability-Gedankens, die Cash Flows von Zinszahlungen und Ausgaben entsprechend den Marktkonditionen in Übereinstimmung zu bringen.

In einem Umfeld steigender Zinssätze riskiert der Emittent größere Kosten als bei einer Emission mit fixem Coupon.

Wird der Zinssatz über eine Auktion festgelegt, so läuft der Emittent Gefahr, dass die Auktion fehlschlägt. Der Zinssatz wird dann entsprechend den Margen-Spezifikationen in den Dokumenten festgelegt, wodurch ein Zinssatz resultieren kann, der gegenüber dem Markt relativ hoch und unattraktiv ist.

Vor- und Nachteile für Investoren

Die Adjustierung des Coupons in regelmäßigen Intervallen reflektiert die Veränderung der Zinskurve im Laufe der Zeit. Dies bedeutet eine größere Sicherheit gegen signifikante Kapitalverluste in Perioden großer Zinsschwankungen.

Die *Rendite* von FRNs ist an das kurzfristige Zinsende gebunden und dies ist für den Investor vor allem dann interessant, wenn die kurzfristigen Zinssätze über den langen Zinsen liegen, d. h. es gibt eine inverse Yield-Kurve. Der *Coupon* wird durch die kurzfristigen Zinssätze der Yield-Kurve bestimmt und daher kann es passieren, dass der Investor eine geringere Verzinsung erzielt. Eine Ausnahme besteht bei der inversen Yield-Kurve. Es gibt weniger Möglichkeiten für Kapitalgewinne als bei Instrumenten mit fixem Coupon.

11.2 Kurzfristige Schuldpapiere

Die kurzfristigen Schuldpapiere, oder auch Geldmarktpapiere, dienen vor allem der effizienten Handhabung des benötigten Betriebskapitals. Kreditnehmer benutzen den Geldmarkt, um Geld aufzunehmen, das benötigt wird, um kurzfristige Zahlungen oder Investitionen tätigen zu können. Gleichermaßen stellt der Geldmarkt eine effiziente Möglichkeit dar, zur Zeit nicht benötigten Cash zinsbringend zu platzieren und auf Abruf bereitzuhalten. Geldmarktpapiere (die wichtigsten sind: Commercial Papers, Euronotes und Negotiable Certificates of Deposit) werden gewöhnlich in größeren Beträgen gehandelt, wobei die Finanzinstitute eine Feinaufteilung auf die Nachfrager vornehmen. Diese Papiere stellen häufig für Kreditnehmer und Investor eine attraktive Alternative zur Bankfinanzierung dar:

- Für den Kreditnehmer sind sie günstiger als die Finanzierung über einen Bankkredit mit entsprechend hohen Soll-Zinsen;

- Für den Kreditnehmer ist es attraktiver, auf dem Geldmarkt Geld aufzunehmen, da ihm mehrere Gegenparteien zur Auswahl stehen;

- Investoren erhalten eine höhere Rendite als bei der Deponierung ihrer Gelder auf einem Bankkonto.

- Der Kreditnehmer erhält einen besseren Zinssatz und der Investor eine höhere Rendite auf diese Instrumente als bei ähnlichen Formen des Investments, da die Bank nicht mehr als Intermediär zwischen dem Investor als Geldgeber und dem Kreditnehmer steht (ein gutes Beispiel für die Securitization oder Disintermediation).

11.2.1 Commercial Papers

Commercial Paper-Emissionen sind verhandelbare Promissory Notes mit kurzen Restlaufzeiten. Die wichtigsten Charakteristika sind:

- Die Restlaufzeiten sind flexibel und werden durch den Emittenten fixiert zum Zeitpunkt der Emission und reichen von einigen Tagen bis zu einem Jahr.

- Notes sind gewöhnlich in größeren Beträgen denominiert als längerläufige Schuldpapiere. US-Dollar-Eurocommercial-Paper-Emissionen sind z. B. in Beträgen zu 250 000 US-$ denominiert, während Eurobonds ab 1 000 US-$ erhältlich sind. Dies zeigt die Dominanz von großen und professionellen Händlern und Investoren im Markt.

- Die Mehrheit der Commercial Paper-Emissionen sind ungesichert. Trotzdem haben die meisten Commercial Paper-Programme ein Rating, das von den führenden Kreditrating-Agenturen wie z. B. Moody's oder Standard & Poor's vergeben wird.

- Commercial Papers können als zinstragende Papiere herausgegeben werden, analog den länger laufenden Schuldpapieren mit einem Nominalwert und einem bestimmten Zinssatz. Gewöhnlich wird jedoch das Papier auf die Restlaufzeit diskontiert und dieser Betrag ergibt den heutigen Verkaufspreis. Die Yield, welche zur Diskontierung benutzt wird, wird dargestellt in der Differenz zwischen dem diskontierten Wert und dem Rückzahlungsbetrag (par value) am Ende der Restlaufzeit.

- Commercial Papers werden im Sekundärmarkt auf einer Yield-Basis notiert, seltener auf einer Prozent-Basis des Rückzahlungsbetrages.

- Commercial Papers werden als Inhaberpapiere emittiert.

Vor- und Nachteile für Emittenten

Emittenten können Geld günstiger durch Geldmarktpapiere beschaffen als über Kredite oder durch Überziehung des Kontokorrent-Kontos. Die Flexibilität der Papiere erlaubt die maßgeschneiderte Konstruktion von Instrumenten auf die individuellen Bedürfnisse des Kreditnehmers oder die Anpassung von Papieren auf die Nachfrage von Investoren am Markt.

Die Emissionen können sehr kurzfristig zusammengestellt werden (häufig innerhalb eines Tages), wodurch der Markt sehr schnell auf Zinssatzbewegungen und auf Nachfragen seitens der Investoren reagieren kann. Dies erhöht die Liquidität des Marktes. Der Emittent kann seine Geldquellen am Markt breit diversifizieren.

Die Commercial Paper-Programme sind in der Regel kostengünstiger als die Emission von Euronotes, da keine Underwriting-Gebühren anfallen.

Vor- und Nachteile für Investoren

Vor der Entwicklung von Commercial Paper-Programmen und Euronotes waren die Investoren auf die kurzfristigen Instrumente der „Negotiable Certificate of Deposit" angewiesen, die nur von Banken emittiert werden können. Durch den Kauf von Commercial Papers können die Investoren das Bank-Risiko ausschalten. Da die Papiere nur ein Jahr oder weniger auf dem Markt sind, ist der Investor nur kurzfristig einem Kreditrisiko ausgesetzt und hat somit weniger Kreditrisiko bezüglich des Kapitalwertes als bei FRNs. Durch die Bandbreite verschiedener Restlaufzeiten hat der Investor eine gute Möglichkeiten, eine Auswahl aus den verschiedenen Instrumenten zu treffen, die seinen Bedürfnissen entsprechen.

Wenn ein Commercial Paper durch ein „Dealership Agreement" emittiert wurde, sind die Händler verpflichtet, einen Markt für dieses Papier zu stellen. Der Investor ist deshalb in der Lage, jederzeit eine Preisstellung zu verlangen und/oder das Papier zu jedem Zeitpunkt wieder zu verkaufen, auch vor Ablauf der Restlaufzeit.

Die hohen Minimalbeträge sind für Kleininvestoren unattraktiv. Der Investor ist dem Risiko der Änderung des Kreditratings unterworfen, wodurch es schwierig werden könnte, das Papier vor der Restlaufzeit zu verkaufen.

Commercial Papiere sind ungesichert und deshalb ist der Investor dem Defaultrisiko des Schuldners ausgesetzt.

11.2.2 Euronotes

Wenn Euronotes emittiert werden, verhalten sie sich gleich wie Commercial Papers. Der grundsätzliche Unterschied zwischen einem Euronote und einem Commercial Paper ist, dass die Euronotes von einer Investment Bank bzw. von einer Bank unterschrieben werden, die garantiert, dass der Emittent die zu emittierende Summe erhält, auch wenn die Investoren nicht oder nicht vollständig zeichnen. Der Underwriter wird entweder die restliche Emission selber kaufen oder gibt einen Kredit im Rahmen der fehlenden Emissionssumme zugunsten des Emittenten aus. Die Unterwriting-Gebühr macht die Euronotes zu teureren Investitionen als die Commercial Papers. Zwei Merkmale charakterisieren eine Euronote-Emission:

- Euronotes werden gewöhnlich mit fixen Restlaufzeiten von einem, drei oder sechs Monaten ausgegeben;

- Euronotes werden gewöhnlich über einen „Tender Panel" ausgegeben, wobei eine Gruppe von bestimmten Händlern um das Papier bieten, die vorher bereits Indikationen von möglichen Investoren eingeholt haben, wieviel diese zu zahlen bereit wären.

Die Übersicht 29 bietet die gebräuchlichsten Euronote-Varianten. Es ist keine abschließende Darstellung, da die Euronotes sehr flexibel gestaltet werden können und viele Untervarianten möglich sind.

Vor- und Nachteile für Emittenten

Euronotes stellen eine günstigere Finanzierungsvariante dar als die alternative Kreditfinanzierung. Sobald der Vertrag unterzeichnet ist, hat der Emittent die Garantie, dass er die Emissionssumme erhalten wird.

Bei einer Emission über ein Tender Panel sorgt der kompetitive Auktionsprozess für eine möglichst effiziente und damit kostengünstige Emission des Papiers. Die Euronote-Emission ist grundsätzlich teurer als die Emission von Commercial Papers, da der Emittent eine Underwriting-Gebühr zahlen muss. Die Restlaufzeiten von Euronotes sind länger als die bei Commercial Papers.

Durch ein Tender Panel kennt der Emittent erst nach erfolgter Auktion die Gesamtkosten der Emission. Die Mitglieder des Tender Panels haben keine Gewissheit, ob sie für die eingegebenen Offerten auch effektiv etwas erhalten werden. Dementsprechend schwierig ist es, eine Kundschaft mit den notwendigen Informationen zu versorgen, bzw. eine Kundschaft für Emissionen zu pflegen.

Übersicht 29: Varianten von Euronote-Emissionen

Variante	Beschreibung
Note Issuance Facility (NIF)	• Ein Vertrag für die Emission von Euronotes zwischen dem Emittenten und der Bank. Der Emittent erhält normalerweise einen rollenden Kredit. Die genauen Bedingungen für die Emission und die Prozedur des Tender Panels werden im Emissionsvertrag festgehalten.
Revolving Underwriting Facility (RUF)	• Sie ist eine Variante des NIF, wobei eine Gruppe von Banken die Emission unterzeichnet. Sollte das Panel die Emission nicht platzieren können, so muss die Bankengruppe die Emission kaufen.
Short Term Note Issuance Facility (SNIF)	• Ein NIF mit kurzläufigen Notes.
Revolving Acceptance Facility by Tender (RAFT)	• Eine Form des RUF, wobei anstelle der Notes von bestimmten Banken kurzfristige Acceptances benutzt werden.
Transferable Revolving Underwriting Facility (TRUF)	• Eine Form des RUF, wobei die von der Investment Bank abgegebene Unterzeichnungverpflichtung transferierbar ist.
Borrower's Option for Notes and Underwritten Standby (BONUS)	• Das Produkt besteht aus zwei separaten, aber miteinander verbundenen Elementen: – ein nicht bindendes Platzierungs-Agreement über einen Tender, – eine bindende Standby-Klausel.

Vor- und Nachteile für Investoren

Der Investor kann nicht sicher sein, dass er den bestmöglichen Angebotspreis durch seinen Agenten weitergeleitet bekommt. Mitglieder von Tender Panels sind nicht verpflichtet, einen Markt für die Emissions-Papiere zu stellen, dies kann die Marktgängigkeit von solchen Papieren schmälern, es besteht die Möglichkeit von Inkonsistenzen zwischen dem Primär- und Sekundärmarkt.

11.2.3 Certificates of Deposit

Ein Certificate of Deposit (CD) ist die Bestätigung einer Bank für die bei ihr deponierten Gelder während einer bestimmten Zeitperiode zu einem bestimmten Zinssatz. Es ist im Wesentlichen ein vertragliches Time Deposit. Das CD ist das am längsten laufende Geldmarktinstrument im Euromarkt. Eine Variation ist die Floating Rate CD, welches ein mittelfristiges CD ist, wobei der Zinssatz halbjährlich an einen Geldmarktzinssatz-Index angepasst wird, in der Regel der London Interbank Bid Rate (LIBID). Das CD zeichnet sich durch folgende Eigenschaften aus:

• Die Restlaufzeit beträgt in der Regel ein Jahr, kann aber auch bis fünf Jahre dauern.
• Gewöhnlich wird das Papier als Inhaberpapier ausgestellt.
• In England unterliegen CDs mit Laufzeiten von weniger als fünf Jahren nicht der Verrechnungssteuer.

Bewertung des CD

Der Preis des CD wird dargestellt durch die entsprechende Yield des Papiers. Ausgehend von der Yield wird der Preis des CD für eine Laufzeit unter einem Jahr und auf Basis von 360 Tagen im Jahr berechnet (gilt für US-$ CD, für CD in Großbritannien gilt die 365-Tage-Konvention):

$$P = \frac{\dfrac{T \cdot r}{100} + 360}{\dfrac{t \cdot y}{100} + 360} \cdot \text{Nominalwert}$$

T = gesamte Restlaufzeit in Tagen, t = verbleibende Zeit bis zur Rückzahlung, r = vertraglich fixierter Zinssatz, y = aktueller Yield entsprechend der Yield-Kurve für vergleichbare Kreditqualität.

Für CDs mit einer Restlaufzeit von über einem Jahr gilt für die Preisbestimmung das gleiche Vorgehen wie für normale Obligationen durch Diskontierung der Cash Flows aus Zinszahlungen und des Rückzahlungsbetrages mit dem entsprechenden Yield. Die aktuelle Anzahl Tage pro Jahr sollte für die Zinsberechnung genutzt werden. Diskontierte CDs werden durch den zur Diskontierung verwendeten Diskontsatz r_k in Prozenten auf Jahresbasis dargestellt.

$$\text{Preis} = P \cdot \left(1 - \left(\frac{r_k \cdot t}{360}\right)\right)$$

Der Yield ist immer höher als der Diskontsatz und wird wie folgt berechnet:

$$\text{Yield} = \frac{D}{1 - \left(\dfrac{r_k \cdot t}{360}\right)}$$

Vor- und Nachteile für Emittenten

Da die CDs vertraglich maßgeschneidert werden, kann die emittierende Bank die Vertragsbedingungen entsprechend den Marktbedingungen festlegen und fährt somit günstiger als die weniger flexiblen Bedingungen auf dem Interbanken-Markt.

Vor- und Nachteile für Investoren

Der Investor kann die CDs auf dem Sekundärmarkt für CDs verkaufen und verfügt damit über ein liquides Instrument. Banken mit guten Kreditratings unterhalten einen Markt für CDs, wodurch die CDs sehr risikoarm sind.

11.3 Medium Term Notes

Medium Term Notes (MTN) sind hybride Instrumente, die sowohl Eigenschaften von Commercial Papers wie auch von Euronote/Eurobonds aufweisen. Dies zeigt sich darin, dass die Restlaufzeit solcher Papiere zwischen einem und fünf Jahren liegt, es gab auch bereits Papiere mit zehn Jahren Restlaufzeit. Mit den kürzer laufenden Instrumenten teilen die MTNs die folgenden Eigenschaften:

- Die Laufzeit kann flexibel entsprechend den Wünschen des Investors festgelegt werden.
- Sie werden i. d. R. kontinuierlich angeboten durch die Händler, Platzierungs-Agenten oder Tender Panels und weniger via Tranchen, welche über ein Underwriting-Prozedere oder über ein Banken-Syndikat angeboten werden.

Mit den länger laufenden Instrumenten teilen die MTNs die folgenden Eigenschaften:

- Sie sind zinstragende Instrumente, wobei der Zinssatz fix oder variabel gestaltet sein kann.
- Die Preisnotierung erfolgt in Prozenten des Nominalwertes und seltener auf Yield-Basis.
- Es sind i. d. R. kleinere Beträge, die auf den Markt gelangen.
- Im Sekundärmarkt erfolgt das Settlement sieben Tage nach dem Handelsdatum und nicht wie bei Commercial Papers üblich am gleichen oder einen Tag später.
- Zinsen werden zu einem im Voraus festgelegten Zeitpunkt bezahlt, unabhängig vom Emissionsdatum oder der Restlaufzeit.

Medium Term Notes-Markt

Der Markt von Medium Term Notes (MTN) wurde in den Staaten entwickelt und im Laufe der letzten Jahre auch auf dem Euromarkt (EMTNs) durch verschiedene Emissionen eingeführt. Ursprünglich wurde der MTN-Markt von Dollar-denominierten Papieren angeführt, mittlerweile sind Kanada-Dollars, Euro, Deutsche Mark, Lira und Yen-Papiere auf dem Markt. Der grundsätzliche Unterschied zwischen MTNs, emittiert in den Vereinigten Staaten und auf dem Euromarkt, besteht in den folgenden Charakteristika:

- MTNs, die in den Staaten emittiert werden, basieren auf der aktuellen 360 Tage-Konvention, während die MTNs auf dem Euromarkt nach der Konvention der AIBD berechnet werden.

- MTNs, die in den Staaten emittiert werden, sind gewöhnlich auf den Namen des Halters eingetragen, während auf dem Euromarkt Inhaberpapiere emittiert werden.

- EMTNs werden auf dem Euromarkt emittiert und gewöhnlich an der Londoner Börse oder an der Luxemburger Börse registriert. Diese Regelung kommt daher, dass in der Regel Investoren nicht autorisiert sind, nicht-registrierte Wertschriften zu kaufen.

Vor- und Nachteile für Emittenten

MTNs sind flexibler in der Gestaltung der Emission längerfristiger Papiere. Die Laufzeiten können z. B. entsprechend den Bedürfnissen der Kunden gestaltet werden. Der Emittent kann die Grösse der Emission flexibel gestalten, in der Regel werden MTNs im Rahmen von

5 bis 20 Mio. US-$ emittiert, können aber auch bedeutend größer sein, während die Emission von Eurobonds von weniger als 100 Mio. US-$ nicht effizient und schwierig zu platzieren ist. Da die MTNs nicht über ein Underwriting-Prozedere emittiert werden, ergeben sich niedrigere Emissionskosten als bei der Emission von Eurobonds.

MTNs werden entsprechend den Geldmarkt-Konditionen bewertet und können deshalb relativ zu längerfristigen Instrumenten eher teurer sein.

Vor- und Nachteile für Investoren

MTNs weisen in der Regel einen höheren Yield auf als vergleichbare Instrumente wie z. B. Medium Term CDs oder US-Treasury Bills. Der Sekundärmarkt für MTNs ist nicht sehr liquid, wodurch es für den Investor schwierig werden kann, die Instrumente vor der Rückzahlung zu verkaufen.

11.4 Währungsgebundene und indexgebundene Papiere

Die folgenden Abschnitte befassen sich mit verschiedenen Varianten von Schuldpapieren, die sich im Laufe der vergangen Jahren entwickelt haben, insbesondere auf dem Euromarkt. Diese Instrumente weisen verschiedene Eigenschaften auf und sind für ganz bestimmte Verwendungszwecke maßgeschneidert. Sie tragen den verschiedenen Formen von Zinszahlungen, den Einflüssen von Währungs- und Rohwarenpreis- oder Index-Schwankungen Rechnung. Grundsätzlich lassen sich zwei Gruppen unterscheiden:

• *Währungsgebundene Schuldpapiere*: Die Rückzahlung erfolgt entweder in einer Währung, die sich von jener unterscheidet, in der das Papier emittiert wurde, oder in der Originalwährung, wobei der auszuzahlende Betrag an einen Wechselkurs gebunden ist.

• *Indexgebundene Schuldpapiere*: Der Rückzahlungsbetrag ist an einen bestimmten Index gebunden. Dieser kann z. B. ein Inflations-, Rohwarenpreis-, Obligationen- oder ein Aktienindex sein.

Vor- und Nachteile für Emittenten

Der Vorteil für den Emittenten liegt in der Reduktion von Zinskosten. Dies kann einerseits erreicht werden durch die Einbindung spezieller Vertragsbedingungen, die die Bewertung für eine bestimmte Gruppe von Investoren attraktiver machen, andererseits kann der Emittent aufgrund einer speziellen Beziehung zu Rohstoffen oder Währungen günstig formulierte Vertragsbedingungen anbieten, die einen Marktvorteil darstellen.

Probleme ergeben sich bei der Bewertung, da häufig keine vergleichbaren Produkte bestehen. Ein weiteres Problem ergibt sich aufgrund komplexer Hedge-Transaktionen, die aus längerfristigen Bindungen an die Kreditqualität der Hedge-Gegenpartei resultieren. Wenn der Emittent die notwendigen Rohstoffe oder Währungen, die der Emission zugrunde liegen, nicht besitzt oder diese Engagements nicht richtig gehedged sind, ergeben sich für den

Emittenten Verluste, die nicht erwartet wurden. Dies mag aus höheren Zahlungen für Zinsen oder Rückzahlungsbeträgen resultieren.

Vor- und Nachteile für Investor

Die Struktur von währungsgebundenen Papieren erlaubt es Investoren, Engagements einzugehen, die sie durch direkte Short-Positionen in bestimmten Währungen nicht machen könnten. Durch Doppelwährungsanleihen mit eingebundenen Short-Verkäufen von Währungen kann der Investor trotzdem ein Investment in einer fremden Währung eingehen, ohne gleichzeitig ein großes Währungsrisiko einzugehen. Der Vorteil von währungs- und indexgebundenen Instrumenten liegt in der großen Vielfalt, die den Umgang mit Risiken und mit der entsprechenden Risikovergütung bedeutend vereinfacht. Der Markt für komplex strukturierte Instrumente kann illiquid und der Verkauf eines solchen Instruments sehr schwierig sein.

11.4.1 Währungsgebundene Papiere

Die Entwicklung von währungsgebundenen Obligationen wurde erst möglich durch die vorausgehende Entwicklung des Währungsswapmarktes und die damit verbundene Ausweitung des Wechselkursmarktes in Laufzeiten von über einem Jahr. Die Entwicklung führte zur Entstehung von Eurobonds mit einer breiten Palette von Varianten und Währungen. Viele der Obligationen wurden in den Währungen emittiert, die vor allem für die Investoren attraktiv sind und nicht primär in der Währung, die der Emittent letztlich erhält. Dies machte den Währungsswap notwendig, um den Emissionsbetrag in der gewünschten Währung zu erhalten. Bei einer solch großen Vielfalt war es unausweichlich, dass Investment Banken Wertschriften auf den Markt brachten, die den Währungsswap mit der Emission von Obligationen verbanden. So wurde es möglich, in einer Währung die Emission zu platzieren und die Zinsen und den Rückzahlungsbetrag in einer anderen Währung zu zahlen. Ein weiterer Schritt war das Einbinden von Derivativen, wodurch das Hedgen von Währungsrisiken noch günstiger angeboten werden konnte. Das Vorhandensein von Swaps, langfristigen Forward-Kontrakten und Währungsoptionen machte die maßgeschneiderte Gestaltung von Emissionen möglich. Die Verwendung von Swaps und von anderen Hedge-Transaktionen bedeutet für den Emittenten, dass die Kosten von Emissionen durch angepasste Strukturierungen der Schuldpapier-Profile gesenkt werden können.

11.4.2 Indexgebundene Papiere

Die Volatilität von Zinssätzen, Rohstoffpreisen und Aktienmarktindizes und die kontinuierliche Entwicklung der Futures- und Optionen-Märkte führten zur Gestaltung von Obligationen, die an Rohstoffpreise, Zinssätze und Marktindizes gebunden sind. Diese Instrumente können als Hedge sowohl für den Emittenten wie auch für den Investor angesehen werden. Die Emissionen beinhalten effektiv eine Option auf Zinssätze, Aktienmarktindizes oder Rohstoffe als Teil ihres Wertes.

11.4.3 Doppelwährungsanleihen

Doppelwährungsanleihen sind Instrumente, deren Cash Flows in verschiedenen Währungen anfallen oder anfallen können. Die Beziehung zwischen zwei Währungen wird zum Zeitpunkt der Emission festgelegt. Die Beschreibung mit „Doppelwährungsanleihe" ist sehr allgemein, denn es gibt verschiedene Varianten, wie Cash Flows in verschiedenen Währungen anfallen können. Die geläufigste Form ist jene der Doppelwährungsanleihe, wo das ursprüngliche Investment und die Zinszahlungen in einer Währung erfolgen, die Rückzahlung aber in einer anderen Währung.

Übersicht 30: Doppelwährungsanleihe (Sichtweise des Investors)

t	Cash Flow	Doppelwäh-rungsanleihe	Wechselkurs	Betrag in Euro	Vergleich-bare (norma-le) Euro-Obligation
0	Emission	−100,00	0,7950	−125,79	−125,79
1	Coupon	5,00	0,8085	6,18	6,29
2	Coupon	5,00	0,8222	6,08	6,29
3	Coupon	5,00	0,8362	5,98	6,29
4	Coupon	5,00	0,8504	5,88	6,29
5	Coupon	5,00	0,8648	5,78	6,29
6	Coupon	5,00	0,8795	5,68	6,29
7	Coupon	5,00	0,8945	5,59	6,29
8	Coupon	5,00	0,9096	5,50	6,29
9	Coupon	5,00	0,9251	5,40	6,29
10	Coupon	5,00	0,9408	5,31	6,29
10	Rückzahlung	100,00	0,8300	120,48	125,79
Verzinsung				**4,05 %**	**4,61 %**

Beispiel: Eine international tätige Firma mit einem Firmen-Rating von A bei Moody's will auf dem Markt eine Emission von 120 Millionen Euro durchführen mit einem fixen Couponsatz. Als Alternative haben Bankberater eine Doppelwährungsanleihe mit einem Emissionsvolumen von 100 Millionen sFr und einem Coupon von 5 % (in sFr) vorgeschlagen. Die Obligation muss in 10 Jahren in sFr zum Kurs von 83,00 zurückgezahlt werden. Der Emittent konvertiert den sFr-Emissionsbetrag in Euro zum aktuellen Spot-Satz und kauft über Forward-Sätze die jeweils notwendigen sFr-Couponzahlungen im Wechselkursmarkt. Der Schweizer Coupon für Staatsobligationen der gleichen Laufzeit beträgt 4 %, für Euro-Bundespapiere 6 %.

Der Spot-Wechselkurs sFr/Euro beträgt zur Zeit 79,50. Zur Vereinfachung der Berechnung wird davon ausgegangen, dass die Zinskurve flach und über die Zeit hinweg konstant ist. Geht man davon aus, dass das A-Rating eine 50 Basispunkte höhere Verzinsung erfordert, so verdient der Investor aus der Doppelwährungsanleihe 0,50 % über dem vergleichbaren fixen Satz für sFr-Papiere (5,5 % Coupon anstelle 4 % plus 50 Basispunkte bzw. 4,5 %). Obwohl der Rückzahlungskurs mit 83,00 höher ist als der Emissionswechselkurs von 79,50, macht der Emittent eine Einsparung von 56 Basispunkten (4,05 % verglichen mit 4,61 %).

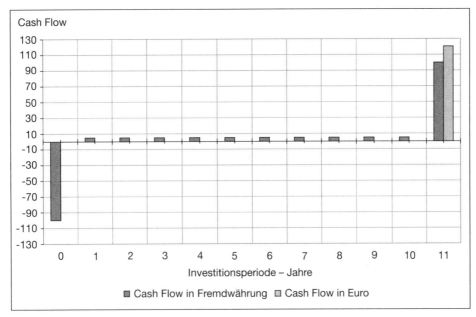

Abbildung 21: Cash Flow-Varianten der Doppelwährungsanleihen

Grafisch stellt sich dies wie in Abbildung 21 dar, wobei darauf zu achten ist, dass die Rückzahlung in sFr erfolgt und der Rückzahlungsbetrag in Euro nur zur Verdeutlichung des Betragsunterschiedes dient.

Doppelwährungsanleihen werden so strukturiert, dass Zinsen in Währungen mit niedrigen Zinssätzen (wie z. B. in Schweizer Franken oder Yen) gewählt werden, aber zu einem höheren Zinssatz als eine gewöhnliche Obligation in der Heimatwährung. Viele dieser Anleihen sind in US-Dollar rückzahlbar, zu einem Zinssatz, der höher ist als der entsprechende Spot Rate zum Datum der Emission, aber niedriger als der Break Even-Satz, der sich aus den Zinssatzdifferenzen zwischen den Währungen ergibt. Dies führt zu niedrigen Kosten für den Emittenten. Die Übersicht 31 gibt einige Varianten von Doppelwährungsanleihen wieder. Die Aufzählung ist nicht abschliessend, da ständig neue Varianten auf den Markt kommen.

Vor- und Nachteile für Emittenten

Durch die Festlegung von Rückzahlungsbedingungen außerhalb der Marktzinssätzen kann der Emittent die Kosten einer Emission senken. Ein langfristiger Forward-Kontrakt und die Währungsoptionen, die implizit im Rückzahlungswert enthalten sind, können an eine Investment Bank verkauft werden, um das Währungsexposure zu eliminieren und die Emissionskosten zu senken. Für die Dauer des Hedge-Vertrages ist der Emittent an das Kreditrating der Gegenparteien gebunden und trägt das Defaultrisiko bzw. das Risiko der Herabstufung des Ratings.

Übersicht 31: Varianten von Doppelwährungsanleihen

Varianten	Beschreibung
Foreign Currency Bond	• Obligationen, deren Coupon in einer anderen Währung bezahlt wird als die Emissionswährung. Der effektiv ausbezahlte Betrag wird durch den Spot Rate am Zahlungsdatum bestimmt und nicht durch einen im Voraus fixierten Satz. Die Rückzahlung erfolgt in der Emissionswährung oder der Couponwährung je nach Präferenz des Investors, aber zum entsprechenden Spot Rate.
Currency-Change Bond	• Der Zins wird einmal in einer bestimmten Währung gezahlt, ein anderes Mal in einer anderen Währung, wobei die Währungen zum Zeitpunkt der Emission festgelegt werden.
Heaven and Hell Bond	• Die Rückzahlung der Obligation ist von der Abweichung des Wechselkurses gegenüber einem im Voraus fixierten Kurs abhängig. Der Wert der Rückzahlung entspricht dem Verkauf eines Calls und dem Kauf eines Puts mit dem gleichen Strike-Preis.
Purgatory and Hell Bond (Capped Heaven and Hell Bond)	• Heaven and Hell-Obligation mit einem Cap auf den Rückzahlungswert.
Reverse Forex linked Bond	• Heaven and Hell-Obligation, welche an den Wechselkurs zum Zeitpunkt der Rückzahlung gebunden ist. Wenn die Basiswährung an Wert gewinnt, nimmt umgekehrt der Rückzahlungswert ab.
Marginal Reverse Forex linked Bond	• Die Rückzahlung erfolgt zu pari, außer die Basiswährung steigt im Wert über einen im Voraus festgelegten Wert.
Index Currency Option Notes (ICON)	• Der Coupon ist in Dollar fixiert und die Rückzahlung erfolgt mindestens zu pari, kann aber steigen in Abhängigkeit vom Wechselkurs zum Zeitpunkt der Rückzahlung. Der Effekt besteht darin, dass der Investor einen höheren als normalen Coupon erhält, indem er einen Call auf eine Währungsoption schreibt.

Während die Bewertung und der im Voraus festgelegte Wechselkurs im Allgemeinen zu niedrigeren Emissionskosten führen, kann es passieren, dass der Wechselkurs den Break Even-Punkt nicht überschreitet, wodurch relativ höhere Kosten entstehen, ausser die Emission ist korrekt gehedged. Es besteht somit keine Garantie für niedrige Emissionskosten bei diesen Konstruktionen.

Aufgrund der komplexen Struktur kann es schwierig sein, die Emission erfolgreich zu platzieren. Deshalb sind Doppelwährungsanleihen mit einem relativ geringen Emissionsbetrag ausgerüstet.

Vor- und Nachteile für Investoren

Doppelwährungsanleihen offerieren dem Investor die Möglichkeit, auf die Entwicklung von Wechselkursen zu spekulieren. Dies ist insbesondere für jene Investoren attraktiv, die keinen Zugang zu den Währungs- oder Derivativemärkten haben oder keine direkten Engagements mit Wechselkurs-Transaktionen machen dürfen. Hohe Coupons sind für diejenigen Investoren attraktiv, die Kapitalgewinne vermeiden wollen aufgrund des Steuergesetzes.

Das Wechselkursrisiko bezüglich der Rückzahlung ist in der Regel so ausgestaltet, dass es den Emittenten bevorteilt. Der Markt kann für solche Instrumente illiquid sein, sodass es für den Investor schwierig werden kann, die Instrumente vor der Rückzahlung zu verkaufen.

11.5 Obligationen mit Währungsoptionen

Die Rückzahlung des Nominalbetrages und die Zinszahlungen einer Obligation mit Wechselkursoptionen erfolgen in einer vertraglich fixierten Währung. Der Emittent hat die Option, am Ende der Laufzeit die Rückzahlung in einer anderen Währung auszuüben. Der Wechselkurs, zu welchem die Option ausgeübt werden kann, wird bei der Emission festgelegt. Die Abbildung 22 verdeutlicht die Cash Flows, insbesondere die Option, die Rückzahlung in einer anderen Währung vorzunehmen, anstatt in der ursprünglichen Währung der Investition und der Couponzahlungen.

Diese Art von Obligationen-Konstrukt wird vor allem für Investitionen in Schuldner-Märkte mit hohem Coupon verwendet, z. B. in lateinamerikanischen und osteuropäischen Staaten, um von den hohen Zinsniveaus zu profitieren und die Rückzahlung in z. B. US-Dollars zu sichern. Der Investor schreibt eine „in-the-money"-Option gegen den Emittenten und erhält dafür einen höheren Coupon als Kompensation des Währungsrisikos. Andererseits lässt sich aus Gründen der Steueroptimierung für Investoren mit hoher Einkommenssteuerbelastung umgekehrt durch Investition in Länder mit historisch niedrigem Zinsniveau ein Kapitalgewinn anstelle von Einkommen generieren, um den Kapitalgewinn durch im Voraus vereinbarten Umtausch wieder in die Ursprungswährung zurückzuholen.[43]

Vor- und Nachteile für Emittenten

Der Emittent kann die Wechselkurs-Option weiterverkaufen und senkt durch den Verkauf einer Long-Position die Gesamtkosten der Emission, ohne ein zusätzliches Risiko einzugehen. Der Nachteil besteht darin, dass bei Nichtausübung der Option höhere Zinskosten

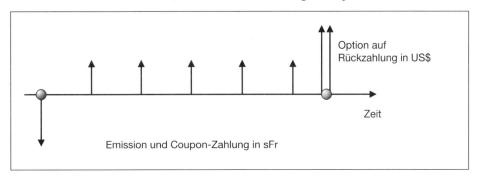

Abbildung 22: Obligationenanleihe mit Währungsoption

---

[43] Die Analyse von Obligationen mit Währungsoptionen auf drei Währungen wurde analysiert in Stulz, R.: „Options on the Minimum or the Maximum of Two Risky Assets: Analysis and Application", 1982.

anfallen als bei einer vergleichbaren Emission ohne Wechselkursoption, d. h. der gesamte Cash Flow erfolgt in der gleichen Währung.

Vor- und Nachteile für Investoren

Der Vorteil liegt in einem Coupon, der höher ist als der einer vergleichbaren gewöhnlichen Obligation. Die Nachteile bestehen darin, dass es nicht sehr liquide Konstrukte sind. Die Bewertung ist nicht immer einfach. Die Wechselkurs-Option kann als standardisiertes Instrument an Börsen oder als OTC-Produkt in der Reel preiswerter direkt gekauft werden. Dies trifft insbesondere für größere Anleihen zu.

11.6 Gemischte Doppelwährungsanleihen

Bei gemischten Doppelwährungsanleihen wird bei Emission die Rückzahlung des Nominals und der Coupons in mehreren Währungen vereinbart. So wird beispielsweise die Rückzahlung in einem bestimmten Verhältnis der Wechselkurse definiert, wodurch auch die Zinszahlungen im gleichen Verhältnis erfolgen. Der Investor investiert in ein Konstrukt, welches aus zwei separaten Anleihen in verschiedenen Währungen besteht, die aber nicht separat gehandelt werden können.

Kleinere Finanzierungsbeträge in verschiedenen Währungen können so kostengünstiger beschafft werden als durch Kreditaufnahme in verschiedenen Währungen.

11.7 Andere Schuldpapiere

11.7.1 Deep Discount-Obligationen

Deep Discount- oder Nullcoupon-Obligationen (auch Zerocoupon-Obligationen genannt) sind so gestaltet, dass sie nur einen sehr geringen oder keinen Coupon aufweisen. Sie werden dementsprechend mit einem sehr starken Discount (daher der Begriff Deep Discount) zu ihrem Nominalwert bewertet. Anstelle einer Zinszahlung erhält der Käufer einer solchen Obligation eine Rendite, die sich aus dem niedrigen Kaufpreis und dem höheren Rückzahlungsbetrag, d. h. dem Kapitalgewinn, ergibt. Bei einer Nullcoupon-Obligation gibt es nur zwei Cash Flows, nämlich die ursprüngliche Investition mit einem sehr hohen Discount zum Nominalwert und den Rückzahlungsbetrag, in der Regel zu pari. Je länger die Obligation läuft, desto stärker wird die Obligation diskontiert und desto niedriger ist der Kaufpreis. Der Wert der Obligation nimmt graduell zu, je näher der Rückzahlungstermin kommt. Mit Zerocoupon-Obligationen ist das Reinvestitionsrisiko eliminiert, denn solange die Obligation bis zur Restlaufzeit gehalten wird, fallen keine Cash Flows an, welche man reinvestieren muss. Dies ist insbesondere attraktiv für Investoren wie z. B. Pensionskassen und Versicherungsgesellschaften, die mit Gewissheit bestimmte Investitionen bzw. Auszahlungen in der Zukunft vornehmen müssen. Ein weiterer Grund ist die von einigen Steuerbehörden bevorzugte Behandlung von Zerocoupon-Obligationen. In einigen Ländern allerdings wird der Discount als zinsadäquater Cash Flow angesehen und am Ende bei der Rückzahlung mit entsprechenden Verrechnungssteuern belegt, z. B. in der Schweiz. Andere Länder wie z. B. Japan versteuern lediglich den Kapitalgewinn zwischen Kauf und Verkauf der Zerocoupon-Obligationen. Da die Kapitalgewinnsteuer sehr niedrig ist, ist diese Investitionsvariante steuerlich sehr attraktiv.

Übersicht 32: Varianten von Deep Discount-Obligationen

Varianten	Beschreibung
Biennal-Obligation	• Ein niedriger Coupon wird alle zwei Jahre bezahlt.
Deferred Coupon-Obligation	• Während der ersten Periode von einigen Jahren werden keine Zinsen bezahlt. Nach Ablauf dieser Periode erfolgt eine Zahlung der aufgelaufenen Zinsen. Diese Obligationen wurden konstruiert, da für einige Investoren Kapitalgewinne steuerfrei sind. Die Zinszahlungen in den ersten Jahren werden eher als Kapitalgewinne betrachtet. Einige Steuerbehörden haben bereits Steuerverordnungen erlassen, welche die Umstrukturierung von Kapitalgewinnen aus aufgelaufenen Zinszahlungen verhindern. Gewisse High Yield-Bonds werden so ausgestaltet, um den Emittenten anfänglich nicht zu stark zu belasten.
Growth and Income Securities (GAINS)	• Es handelt sich um eine Zerocoupon-Obligation, die zu einem bestimmten Zeitpunkt in eine normale Obligation mit fixem Coupon umgewandelt werden kann. Diese Struktur erlaubt dem Emittenten, die Zahlung von Zinsen bis zu einer bestimmte Periode aufzuschieben.
Serial Zerocoupon-Obligation	• Eine Obligation ohne Coupon, die in periodischen Abständen Zahlungen in Form von Anteilen des Rückzahlungsbetrages macht.
Zerocoupon Convertible	• Eine Obligation ohne Coupon, welche bei Restlaufzeit in Aktien des Emittenten umgewandelt werden kann.

Vor- und Nachteile für Emittenten

Der Emittent kann eine Emission herausgeben, ohne sofort über entsprechenden Cash Flow zur Finanzierung der Zinszahlungen verfügen zu müssen. Zusätzlich wird die Administration vereinfacht, da keine Zinszahlungen oder Gebühren für das Syndikat zu verwalten sind. Das Management von Cash Flows und Währungen wird stark vereinfacht. Bei sinkenden Zinssätzen ist der Emittent an die relativ hohen Zinsen der Zerocoupon-Obligation gebunden (weil für Zerobonds die Duration = Restlaufzeit, d. h. maximal ist). Das Einbinden von Optionen würde dem Emittenten erlauben, vorzeitig die Emission zurückzukaufen und eine günstigere Finanzierung zu aktuellen Zinssätzen zu machen.

Vor- und Nachteile für Investoren

Der Investor kennt die Rendite seiner Investition, sofern er die Obligation bis zur Rückzahlung hält. Die Gewissheit der Rendite ist vor allem bei großen Volatilitäten der Zinssätze attraktiv. Bei sinkenden Zinssätzen profitiert ein Investor mittels Zerocoupon-Obligation stärker als bei einer gewöhnlichen Obligation. Umgekehrt verliert die Zerocoupon-Obligation auch mehr an Wert, wenn die Zinsen steigen. Das Kreditrating des Emittenten gilt sowohl für den Wert der Obligation als auch für die aufgelaufenen Zinsen, welche ebenfalls im Rückzahlungsbetrag enthalten sind, deshalb schwankt der Preis einer Zerocoupon-Obligation vergleichsweise stark bei Veränderungen des Status des Kreditratings.

11.7.2 Stripped Treasury Certificates

Die Stripped Treasury Certificates sind eine Art von Zerocoupon-Obligationen, die aber nicht direkt von den Emittenten herausgegeben werden können. Sie werden üblicherweise von Investment Banken konstruiert, die größere Blöcke von langfristigen Obligationen von Staatsinstitutionen (Treasury Stocks) oder Agenten (Agencies) aufkaufen. Von diesen Staatsanleihen werden dann die Coupons und Rückzahlungsbeträge getrennt (Stripping). Zu diesem Zweck werden von rechtlicher Seite spezielle Investitions-Konstrukte (Special Purpose Vehicle, SPV) aufgesetzt, welche dieses Abtrennen vornehmen. Anschließend werden die SPVs durch Zerocoupon-Obligationen refinanziert mit Restlaufzeiten, basierend auf und gesichert durch die Coupons und die Rückzahlungsbeträge der zugrunde liegenden Wertschriften. Es wird eine Serie von Zerocoupon-Obligationen herausgegeben mit einer Bandbreite von Restlaufzeiten, welche mit den Coupons und den effektiven Restlaufzeiten der zugrunde liegenden Restlaufzeiten übereinstimmen. Die Staatsanleihen werden bei einem Global Custodian in Verwahrung gehalten, der die Zinszahlungen der Staatsanleihen entgegennimmt, um jeweils die einzelnen Tranchen der Zerocoupon-Obligationen zurückzuzahlen. Obwohl der Investor keine staatlich garantierten Wertschriften hält, so ist durch den Custodian-Vertrag sichergestellt, dass die Rückzahlung der Instrumente so abgesichert ist, dass das Defaultrisiko minimal gehalten wird. Folgende Gründe sprechen für den Erfolg dieser konstruierten Instrumente, gesichert durch Staatsanleihen:

- Durch den Prozess des Abtrennens werden Instrumente geschaffen, die es vorher nicht gab und die für den Investor sehr attraktiv sind.

- Durch das Abtrennen und die Generierung von neuen zinssensitiven Instrumenten ist es möglich, die gesamte Yield-Kurve mittels einer bestimmten Serie von Stripped Treasury Certificates nachzubilden. Restlaufzeiten, die normalerweise eher wenig liquid sind, können künstlich gebildet werden und es entsteht ein neuer Markt für diese Produkte. Zusätzlich ist es möglich, den Cash aus solchen Instrumenten genau zu berechnen und mit zusätzlichen Forward- oder Derivative-Transaktionen zu sichern, wodurch es für bestimmte Investoren-Gruppen möglich wird, zukünftige Verpflichtungen sicher zu finanzieren und gegen Zinssatzbewegungen abzusichern. Pensionskassen und Versicherungen können ihre Investitionen entsprechend den Yield-Sätzen und Restlaufzeiten genau berechnen.

Vor- und Nachteile für Emittenten

Durch die Generierung neuer Instrumente, die zusätzlich durch Staatspapiere gesichert sind, ergibt sich für Investment Banken und auch für Staatsbanken ein neues Investorenpublikum. Investment Banken geben nicht immer die gesamte Rendite aus abgetrennten Zinszahlungen und Rückzahlungsbeträgen an die Investoren weiter, sondern behalten eine gewisse Marge sowie Kommissionen im Rahmen des Sekundärmarktes für sich. Bei der Konstruktion von Stripped Treasury Certificates kann es vorkommen, dass die Cash Flows von Zinszahlungen für die Stripped Treasury Certificates nicht deckungsgleich sind wie die zugrunde liegenden Staatsanleihen, sodass die Investment Bank ein gutes Cash Management haben muss und eventuell kurzfristige Unter- oder Überdeckungen ausgleichen muss.

Vor- und Nachteile für Investoren

Das gute Kreditrating ist bestens geeignet für langfristig orientierte Investoren, wie z. B. Pensionskassen, um ihre langfristigen Verpflichtungen frühzeitig zu sichern. Stripped Treasury Certificates sind sehr gut geeignet, um die Rendite von langfristigen Papieren zu hedgen. Der Nachteil besteht in der beschränkten Handelbarkeit auf dem Sekundärmarkt, häufig ist der Handel nur über die ursprüngliche Investment Bank möglich.

11.8 Annuitäten Notes

Dieses Instrument ist so strukturiert, dass es einen fixierten Zinsbetrag aufweist, wobei das Produkt so angelegt ist, dass der Cash Flow, welchen der Investor regelmäßig und in gleich bleibender Höhe bis zum Vertragsende erhält, einen ständig abnehmenden Zinsanteil und einen ständig zunehmenden Tilgungsanteil beinhaltet.

Vor- und Nachteile für Emittenten

Der Emittent kann die Rückzahlung über einen größeren Zeithorizont verteilen und diese aus dem laufenden Geschäft finanzieren und muss nicht eine größere Summe auf das Rückzahlungsdatum hin bereitstellen, z. B. durch eine neue Anleihe.

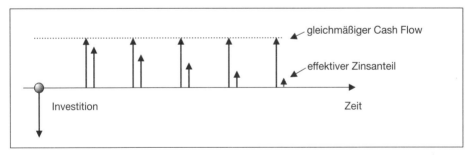

Abbildung 23: Annuitäten Notes mit gleichmäßigem Cash Flow und abnehmendem effektiven Zinsanteil

Vor- und Nachteile für Investoren

Für den Investor entspricht dieses Konstrukt dem einer Obligation mit Sinking Fund-Verpflichtungen. Dadurch, dass er regelmäßig eine Rückzahlung erhält, ist er nicht dem gleichen Zins- und Reinvestitionsrisiko ausgesetzt. Die Duration ist tiefer und dementsprechend ist das Zinsrisiko auch kleiner. Für Institutionen, die gleichmäßige Verpflichtungen aufweisen, wie z. B. Stiftungen, Pensionskassen etc., ist eine Annuitäten-Anleihe mit gleichmäßigen Cash Flows vorteilhaft. Der Nachteil besteht in der mangelnden Liquidität, da das Instrument i. d. R. auf den Kunden maßgeschneidert wurde. Es besteht demzufolge kaum ein Markt.

11.9 Hochverzinsliche Obligationen

Hochverzinsliche Obligationen weisen einen hohen Coupon auf und werden von Emittenten mit geringem (unter Baa) oder gar keinem Kreditrating ausgegeben. Diese Obligationen werden auch als Junk Bonds bezeichnet. Häufig werden solche Emissionen ausgegeben, um Übernahmen von Firmen mittels eines „Leveraged Buy Out" zu finanzieren. Typischerweise wird für eine solche Übernahmetransaktion der positive Cash Flow einer Firma dazu genutzt, um den Zinsendienst einer Emission zu bedienen. In der Regel werden die hochverzinslichen Obligationen als gewöhnliche Obligationen mit fixem Coupon ausgestaltet.

Die Junk Bonds haben vor allem in den USA großen Anklang gefunden und es besteht ein großer Markt für diese Instrumente. In Europa konnten sich die Junk Bonds nicht richtig durchsetzen, nachdem in den USA einige Emissionen platzten und die Kapitalgeber große Verluste erlitten hatten. Grosse Schlagzeilen in der Presse wegen manipulierter Geschäfte führten in Europa zusammen mit der konservativeren Grundeinstellung zu einer schlechten Aufnahme solcher Instrumente.

Vor- und Nachteile für Emittenten

Trotz hohem Coupon, der vom Emittenten wegen der Risikoprämie zu entrichten ist, ist die Obligation häufig günstiger als die Finanzierung über einen Bankkredit, zudem kann der Emittent auf diese Art mehr Geld aufnehmen als er vermutlich von einer Bank als Kredit erhalten würde. Der Coupon mag als hoch erscheinen, aufgrund der zu erwartenden Gewinne aus dem zu finanzierenden Projekt ist diese Art der Finanzierung trotzdem akzeptabel. Durch Einbinden einer Call-Option kann sich der Emittent das Recht ausbedingen, den Emissionsbetrag entsprechend den Finanzierungsbedürfnissen zu restrukturieren.

Der Cash Flow, der zur Finanzierung der Zinszahlungen notwendig ist, könnte im Falle zu geringer Liquidität des Emittenten zu einem Defaultrisiko führen oder den Emittenten zwingen, Vermögen der Firma zu „versilbern", um den Zinsendienst sicherzustellen.

Vor- und Nachteile für Investoren

Der hohe Coupon ist sehr attraktiv für den Investor. Untersuchungen in den USA haben gezeigt, dass der hohe Coupon in einer längerfristigen Betrachtung die Verluste aus nicht-rückzahlbaren Junk Bonds im Durchschnitt mehr als gut macht. Dazu ist allerdings ein breit

142

diversifiziertes Portfolio notwendig. Allerdings muss davon ausgegangen werden, dass es keinen Sinn macht, ein beliebig schlechtes Kreditrating in Kauf zu nehmen.

11.10 Ewige Obligation

Ewige Obligationen sind Obligationen, die emittiert wurden ohne ein bestimmtes Datum für die Rückzahlung. Ewig zahlende Obligationen mit fixen Zinssätzen wurden in der Vergangenheit vor allem von den USA ausgegeben, z. B. die britischen Kriegsobligationen, die aktuellsten Emissionen wurden aber als FRNs formuliert. Ewige FRNs wurden von den Banken emittiert, nachdem viele Zentralbanken diese Instrumente als Eigenmittel-gleichwertige Verwendungszwecke zugelassen haben. Die Bewertung von ewigen Obligationen erfolgt ähnlich den Bewertungen von FRNs mit der Ausnahme, dass die Marge über dem gewählten Vergleichsindex, z. B. LIBOR, nicht periodisch angepasst wird, da die Amortisierung dieser Marge über eine unendliche Zeitperiode erfolgt. Die Übersicht 33 enthält zwei Varianten von ewigen Obligationen, die den FRNs sehr nahe stehen:

Übersicht 33: Varianten von ewigen Obligationen

Variante	Beschreibung
Ewiger FRN mit Put-Option	• Ein ewiger FRN, wobei der Investor eine Put-Option auf Rückzahlung ausüben kann, nachdem eine bestimmte Zeit vergangen ist. Diese Variante ist vor allem in den Vereinigten Staaten verbreitet, nachdem die Steuerbehörde ewige Obligationen ohne Put-Option den Aktien gleichgestellt hat und die Zinszahlung untersagte.
Undated Variable Rate Note	• Eine Emission mit variablem Zinssatz, bei dem keine Restlaufzeit angegeben ist. Absicht ist die Anpassung an die Marktbedingungen an den periodischen Auktionsdaten, um die Instrumente genügend liquide zu halten.

Vor- und Nachteile für Emittenten

Die Aktien-ähnliche Struktur stärkt die Bilanz durch die Erhöhung des Aktien-ähnlichen Kapitals. Gleichzeitig wird die Bilanz nicht durch Rückstellungen für die Rückzahlung der ewigen Obligation bzw. die Cash Flow-Rechnung belastet. Der Verlust des Vertrauens in die ewige Obligation würde die Investoren veranlassen, bei zukünftigen Emissionen des Emittenten einen sehr hohen Coupon zu verlangen, wodurch das Risiko der Refinanzierung stark steigt.

Ewige FRNs zahlen in der Regel eine höhere Marge über dem Vergleichsindex als konventionelle FRNs. Da die Obligation „ewig" läuft, ist der Investor „ewig" an das Kreditrating des Emittenten gebunden. Der Sekundärmarkt für solche Instrumente ist sehr illiquid. Dies hat unter anderem damit zu tun, dass die Bewertung für eine ewige Periode und einer unbekannten Veränderung des Kreditrisikos über eine so lange Zeit sehr schwierig ist. Der Default einer solchen Obligationen-Position kommt dem Konkurs einer Aktiengesellschaft gleich, in der Nachlassreihenfolge erfolgt eine Berücksichtigung erst nach Befriedigung aller anderen Schulden.

11.11 Bunny-Obligation

Eine Bunny-Obligation ist eine Obligation mit fixem Coupon, die es dem Investor erlaubt, die Zinszahlungen in der Form zusätzlicher gleichartiger Oligationen zu beziehen. Diese Obligation verhält sich wie eine Obligation mit einer Option: Steigen die Zinsen, so wird der Investor die Option nicht ausüben und er erhält die Zinsen im üblichen Umfang, fallen hingegen die Zinsen, so verhält sich die Obligation wie eine Nullcoupon-Anleihe. Anstelle des Zinsertrages wählt er dann Kapitalertrag durch Bezug weiterer Obligationen.

Vor- und Nachteile für Emittenten

Der Emittent kann die Emission mit einem niedrigeren Coupon ausrüsten, weil das fehlende Reinvestitionsrisiko für Investoren sehr attraktiv ist. Sofern die Investoren von der Reinvestitionsoption Gebrauch machen, erhält der Emittent zusätzlichen Cash Flow. Entwickeln sich allerdings die Zinsen nach unten, so ist der Emittent mit dem Refinanzierungsproblem zu niedrigeren Zinsen am Markt, aber mit der Auszahlung zum höheren Couponsatz der Obligation konfrontiert.

Vor- und Nachteile für Investoren

Die Option der Reinvestition zu gleichen Couponbedingungen kann vor allem für langfristig orientierte Investoren attraktiv sein, wie z. B. für Pensionskassen, da sie das Risiko der Reinvestition zu niedrigeren Zinsen in der Zukunft ausschalten können und so künftige Verpflichtungen aus dem generierten Cash Flow der Zinsen sicherstellen können. Steigen allerdings die Zinssätze, so fällt der Wert der Bunny-Obligaton stärker als bei einer normalen Obligation mit fixem Coupon, da der Warrant keinen Wert mehr hat (die Option ist „out of the money") und der Investor nicht entschädigt wird für den niedrigeren Coupon.

11.12 Flip Flop Notes

Eine Flip Flop-Obligation ist eine Obligation, die es dem Investor erlaubt, in eine andere Form eines Schuldpapiers zu wechseln und vor dem Ablauf der Restlaufzeit wieder in die ursprüngliche Obligation zu tauschen. Die Option kann sowohl die Restlaufzeit wie auch das Zinszahlungsprofil neu regeln. Beispielsweise kann der Investor aus einem FRN-Papier in eine Obligation mit fixem Coupon wechseln und zu einem späteren Zeitpunkt wieder in die ursprüngliche FRN-Position zurückkehren. Andere Varianten ergeben sich mit sogenannten ewigen Obligationen, Geldmarktpapieren etc. Diese Form des Schuldpapiers ist besonders geeignet, wenn der Investor bezüglich der Zinssatz-Enwicklung bestimmte Erwartungen hat und die Veränderung der Yield-Kurve ausschöpfen will.

Vor- und Nachteile für Emittenten

Die Option ist für den Emittenten vor allem dann interessant, wenn die Investoren niedrigere Couponsätze wünschen und demzufolge dem Emittenten niedrigere Kosten entstehen. Andererseits ist der Emittent im Ungewissen über die von den Investoren gewünschten Restlaufzeiten und Zinssätze.

Vor- und Nachteile für Investoren

Die Option zum Wechsel bezüglich der Restlaufzeit und der Verzinsung erlaubt es dem Investor, Zinssatz-Bewegungen am Markt effizient mitzumachen bzw. darauf zu reagieren.

11.13 Obligation mit Obligationen-Warrant

Es handelt sich um eine Obligation, die mit einem angehängten Warrant emittiert wird, der zum Bezug von weiteren Obligationen der gleichen Emission oder einer neuen Emission berechtigt. Üblicherweise kann der Warrant nach einer Zeit von frühestens einem Jahr ausgeübt werden.

Obligationen mit angehängtem Warrant sind üblicherweise in Form einer Obligation mit fixem Coupon und einem sofort separat handelbaren Warrant gestaltet. Es wurden allerdings auch schon FRNs mit sofort separat handelbaren Warrants ausgegeben. Üblicherweise berechtigt der Obligationen-Warrant zum Bezug von weiteren Obligationen mit einem niedrigeren Coupon als die ursprüngliche Emission. Um die Gesamtsumme der potenziell ausstehenden Obligationen-Emission zu limitieren, sind die Warrants entweder mit einem Call auf einen entsprechenden Betrag der existierenden Emission ausgerüstet (harmlose Warrant-Variante) oder aber nur auf neue Obligationen zum Zeitpunkt der Rückzahlung der bestehenden Anleihe (Hochzeits-Warrant). Dadurch entsteht keine Erhöhung der ausstehenden Gesamtsumme nach erfolgter Umwandlung der Warrants.

Vor- und Nachteile für Emittenten

Der Warrant stellt einen zusätzlichen Wert für den Investor dar, wodurch die Emissionskosten gesenkt werden können, insbesondere aufgrund des niedrigeren Coupons der nachfolgenden Emission. Die Prämie für den Warrant wird beim Bezug der Obligation zum Emissionszeitpunkt fällig und nicht erst bei der Ausübung des Warrants. Der Emittent kann in kurzer Zeitspanne mit einer größeren Verschuldung konfrontiert werden, falls viele Anleger den Warrant ausüben. Die Prämie aus dem Warrant kann geringer sein als die zusätzlichen Kosten aus den Obligationen, sofern die Zinsen stärker fallen als erwartet.

Vor- und Nachteile für Investoren

Der Warrant bedeutet für den Investor einen erheblichen zusätzlichen Leverage, denn mit einem anfänglich geringen Investment kann bei vorteilhafter Zinsentwicklung der Warrant ausgeübt werden und somit das Gesamtexposure im Obligationenmarkt stark erhöht werden. Der Warrant kann wertlos verfallen, wenn die Zinsen sich nicht entsprechend entwickeln. Bei einem Hochzeits-Warrant kann die Umwandlung zu einer Obligation mit niedrigerem Coupon führen und somit zu einem Ausfall von Zinseinnahmen. Andererseits kann dies steuerlich günstiger sein, je nach Ausgestaltung der Kapital- und Einkommensbesteuerung.

Zusammenfassung

Dieser Abschnitt geht auf einzelne Verschuldungspapiere ein und beschreibt die Eigenschaften, Vor- und Nachteile für die Emittenten und Investoren. Deutlich wird die Vielfalt der Instrumente gezeigt und welche Einsatzmöglichkeiten sich bieten. Es wird beschrieben, welchen Wandel die zinssensitiven Instrumente vom einfachen, coupontragenden Instrument bis zu komplexen Konstruktionen durchlaufen haben.

12. Analyse von Obligationen mit Optionen

Bisher wurden die Bewertung, Risikoeigenschaften und Renditeberechnung von Obligationen und Optionen getrennt behandelt. In diesem Abschnitt wird die Analyse von Obligationen mit Optionen beschrieben. Es wird das Verhalten von diesen erweiterten Obligationen dargestellt bezüglich der Risikoeigenschaften, Bewertung und Einflussfaktoren, die das Verhalten dieser Obligationen maßgeblich beeinflussen.

Die häufigsten Obligationen mit Optionen sind sogenannte Callable Bonds, d. h. Obligationen mit Kündigung oder Optionsanleihen. Andere Obligationen wie hypothekargesicherte Obligationen werden hier nicht behandelt. In die Kategorie der Obligationen mit Optionen fallen auch die Convertibles (Wandelanleihen). Diesen Wertschriften ist ein eigener Abschnitt gewidmet.

12.1 Kündbare Obligationen

12.1.1 Investitions-Charakteristika und Bewertung von Call-Optionen

Der Käufer einer kündbaren Obligation kauft ein Instrument, das es dem Emittenten ermöglicht, die Obligationenanleihe vor der Restlaufzeit zurückzukaufen. Dies wird vor allem dann der Fall sein, wenn die Marktzinsen niedriger sind als der Coupon der Anleihe, der Emittent kann sich am Markt günstiger refinanzieren. Für den Investor besteht dann umgekehrt das Problem der teureren Reinvestition am Markt, da er nach der Kündigung eine niedrigere Rendite erhält. Zudem steigt der Wert einer kündbaren Obligation bei sinkenden Zinsen weniger als bei einer vergleichbaren nichtkündbaren Obligation. Der Wert der kündbaren Obligation wird weniger schnell im Wert steigen und in der Nähe des kündbaren Wertes verharren, im Gegensatz zu einer nicht-kündbaren Obligation, die bei sinkenden Zinsen weiter steigt. Diese Eigenschaft von kündbaren Obligationen wird als Preiskompression bezeichnet. Auf die genaue Beschreibung wird später eingegangen. Weshalb kauft ein Investor nun eine Obligation, die offenbar ein limitiertes Potenzial nach oben aufweist? Der Investor wird nur bereit sein, in eine solche Obligation zu investieren, wenn die Preiskompression mit einem entsprechenden Preisaufschlag vergütet wird und dadurch die Investition interessant wird.

Bei der Bewertung einer kündbaren Obligation werden in der Praxis zwei Yield-Zahlen berechnet: Yield to Call und Yield to Maturity. Mit der ersten Kennzahl wird die Renditeberechnung auf den ersten Kündigungstermin bzw. auf den nächstfolgenden Kündigungstermin durchgeführt. Es werden dabei alle Cash Flows in Form von Zinszahlungen und die Rückzahlung am ersten Kündigungsdatum bzw. den nächstfolgenden Kündigungsdaten errechnet. Dies kann dazu führen, dass eine Obligation mehrere Kündigungstermine und dementsprechend mehrere Yield to Calls aufweist. Hat man nun eine Obligation mit mehreren Yield to Call-Berechnungen, so bezeichnet man die niedrigste Yield to Call-Kennzahl als Yield to Worst, weil sie diejenige Rendite kennzeichnet, welche die schlechteste aller

Kündigungstermine darstellt. Diese Analyse erlaubt einen relativen Vergleich mehrerer Kündigungstermine und der entsprechenden Restlaufzeiten. Diese Renditezahlen werden mit dem Forward-Satz für die entsprechenden Laufzeiten verglichen und müssen eine angemessene Risikoprämie über dem Forward-Satz aufweisen, um für den Investor überhaupt interessant zu sein. Sollte die Yield to Call unter dem entsprechenden Forward-Satz liegen, kann der Investor direkt ein Forward-Geschäft abschließen und erhält dadurch eine höhere Rendite. Dieser traditionelle Ansatz, der auf dem relativen Vergleich der Yield to Call-Zahlen beruht, basiert auf der wichtigen Annahme: Die Yield to Call-Kennzahl beruht auf dem Ansatz, dass die Cash Flows der Obligation (wie bei der Yield to Maturity-Kennzahl) zum berechneten Yield bis zum angenommenen Rückruf-Datum reinvestiert werden und die Obligation vom Emittenten am Call-Datum auch zurückgerufen wird.[44]

12.1.2 Preis- und Rendite-Charakteristika von Callable-Obligationen

Eine Callable-Obligation weist im Gegensatz zur normalen Obligation nicht nur eine konvexe, sondern gleichzeitig auch eine konkave Form auf. Diese „Anomalie" hat mit dem Verhalten von Callable-Obligationen und dem Yield von vergleichbaren normalen Obligationen zu tun. Wenn die Markt-Yield für vergleichbare Obligationen höher liegt als der Coupon der Callable-Obligation, so ist es für den Emittenten unattraktiv, die Anleihe zurückzurufen und sich am Markt zu höheren Kosten zu refinanzieren. Solange die Callable-Obligation nicht zurückgerufen wird, haben die beiden Obligationen einen ähnlichen Verlauf der Kurve.

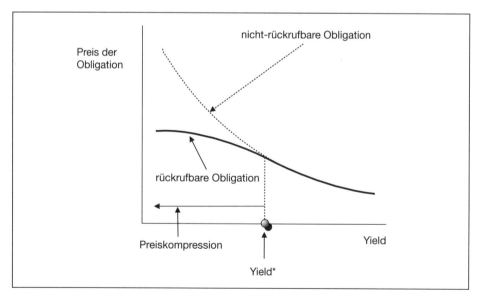

Abbildung 24: Preis/Yield-Verhalten einer rückrufbaren Obligation

---

[44] Für eine vertiefte Darstellung siehe Homer, Sidney/Leibowitz, Martin L.: „Inside the Yield Book", 1972, Kap. 4 und 14.

Mit sinkenden Marktzinsen steigt die Wahrscheinlichkeit, dass ein zusätzliches Sinken der Zinsen der Anleihe den Emittenten dazu veranlasst, die Anleihe vorzeitig zu künden und abzurufen. Die Grenze, ab wann es für den Emittenten attraktiv ist, die Anleihe zurückzurufen, kann nicht exakt definiert werden. Die Yield* kennzeichnet vielmehr den Yield-Bereich, ab welchem die Investoren davon ausgehen, dass eine Kündigung immer wahrscheinlicher wird und sie deshalb nicht bereit sind, den vollen Preis zu zahlen, sondern eine Risikoprämie in ihre Berechnung mitberücksichtigen. Die Abbildung 24 zeigt, wie mit sinkender Yield die Preise einer normalen und einer Callable Obligation voneinander abweichen. Links von der Yield* erfolgt eine Preiskompression, die umso stärker ausfällt, je tiefer die Zinsen sinken bzw. von erwarteten sinkenden Zinsen ausgegangen wird. Die Preis/Yield-Beziehung ist unterhalb von der Yield* konkav, ein Sinken der Zinsen führt zu immer kleineren Zunahmen des Preises im Gegensatz zur normalen Obligation, bei der aufgrund der konvexen Form der Preiszuwachs immer größer wird. Die Bewertung einer Callable-Obligation muss deshalb die Preisunterschiede im Bereich der Preiskompression analysieren, denn über diese Differenz, die als Option dargestellt werden kann, lässt sich eine Callable-Obligation bewerten.[45] Die Zerlegung der Callable-Obligation in ihre Komponenten erlaubt die Analyse der Performance im Laufe der Zeit.

12.1.3 Komponenten einer Callable-Obligation

Die Bewertung von Callable-Obligationen erfolgt durch Aufteilung der Obligation in ihre Komponenten und der individuellen Bewertung der einzelnen Komponenten. Die vom Emittenten ausgegebene Callable-Obligation besteht aus dem Verkauf einer normalen Obligation sowie einer Call-Option auf die normale Obligation. Mit der Option erhält der Emittent das Recht, die Emission von dem Zeitpunkt an zurückzukaufen, an dem die Option erstmals fällig wird.

Der Investor geht insgesamt zwei verschiedene Verträge ein. Mit dem ersten erhält er das Recht auf Zinsen zu bestimmten Zeitpunkten und die Rückzahlung zur Restlaufzeit. Dafür zahlt er einen bestimmten Preis. Gleichzeitig hat der Investor aus einem zweiten Vertrag die Pflicht (Short Call), die Obligation vor dem Rückzahlungstermin zu einem bestimmten Zeitpunkt dem Emittenten zu einem fixierten Preis zurückzugeben.

Die rückrufbare Obligation setzt sich aus zwei Komponenten zusammen:

Investition in eine rück-rufbare Obligation	=	Investition in eine nicht rückrufbare Obligation	+	Verkauf einer Call-Option

Der Wert einer rückrufbaren Obligation setzt sich demzufolge aus den Komponenten zusammen:

Preis einer rückrufbaren Obligation	=	Preis einer nicht rückrufbaren Obligation	–	Preis der Call-Option

---

[45] Vgl. auch Schaefer, S. M./Schwartz, E.: „Time-Dependent Variance and the Pricing of Option", 1987, S. 1113–1128 oder Ho, T.S.Y/Lee, S.: „Term Structure Movements and Pricing Interest Rate Contingent Claims", 1988, S. 1011–1029.

Aus der vorangegangenen Darstellung ist ersichtlich, dass der Preis der Call-Option abgezogen werden muss. Der Preis der Call-Option entspricht der Differenz der beiden Kurven in Abbildung 24.

Bei einer Putable-Obligation ergeben sich umgekehrte Überlegungen. Der Investor hat das Recht, die Obligation zu einem bestimmten Zeitpunkt zu einem fixierten Preis an den Emittenten zurückzugeben. Die Herleitung ergibt sich ähnlich wie die einer Callable-Obligation, aber mit umgekehrtem Vorzeichen.

12.2 Optionsanleihen

12.2.1 Definition

Die Optionsanleihe ist eine Anleihe mit Zusatzrechten. Bei Emission der Anleihe ist eine Option Bestandteil des Anleihe-Titels, die das Recht beinhaltet, eine im Voraus bestimmte Wertschrift oder andere Finanzwerte während einer bestimmten Frist zu einem im Voraus festgelegten Preis zu kaufen. Nach der Emission kann die Option von der Anleihe getrennt werden und als rechtlich eigenständiges Wertpapier gehandelt werden. Da diese Call-Option (auch als Warrant bezeichnet) einen bestimmten Wert aufweist, haben Optionsanleihen einen niedrigeren Anleihewert bzw. einen niedrigeren Coupon gegenüber einer vergleichbaren Obligationen-Anleihe mit gleichen Charakteristika, aber ohne die dazugehörende Option. Die Obligation kann verschiedene Kursnotierungen aufweisen:

- Obligation mit (cum) Option,
- Obligation ohne (ex) Option,
- Notierung lediglich des Optionsscheines.

Der Obligationenwert „cum" ergibt sich aus der Anleihe plus dem Wert des Optionsscheins. Der Obligationenwert „ex" ergibt sich aus den Grundsätzen der Bewertung einer normalen Obligation (straight bond; vgl. Abschnitt 2).

12.2.2 Charakteristika des Optionsscheines

Die Bewertung des Optionsscheines erfolgt wie die bei einer Option. Dazu sind die folgenden Angaben notwendig, um den Optionsschein bewerten zu können:

- Ausübungspreis,
- Ausübungsdatum, Ausübungsfrist,
- Bezugsverhältnis,
- Ausübungsbedingungen.

Mit dem Ausübungspreis wird festgelegt, zu welchem Preis die Aktien bzw. Finanzwerte bezogen werden können. Normalerweise ist die Ausübung erst ab einem bestimmten Ausübungsdatum, der Bezug häufig nur während einer bestimmten Ausübungsfrist möglich. Es wird zwischen europäischen und amerikanischen Optionen unterschieden.

Optionsscheine bzw. Warrants können auf alle möglichen Finanzwerte ausgestellt werden, nicht nur auf Aktien des Emittenten der Obligationen-Anleihe. So werden häufig Gold-, Öl- oder Rohstoff-Warrants ausgegeben, um einer Obligation einen zusätzlichen Kaufanreiz zu geben.

Die Optionsanleihe beinhaltet das Recht, aber nicht die Pflicht zum Bezug der Aktie. Da häufig eine Barabgeltung anstelle der physischen Lieferung erfolgt – nicht zuletzt deshalb, weil sich bei der Berechnung der physischen Lieferungen ungerade Anteile ergeben, die entweder gerundet oder durch Ausgleichszahlung abgegolten werden – ziehen viele Portfolio-Manager häufig direkt eine Cash-Zahlung vor.

12.2.3 Problem der Verwässerung

Gibt eine Gesellschaft eine Optionsanleihe heraus, deren Warrant zum Bezug der eigenen Aktie der Gesellschaft berechtigt, so ergibt sich das Problem der Verwässerung. Die Emission einer Optionsanleihe stellt deshalb eine bedingte Kapitalerhöhung der emittierenden Gesellschaft dar. Bedingt deshalb, weil es auf die effektive Ausübung des Warrants ankommt. Sind die Marktbedingungen ungünstig, so werden die Investoren die Option nicht realisieren und die Gesellschaft muss das Aktienkapital nicht erhöhen. Werden dagegen die Optionsrechte ausgeübt, so fließen der Gesellschaft Mittel in Form von Cash zu, die sie mit der Ausgabe von Aktien entgelten muss.[46] Die Anzahl der sich in Umlauf befindenden Aktien nimmt zu, sodass sich der Wert der Unternehmung bzw. des Eigenkapitals auf mehr Aktien verteilt als vor der Ausübung der Optionsrechte. Wird dabei der Wert pro Aktie verringert, so spricht man von einer Verwässerung. Dieser Aspekt „Wertänderung" ist vor allem für die „alten" Aktionäre von Bedeutung, da deren Gegenwert durch die Optionsrechte gesenkt wird. Bei Firmen mit vielen ausstehenden Optionsanleihen ist das Problem der Verwässerung besonders aktuell. Da solche Optionsanleihen häufig über mehrere Jahre verteilt sind, ergibt sich zusätzlich noch das Problem der Dividendenzahlung, weil mit jeder Neuausgabe von Aktien ein Dividendenabschlag berücksichtigt werden muss, der die niedrigere Rendite berücksichtigt. Die Gewinnverwässerung wäre nur dann nicht möglich, wenn in der Zeitperiode der Aktienkapitalerhöhung ein entsprechend proportionaler Gewinnanstieg vorhanden ist. Bei der Bewertung von Optionen und auch der Warrants ist deshalb die Verwendung des Black-Scholes-Modells nur mit Vorsicht anzuwenden, da die ursprüngliche Black-Scholes-Formel die Dividendenabschläge nicht berücksichtigt.

Wird der Warrant nicht von der Gesellschaft des dem Warrant zugrunde liegenden Papiers herausgegeben, sondern z. B. von einer Investmentbank wie Goldman, Sachs & Co. oder Credit Suisse First Boston, so ist damit keine Kapitalerhöhung verbunden. Der Emittent des Warrants muss sich bei Ausübung des Optionsscheines am Markt mit Aktien oder anderen Finanzwerten eindecken bzw. bereits bei der Emission des Warrants (als Delta-Hedge). Dies entspricht der Schaffung einer Call-Option, deren Ausübung keinen direkten Einfluss auf die Gesellschaft hat, d. h. es fließen ihr keine zusätzlichen Mittel zu und es muss auch keine

---

[46] Bei einer Call-Option hingegen ist dies nicht notwendigerweise der Fall, denn eine Call-Option kann zwischen beliebigen Vertragspartnern gestaltet werden, z. B. als OTC-Option oder standardisiert als börsengehandelte Option, z. B. an der SOFFEX.

Aktienkapitalerhöhung durchgeführt werden. In den folgenden Ausführungen gehen wir davon aus, dass die Optionsscheine nur auf Aktien ausgestellt sind.

12.2.4 Bewertung des Optionsscheines

Die Bewertung des Optionsscheines hängt grundsätzlich von den gleichen Faktoren wie bei einer normalen Call-Option ab. Wie die Übersicht 34 verdeutlicht, können die Einflussfaktoren auf die beiden Bewertungskomponenten der Option aufgeteilt und ihr Einfluss dargestellt werden.

Übersicht 34: Einflussfaktoren und Wirkung auf die Option

Einflussfaktor	Wirkung
Aktienkurs, aktueller	positiv
Ausübungspreis	negativ
Dividende	negativ
Laufzeit	positiv
Volatilität, implizite	positiv
Zinssatz, risikofreier	positiv

Der aktuelle Aktienkurs, der Ausübungspreis und die Dividende üben einen direkten Einfluss auf den intrinsischen Wert der Option aus. Die Länge der Laufzeit, die implizite Volatilität sowie der risikofreie Zinssatz beeinflussen direkt den Zeitwert der Option.

Je länger die *Restlaufzeit*, desto größer ist die Wahrscheinlichkeit auf höheren Gewinn, was sich ceteris paribus positiv auf den Wert der Option auswirkt. Je kürzer die Restlaufzeit der Option ist, desto mehr tendiert der Zeitwert zu Null hin. Je höher die *implizite Volatilität* ist, desto höher wird das mit der Option verbundene Risiko bewertet. Dementsprechend nimmt der Zeitwert der Option mit steigender Volatilität zu. *Dividendenzahlungen* während der Laufzeit der Option wirken sich auf den Optionswert negativ aus, weil eine höhere Dividende zu einer Verminderung des Aktienwertes führt und deshalb mit einem Abschlag bei der Bewertung berücksichtigt werden muss. Der risikofreie Zinssatz wirkt sich auf den Optionswert positiv aus, denn je höher der Zinssatz ist, desto höher wird das am Geldmarkt investierte Kapital verzinst. Da mittels Warrants und des damit verbundenen Hebels (Leverage) nur ein Teil des gesamten Kapitals investiert werden muss, um die gleiche Exposure in eine bestimmten Aktie zu erhalten, kann der nicht direkt investierte Anteil im Geldmarkt zinsbringend angelegt werden.

12.3 Optionen-adjustierte Spreads

Bei vorzeitig rückrufbaren Obligationen wurden in den bisherigen Überlegungen die zukünftigen Zinssatzschwankungen nicht berücksichtigt, die den Cash Flow der Obligation beeinflussen. Der Emittent einer vorzeitig rückrufbaren Obligation wird die Emission bei geringen Zinssatzschwankungen nach unten nicht zurückrufen, da dies mit Kosten verbun-

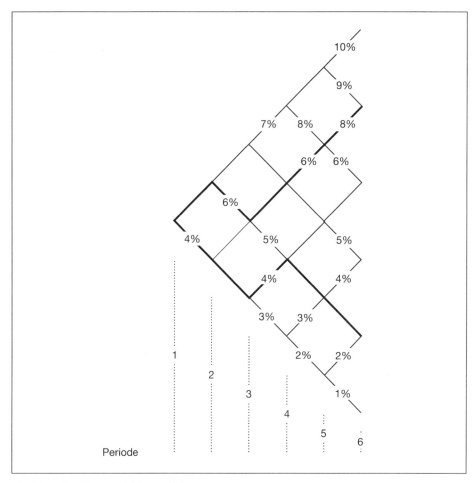

Abbildung 25: Zinsentwicklungspfade

den ist. Die Wahrscheinlichkeit eines Rückrufs steigt aber mit sinkenden Zinsen. Ruft nun der Emittent die Emission zurück, so verändert sich die Struktur des Cash Flows für den Investor, der nun vorzeitig seine Investition zurückerhält und sich um die Reinvestition kümmern muss. Zusätzlich spielen folgende Kriterien eine Rolle:

- Rückzahlungspreis (in der Regel 100 %, sofern als normale Obligation emittiert; als Nullcouponanleihe herausgegeben ein entsprechend niedrigerer (diskontierter) Rückzahlungsbetrag,
- Kosten im Rahmen des Rückrufs und der Neuemission,
- verbleibende Restlaufzeit bis zur Endfälligkeit,
- alternative Möglichkeiten der Kreditaufnahme am Markt, beispielsweise Convertibles oder Optionsanleihen.

Wie bereits erwähnt, steht der Emittent vor dem Problem der Refinanzierung bzw. ob und wie er Zinsschwankungen berücksichtigen soll. Dies hängt davon ab, wie die Zinsen während der Restlaufzeit schwanken. Aus der Übersicht 35 ist ersichtlich, dass vom bestehenden Zinssatzniveau aus die zukünftigen Entwicklungen (Forward-Sätze) jeweils verschiedene Richtungen annehmen können. Es werden lediglich 10 Pfade für die Zinsentwicklungen gezeigt. In Wirklichkeit sind eine unendliche Anzahl Pfade möglich. Für jeden Schritt kann nun der Cash Flow berechnet werden.

Übersicht 35: Verschiedene Entwicklungspfade mit Forward-Sätzen (in %)

t	1	2	3	4	5	6	7	8	9	10
1	4,50	4,50	4,50	4,50	4,50	4,50	4,5	4,50	4,50	4,50
2	4,60	4,72	4,60	4,27	4,75	4,22	4,70	4,82	5,27	4,92
3	4,70	4,76	4,52	4,02	4,54	4,54	4,53	4,73	5,18	5,21
4	4,80	4,54	4,42	4,23	4,69	4,63	4,33	4,62	5,64	5,16
5	4,90	4,49	4,39	4,10	4,35	4,11	4,29	4,67	5,49	4,99
6	5,00	4,66	4,47	4,00	4,47	4,54	4,44	4,93	5,40	5,08
7	5,10	4,88	4,57	4,21	4,33	4,61	4,64	5,26	5,93	5,52
8	5,20	4,96	4,61	4,14	4,59	4,19	4,72	5,44	5,89	5,54
9	5,30	4,82	4,55	3,99	4,57	4,51	4,59	5,40	5,70	5,25
10	5,40	4,59	4,44	4,19	4,63	4,54	4,38	5,27	6,21	5,18
11	5,50	4,49	4,39	4,17	4,48	4,32	4,28	5,26	6,29	5,04
12	5,60	4,60	4,44	3,98	4,38	4,44	4,38	5,47	6,03	5,00
13	5,70	4,83	4,55	4,16	4,41	4,48	4,59	5,80	6,48	5,41
14	5,80	4,96	4,61	4,20	4,45	4,46	4,72	6,04	6,68	5,60
15	5,90	4,88	4,57	3,99	4,66	4,33	4,64	6,06	6,37	5,32
16	6,00	4,66	4,47	4,12	4,54	4,46	4,44	5,93	6,74	5,19
17	6,10	4,49	4,39	4,22	4,61	4,58	4,29	5,87	7,05	5,10
18	6,20	4,54	4,42	4,01	4,31	4,22	4,33	6,02	6,74	4,96
19	6,30	4,76	4,52	4,09	4,49	4,47	4,53	6,34	7,00	5,27
20	6,40	4,94	4,60	4,23	4,34	4,66	4,70	6,62	7,41	5,61

Bei der Refinanzierung orientiert sich der Investor nicht an den kurzfristigen Sätzen, sondern am langen Ende, das die längerfristige Bindung und damit auch die Risikoprämie über einen längeren Zeithorizont reflektieren muss.

Beispiel: Zur Vereinfachung unterstellen wir, dass die längerfristigen Zinssätze 0,5 % höher sind als die Forward-Sätze (siehe Übersicht 36). Zusätzlich muss eine Regel (Rückrufregel oder Recall-Option genannt) festgelegt werden, nach welcher die Obligation zurückgerufen wird oder nicht. Häufig besteht die Regel aus einem Zinssatz für das Refinanzierungslimit von z. B. 5 % sowie einer Mindestrestlaufzeit, während der kein Rückruf möglich ist, in diesem Falle 2 Jahre. In diesem Beispiel wird eine Obligation mit einem Coupon von 5,125 %, 10 Jahren Restlaufzeit sowie einem Ausübungspreis von 105 % auf Einhaltung der Recall-Option analysiert. Aus der Übersicht 37 ist ersichtlich, dass bei einem vorzeitigen Rückruf der Zins plus Rückrufpreis fällig wird (107,6), sofern die Obligation normal ausläuft aber lediglich der Zins plus Rückzahlungsbetrag (102,6).

Übersicht 36: Refinanzierungspfade basierend auf Forward-Sätzen und 0,5 % Shifts

t	1	2	3	4	5	6	7	8	9	10
1	5,0	5,0	5,0	5,0	5,0	5,0	5,0	5,0	5,0	5,0
2	5,1	5,2	5,1	4,8	5,3	4,7	5,2	5,3	5,8	5,4
3	5,2	5,3	5,0	4,5	5,0	5,0	5,0	5,2	5,7	5,7
4	5,3	5,0	4,9	4,7	5,2	5,1	4,8	5,1	6,1	5,7
5	5,4	5,0	4,9	4,6	4,9	4,6	4,8	5,2	6,0	5,5
6	5,5	5,2	5,0	4,5	5,0	5,0	4,9	5,4	5,9	5,6
7	5,6	5,4	5,1	4,7	4,8	5,1	5,1	5,8	6,4	6,0
8	5,7	5,5	5,1	4,6	5,1	4,7	5,2	5,9	6,4	6,0
9	5,8	5,3	5,0	4,5	5,1	5,0	5,1	5,9	6,2	5,7
10	5,9	5,1	4,9	4,7	5,1	5,0	4,9	5,8	6,7	5,7
11	6,0	5,0	4,9	4,7	5,0	4,8	4,8	5,8	6,8	5,5
12	6,1	5,1	4,9	4,5	4,9	4,9	4,9	6,0	6,5	5,5
13	6,2	5,3	5,0	4,7	4,9	5,0	5,1	6,3	7,0	5,9
14	6,3	5,5	5,1	4,7	4,9	5,0	5,2	6,5	7,2	6,1
15	6,4	5,4	5,1	4,5	5,2	4,8	5,1	6,6	6,9	5,8
16	6,5	5,2	5,0	4,6	5,0	5,0	4,9	6,4	7,2	5,7
17	6,6	5,0	4,9	4,7	5,1	5,1	4,8	6,4	7,6	5,6
18	6,7	5,0	4,9	4,5	4,8	4,7	4,8	6,5	7,2	5,5
19	6,8	5,3	5,0	4,6	5,0	5,0	5,0	6,8	7,5	5,8
20	6,9	5,4	5,1	4,7	4,8	5,2	5,2	7,1	7,9	6,1

Übersicht 37: Cash Flow für Refinanzierungspfade und Anwendung der Recall-Option

t	1	2	3	4	5	6	7	8	9	10
1	2,6	2,6	2,6	2,6	2,6	2,6	2,6	2,6	2,6	2,6
2	2,6	2,6	2,6	2,6	2,6	2,6	2,6	2,6	2,6	2,6
3	2,6	2,6	2,6	2,6	2,6	2,6	2,6	2,6	2,6	2,6
4	2,6	2,6	2,6	2,6	2,6	2,6	2,6	2,6	2,6	2,6
5	2,6	2,6	2,6	2,6	2,6	2,6	2,6	2,6	2,6	2,6
6	2,6	2,6	2,6	2,6	2,6	2,6	2,6	2,6	2,6	2,6
7	2,6	2,6	2,6	2,6	2,6	2,6	2,6	2,6	2,6	2,6
8	2,6	2,6	2,6	107,6	2,6	107,6	2,6	2,6	2,6	2,6
9	2,6	2,6	2,6		2,6		2,6	2,6	2,6	2,6
10	2,6	2,6	107,6		2,6		107,6	2,6	2,6	2,6
11	2,6	107,6			107,6			2,6	2,6	2,6
12	2,6							2,6	2,6	2,6
13	2,6							2,6	2,6	2,6
14	2,6							2,6	2,6	2,6
15	2,6							2,6	2,6	2,6
16	2,6							2,6	2,6	2,6
17	2,6							2,6	2,6	2,6
18	2,6							2,6	2,6	2,6
19	2,6							2,6	2,6	2,6
20	102,6							102,6	102,6	102,6

Die Regel für die Pfade 2, 3, 4, 5, 6 und 7 kommt zum Tragen und die Obligation wird zurückgerufen. Nach dem Rückruf gibt es keine Cash Flows mehr. Betrachtet man nun die Übersicht 37 erneut, so verdeutlichen die nach rechts offenen Entwicklungspfade die unbeschränkte Anzahl von möglichen Entwicklungspfaden. Die Summe aller Entscheidungsmöglichkeiten beeinflusst die Preisbildung. Man berechnet dazu für jeden Pfad den Cash Flow, unter Berücksichtigung eines Diskontierungssatzes und eines zusätzlichen Spreads. Die Forward-Sätze können aus den Spot-Sätzen berechnet werden, umgekehrt können auch die Spot-Sätze aus den Forward-Sätzen hergeleitet werden. Die Übersicht 38 zeigt die Spot-Rates, die aus den Forward-Sätzen hergeleitet wurden.

Übersicht 38: Spot-Rates, abgeleitet aus 6-Monats-Forward-Sätzen

t	1	2	3	4	5	6	7	8	9	10
1	4,50	4,50	4,50	4,50	4,50	4,50	4,50	4,50	4,50	4,50
2	4,55	4,61	4,55	4,38	4,63	4,36	4,60	4,66	4,88	4,71
3	4,60	4,66	4,54	4,26	4,60	4,42	4,58	4,68	4,98	4,88
4	4,65	4,63	4,51	4,25	4,62	4,47	4,52	4,67	5,15	4,95
5	4,70	4,60	4,49	4,22	4,57	4,40	4,47	4,67	5,22	4,96
6	4,75	4,61	4,48	4,19	4,55	4,42	4,47	4,71	5,25	4,98
7	4,80	4,65	4,50	4,19	4,52	4,45	4,49	4,79	5,34	5,05
8	4,85	4,69	4,51	4,18	4,53	4,42	4,52	4,87	5,41	5,11
9	4,90	4,70	4,51	4,16	4,53	4,43	4,53	4,93	5,45	5,13
10	4,95	4,69	4,51	4,16	4,54	4,44	4,51	4,96	5,52	5,13
11	5,00	4,67	4,50	4,16	4,54	4,43	4,49	4,99	5,59	5,13
12	5,05	4,67	4,49	4,15	4,52	4,43	4,48	5,03	5,63	5,12
13	5,10	4,68	4,50	4,15	4,52	4,43	4,49	5,09	5,69	5,14
14	5,15	4,70	4,50	4,15	4,51	4,43	4,51	5,16	5,76	5,17
15	5,20	4,71	4,51	4,14	4,52	4,43	4,52	5,22	5,80	5,18
16	5,25	4,71	4,51	4,14	4,52	4,43	4,51	5,26	5,86	5,18
17	5,30	4,70	4,50	4,15	4,53	4,44	4,50	5,30	5,93	5,18
18	5,35	4,69	4,49	4,14	4,52	4,43	4,49	5,34	5,98	5,16
19	5,40	4,69	4,50	4,14	4,51	4,43	4,49	5,39	6,03	5,17
20	5,45	4,70	4,50	4,14	4,51	4,44	4,50	5,45	6,10	5,19

Die Berechnung des Spreads, der der Prämie der impliziten Call-Option entspricht, erfolgt iterativ. Man diskontiert sämtliche Cash Flows aller Pfade mit den jeweiligen Spot Rates zuzüglich eines Spreads. Dieser Spread wird stufenweise variiert (siehe Übersicht 39). Für jeden Spread wird sodann der Durchschnitt der Gegenwartswerte über sämtliche Pfade berechnet. Jener Spread, für den sich ein durchschnittlicher Wert von 100 (%) ergibt, entspricht somit einer marktkonformen Verzinsung und damit auch einer marktkonformen Bewertung der impliziten Call-Option.

Übersicht 39: Iteratives Vorgehen zur Berechnung des Optionen-adjustierten Spreads (Preis in %)

t_x/Spread	1	2	3	4	5	6	7	8	9	10	Durch-schnitt
Spread 5	97	106	106	107	106	106	106	97	93	99	103
Spread 10	97	105	106	107	106	106	106	97	92	98	102
Spread 20	95	104	105	106	105	105	105	95	91	97	101
Spread 30	94	103	104	105	104	105	104	94	89	95	**100**
Spread 40	92	102	103	105	103	104	103	92	88	94	99
Spread 50	91	101	102	104	102	103	102	91	87	92	98
Spread 60	90	100	101	103	101	102	101	90	86	91	97
Spread 70	88	99	100	102	100	102	100	88	84	90	95

Der Spread wird dann als Optionen-adjustierter Spread bezeichnet, da er diejenige Zinsdifferenz darstellt, die der Prämie für die Call-Option entspricht. In diesem Beispiel beträgt der genaue Spread 27,8 Bps, der zu einem Durchschnittswert von 100 % führt. Die Übersicht 40 zeigt die Gegenwartswerte sämtlicher Cash Flows aller Pfade unter dem „richtigen" Wert des Spreads von 27,8 Bps. Es ergibt sich ein Durchschnittswert von 100 (%), d. h. mit dem Spread von 27,8 Bps erfolgt eine marktkonforme Verzinsung.

Übersicht 40: Iteratives Vorgehen zur Berechnung des Optionen-adjustierten Spreads

t_x/Spread	1	2	3	4	5	6	7	8	9	10	Durch-schnitt
1	2,56	2,56	2,56	2,56	2,56	2,56	2,56	2,56	2,56	2,56	
2	2,44	2,44	2,44	2,44	2,43	2,44	2,44	2,43	2,43	2,43	
3	2,37	2,37	2,38	2,39	2,37	2,38	2,37	2,37	2,36	2,36	
4	2,31	2,31	2,32	2,33	2,31	2,32	2,32	2,31	2,29	2,30	
5	2,25	2,26	2,26	2,28	2,26	2,27	2,26	2,25	2,22	2,24	
6	2,19	2,20	2,21	2,23	2,20	2,21	2,21	2,19	2,16	2,18	
7	2,13	2,14	2,15	2,17	2,15	2,16	2,15	2,13	2,09	2,11	
8	2,07	2,08	2,10	89,20	2,10	88,40	2,10	2,07	2,03	2,05	
9	2,01	2,03	2,05		2,04		2,04	2,01	1,96	1,99	
10	1,95	1,98	83,80		1,99		83,75	1,95	1,90	1,94	
11	1,90	80,90			81,60			1,90	1,84	1,88	
12	1,84							1,84	1,78	1,83	
13	1,78							1,78	1,72	1,78	
14	1,73							1,73	1,66	1,73	
15	1,67							1,67	1,60	1,68	
16	1,62							1,62	1,55	1,63	
17	1,57							1,57	1,49	1,59	
18	1,52							1,52	1,44	1,54	
19	1,47							1,47	1,38	1,50	
20	56,8							56,80	53,30	58,20	
Wert	94	103	104	106	104	105	104	94	90	96	100

Die Abbildung 26 verdeutlicht, wie der Spread den Durchschnittswert beeinflusst. Der Spread mit Wert 27,8 Bps ergibt einen Durchschnittswert von 100 %. Dies führt zu einem iterativen Prozess bis die Werte übereinstimmen. Der Spread entspricht der durchschnittlichen Zinsdifferenz der in der Zukunft möglichen Zinssätze über dem verwendeten Diskontierungssatz (i. d. R. ein Zinssatz für Staatsobligationen). Diese Zinsdifferenz wird benötigt, um die Cash Flows der „Obligation mit Option" so zu adjustieren, dass die Veränderung des Cash Flow-Wertes den Wert der Option darstellt.

12.4 Komplikationen bei der Implementierung

Bei der Implementierung dieses Ansatzes sind einige Komplikationen zu berücksichtigen. Der Ansatz geht von einigen Annahmen aus, ohne deren Berücksichtigung keine sinnvollen Resultate zu erwarten sind:

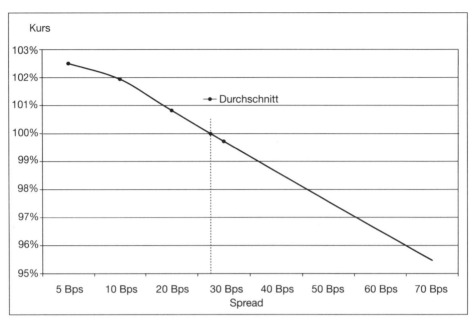

Abbildung 26: Herleitung des Spreads aufgrund eines 100 %-Durchschnittswertes

- In dem Beispiel des vorangegangenen Abschnitts wurden nur wenige Entwicklungspfade angewandt. In Wirklichkeit müssen viel mehr *Entwicklungspfade* durchgerechnet werden und die Veränderungsrate ist viel kleiner. Mittels Monte Carlo-Simulation kann eine Vielzahl von verschiedenen Entwicklungspfaden simuliert werden. Um diese Simulation einzusetzen, muss jede Veränderung der Zinskurvenstruktur mit Hilfe der Wahrscheinlichkeitsverteilung der kurzfristigen Zinssätze spezifiziert werden. Wie bereits erläutert, kann durch Veränderung der kurzfristigen Zinsen die Bewegung der gesamten Zinskurve dargestellt werden.

- Es muss sichergestellt werden, dass die angenommene *Wahrscheinlichkeitsverteilung* die tatsächlichen Gegebenheiten widerspiegelt und sie muss deshalb mit Hilfe des empirischen Tests überprüft werden. Die Wahrscheinlichkeitsverteilung muss einerseits die aktuellen Verhältnisse widerspiegeln, andererseits auch das historische Verhalten der Zinskurve. Ein einfacher Test besteht in der Überprüfung der Bundesobligationensätze, was zu einem Spread von Null führen muss.

- Es muss die sogenannte *Rückrufregel* definiert werden. Im Beispiel wurde mit einer sehr einfachen Regel gearbeitet. In der Praxis spielen eine Vielzahl von Faktoren eine Rolle, die berücksichtigt werden müssen: Transaktionskosten, Emissionskosten, Refinanzierungssätze, Steuern, Rückrufprämie, Restlaufzeit, etc.

- Es muss die *Volatilität der Zinssätze* festgelegt werden, die einen maßgeblichen Einfluss auf den Optionen-adjustierten Spread hat. Die Volatilität knüpft an die Überlegungen zur Wahrscheinlichkeitsverteilung an. Es muss festgelegt werden, mit welcher Standardab-

158

weichung gerechnet wird. Zusätzlich ist zu definieren, ob mit einer empirisch gemessenen oder einer impliziten Volatilität gerechnet werden soll.

- Letzter Punkt ist die Festlegung der Zinsdifferenz zwischen dem langen und dem kurzen Ende der Zinskurve. Im Beispiel wurde mit einer linearen Zinsdifferenz von 200 Basispunkten gerechnet. In der Praxis ist mit einer realitätsnahen Struktur zu rechnen.

Je nach verwendeter Annahme erhält man mit diesem Ansatz unterschiedliche Resultate. Bei einem Vergleich verschiedener Märkte und Instrumente sind immer die zugrunde liegenden Annahmen zu berücksichtigen.

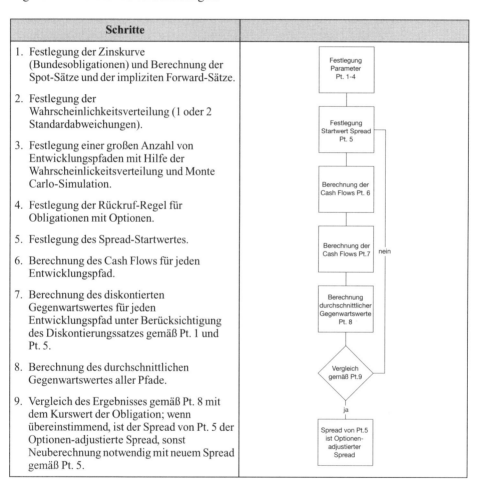

Schritte	
1. Festlegung der Zinskurve (Bundesobligationen) und Berechnung der Spot-Sätze und der impliziten Forward-Sätze.	Festlegung Parameter Pt. 1-4
2. Festlegung der Wahrscheinlichkeitsverteilung (1 oder 2 Standardabweichungen).	Festlegung Startwert Spread Pt. 5
3. Festlegung einer großen Anzahl von Entwicklungspfaden mit Hilfe der Wahrscheinlickeitsverteilung und Monte Carlo-Simulation.	Berechnung der Cash Flows Pt. 6
4. Festlegung der Rückruf-Regel für Obligationen mit Optionen.	
5. Festlegung des Spread-Startwertes.	Berechnung der Cash Flows Pt.7 · nein
6. Berechnung des Cash Flows für jeden Entwicklungspfad.	
7. Berechnung des diskontierten Gegenwartswertes für jeden Entwicklungspfad unter Berücksichtigung des Diskontierungssatzes gemäß Pt. 1 und Pt. 5.	Berechnung durchschnittlicher Gegenwartswerte Pt. 8
8. Berechnung des durchschnittlichen Gegenwartswertes aller Pfade.	Vergleich gemäß Pt.9
9. Vergleich des Ergebnisses gemäß Pt. 8 mit dem Kurswert der Obligation; wenn übereinstimmend, ist der Spread von Pt. 5 der Optionen-adjustierte Spread, sonst Neuberechnung notwendig mit neuem Spread gemäß Pt. 5.	ja · Spread von Pt.5 ist Optionen-adjustierter Spread

Abbildung 27: Schritte zur Herleitung der Optionen-adjustierten Spreads

159

Zusammenfassung

Abschnitt 12 analysiert Obligationen mit Optionen. Untersucht werden kündbare Obligationen, Optionsanleihen und Optionen-adjustierte Spreads. Zunächst werden die kündbaren Obligationen beschrieben. Von besonderem Interesse sind die Bewertung und das Verhalten der einzelnen Komponenten einer vorzeitig rückrufbaren Obligation. Dann werden Optionsanleihen analysiert, dann die Problematik der Verwässerung sowie die Bewertung des Optionsscheines behandelt. Der letzte Teil befasst sich mit den Optionen-adjustierten Spreads. Hier wird auf das Verhalten und die Bewertung bei schwankenden Zinsen eingegangen. Die Obligationen-Bewertung wird für alle möglichen Entwicklungspfade durchgerechnet und man erhält entsprechend viele Gegenwartswerte für die Entwicklungspfade. Man bildet den Durchschnitt aller Gegenwartswerte und vergleicht den Durchschnittswert mit dem Kurswert der Obligation. Stimmen diese Werte überein, so entspricht der aktuelle Zinssatz für die Obligation dem Spot-Satz plus Spread. Der Spread wird dann als Optionen-adjustierter Spread bezeichnet, da er diejenige Zinsdifferenz darstellt, die für die Entschädigung der Option notwendig ist.

13. Convertibles

13.1 Investitions-Charakteristika von Convertibles

Der Convertible ist ein naher Verwandter eines strukturierten Obligationen-Warrant-Instrumentes. Der Inhaber einer Convertible-Obligation besitzt eine Obligation und eine Call-Option auf bestimmte Aktien, in der Regel auf die Aktien des Emittenten. Die gleiche Wirkung erzielt der Inhaber eines Obligationen-Warrant-Instrumentes, aber mit dem Unterschied, dass der Inhaber des Convertibles die Obligation aufgeben muss, um von der Option Gebrauch zu machen und in Aktien zu tauschen, während der Inhaber des Warrants die Option, losgelöst von der Obligation in Aktien oder Cash, tauschen kann. Die Convertibles werden in der Regel mit einem vergleichsweise niedrigen Coupon ausgestattet, da die Option ihrerseits einen gewissen Wert darstellt und in die Renditeberechnung eingeschlossen wird. Die Anzahl Aktien, die der Inhaber des Convertibles durch Ausübung der Option erhält, wird als Umtauschverhältnis bezeichnet. Zum Zeitpunkt der Emission garantiert der Emittent dem Investor das Recht auf Kauf von Aktien im Wert des Par-Wertes der Obligation dividiert durch das Umtauschverhältnis.

Der Wert des Convertibles hängt primär vom Optionspreis und dem Umtauschwert ab. Der Obligationenwert ist derjenige Wert, den man beim sofortigen Verkauf des Convertibles erhält und wenn man die Obligation nicht konvertieren kann. Der Umtauschwert ist derjenige Wert, den man beim sofortigem Umtausch in Aktien und deren sofortigemVerkauf erhält. Wie berechnet man nun den Wert des Convertible? Der Obligationenwert bildet die untere Bandbreite der Convertible-Bewertung. Diese untere Bandbreite wird beeinflusst durch das Zinsniveau und die Einschätzung des Wertes der Firma, der sich im Aktienpreis niederschlägt.

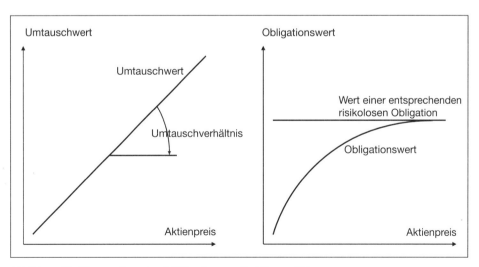

Abbildung 28: Umtauschwert und Obligationswert bei Convertibles

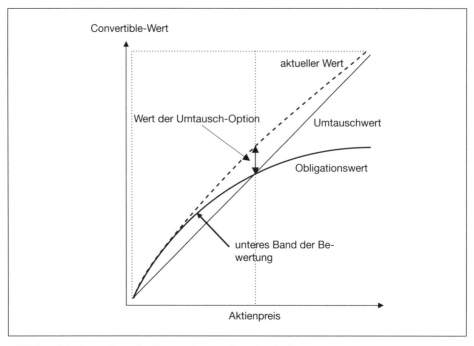

Abbildung 29: Darstellung des Umtauschwertes bzw. der Option

Der Umtauschwert wird berechnet unter der Annahme, dass der Inhaber die Papiere sofort umtauscht und die soeben erhaltenen Aktien verkauft. Man multipliziert dazu die Anzahl Aktien pro Obligation, die man erhält beim Umtausch des Convertibles mit dem Aktienkurs. Ein Convertible kann nie für weniger als dem Wert der Obligation bewertet werden. Der Wert der Option auf Umtausch hingegen kann gänzlich an Wert verlieren (siehe Abbildung 29).

13.2 Bewertung von Convertibles

13.2.1 Break Even-Ansatz

Es stellt sich die Frage, welcher Cash Flow aus der Investition in einen Convertible generiert wird relativ zur dazugehörenden Aktie und der entsprechenden Obligation. Die Einnahmen aus einem Convertible werden den Einnahmen der Aktie bzw. Obligation gegenübergestellt. Die Prämie ergibt sich aus einem Vergleich der Kosten des Aktienerwerbs via Kauf des Convertible und nachfolgendem Umtausch mit den Kosten eines direkten Aktienkaufes. Bei diesem Ansatz ist eine „faire" Prämie das kumulierte, inkrementale Einkommen vom Moment des Kaufs bis zum Umtausch, das der Käufer für den Kauf des Convertibles anstelle der Aktien erhält. Durch den Kauf des Convertibles erzielt der Investor ein höheres Einkommen aus den Coupons, die auf den Convertible bezahlt werden, als wenn er die Dividenden der Aktien bezieht, unter Berücksichtigung des Umtauschverhältnisses. Dies wird

162

als Einnahmevorteil des Convertibles bezeichnet. Dieser trifft nicht sofort ein, da der Investor eine Prämie dafür zahlen muss, dass er später den Convertible in Aktien umtauschen kann. Der Zeitpunkt, an dem der Break Even zwischen Zinssatzzahlungen und Dividenden erreicht ist, und damit die Prämie aufgeholt wurde, wird als „Break Even" oder „Premium Payback Period" bezeichnet. Die Zeit Δt, die vergehen muss, bis der Break Even erreicht ist, wird wie folgt berechnet:

$$\Delta t = \frac{\text{Umtauschprämie pro Aktie}}{\left(\dfrac{C - U \cdot D}{U} \right)}$$

C = Coupon der Obligation, D = Dividende pro Aktie, U = Umtauschverhältnis pro Aktie

Obwohl es verschiedene Ansätze zur Berechnung dieser Kennziffer gibt, ist der einzig richtige Ansatz der Vergleich der Cash-Prämie, die ein Investor bezahlen muss, um die Aktien via Convertible zu erwerben. Für einen Investor ist eine kurze Restzeit besser. Befindet sich der Break Even in der nicht-rückrufbaren Zeitperiode (non-call period), dann ist dem Investor die Umtauschprämie allein aufgrund des Einnahmevorteils des Convertibles garantiert. Wenn der Investor Umtauschprämie eingenommen hat, ist jeder weitere Einnahmevorteil effektiv zum Vorteil des Investors.

Bei der Berechnung des Break Evens ignorieren Investoren in der Regel Zunahmen oder Abnahmen von Dividenden (Obligationen-Coupons sind garantiert, gewöhnliche Aktiendividenden nicht) sowie den Zeitwert des Geldes bei der Berechnung des Einnahmevorteils.

13.2.2 Optionen-Modell

Der einfache Ansatz für die Bewertung von Convertibles weist die folgenden Mängel auf:

- Beschränkter Nutzen für Investoren, die Convertibles als Alternative für Investitionen in festverzinsliche Instrumente betrachten.
- Die unterschiedlichen Risikoprofile von Convertibles und Aktien werden nicht berücksichtigt; Convertibles sind mehr als nur Yield-verbesserte Aktiensubstitute.

Die bisherige Betrachtung erstreckte sich auf den Wert des Umtauschverhältnisses von der Marktseite her. Wie hoch der theoretische Wert „fair value" des Umtauschverhältnisses aufgrund einer Formel ist, wurde bis jetzt nicht behandelt. Ebenso wurde die Bewertung eines Convertible mit Call- und/oder Put-Optionen ausgeklammert. Mittels eines Optionen-Modells soll nun der „fair value" von Optionen berechnet werden. Zudem kann mit diesem Optionen-Ansatz festgestellt werden, wie stark Aktienpreise auf Zinssatzänderungen reagieren. Für die Bewertung mittels eines Optionen-Ansatzes wird der Convertible in zwei Komponenten zerlegt:

- Kauf einer noncallable/nonputable, d. h. einer normalen Obligation.

- Kauf einer Call-Option auf die dem Convertible zugrunde liegenden Aktien, wobei die Anzahl Aktien, die über den Call gekauft werden können, dem Umtauschverhältnis des Convertible entspricht.

Der theoretische Wert der Call-Option kann mit Hilfe des Black-Scholes-Optionenbewertungs-Modells, des binominalen Optionenmodells oder des Zweifaktor-Modells nach Schwartz berechnet werden.[47] Der „fair value" der Option hängt von den Faktoren ab, die in Abschnitt 7 beschrieben sind.

Bei der Betrachtung des Convertible mit einer Call-Option für den Emittenten ergeben sich Probleme bei der Bewertung. Der Emittent kann durch Ausübung der Option die Emission vorzeitig zurückrufen. In diesem Fall ist es für den Investor besser, den Convertible in Aktien zu tauschen, sofern der Umtauschwert über dem Ausübungspreis der Call-Option liegt. Der Investor verliert allerdings die Prämie über dem Umtauschwert, der im Marktwert des Convertible enthalten ist. Die Betrachtung des Convertible muss gleichzeitig die Interessen des Investors wie auch die des Emittenten berücksichtigen. Bei der Analyse der Call-Option des Emittenten müssen sowohl die zukünftigen Zinssatzschwankungen (Volatilität) sowie die anderen ökonomischen Faktoren berücksichtigt werden, um zu bestimmten, ob die Ausübung der Call-Option für den Emittenten ökonomisch sinnvoll ist. Das Black-Scholes-Bewertungsmodell kann diese zwei Problemstellungen nicht simultan analysieren. Durch Verwendung eines binominalen Optionenmodells kann simultan sowohl die Call-Option des Convertible-Inhabers (Recht auf Umwandlung in Aktien) sowie die Call-Option des Convertible-Emittenten (Recht auf Rückruf der Emission) in der Bewertung berücksichtigt werden. Durch statistische Schätzung der historischen Volatilitäten bzw. Kovarianzen dieser beiden Größen können Zinssätze und Aktienpreise miteinander verbunden und in einem Modell zusammengefasst werden.

13.3 Downside-Risk von Convertibles

Gewöhnlich wird eine normale Obligation mit gleicher Qualität und Eigenschaften verwendet, um das Downside-Risiko des Convertibles festzustellen, da der Convertible nicht unter den Wert der Obligation fallen kann. Der Wert der einfachen Obligation entspricht dem unteren Limit (Floor) für die Bewertung des Convertibles. Das Downside-Risiko bzw. die Prämie λ über dem Wert der normalen Obligation wird ausgedrückt durch den Preis des Convertibles in Prozent des Wertes der normalen Obligation:

$$\lambda = \frac{\text{Marktwert des Convertibles}}{\text{Wert der normalen Obligation}}$$

Je höher nun die Prämie über dem Wert der normalen Obligation unter ceteris paribus ist, umso weniger attraktiv ist der Convertible. Ein direkter Kauf lohnt mehr als der Umweg über den Convertible. Ein Nachteil an dieser in der Praxis häufig genutzten Kennzahl ist, dass der Wert des Floors bzw. der einfachen Obligation sich gleichzeitig mit dem Zinssatz ändert. Wenn die Zinsen fallen (steigen), dann steigt (fällt) der Wert der einfachen Obligation, wodurch auch die Limits steigen (fallen). Dadurch wird die Aussage der Kennzahl verfälscht, da das Downside-Risiko sich mit den Zinssätzen verändert.

---

[47] Vgl. Longstaff, F. A./Schwartz, E. S.: „Interest Rate Volatility and the Term Structure: A Two Factor General Equilibrium Model", 1990 und Brennan, M. J. /Schwartz, E. S.: „An Equilibrium Model of Bond Pricing and a Test of Market Efficiency", 1982, S. 301–329.

13.4 Convertible und Portfolio-Strategie

Das Profil und die Charakteristika eines Convertibles hängen direkt vom Aktienpreis der umtauschbaren Aktien ab. Bei einem niedrigen Aktienpreis verhält sich der Convertible wie eine Obligation, und der Wert der Obligation ist vergleichsweise höher als der Umtauschwert. Demzufolge verhält sich der Convertible zu den Marktverhältnissen der entsprechenden Obligation. Bei vergleichsweise hohen Aktienpreisen ist der Umtauschwert über dem Wert der einfachen Obligation und der Convertible verhält sich wie eine Aktienanlage. Zwischen diesen beiden Fällen, Aktien- oder Obligationen-orientiert, verhält sich der Convertible wie ein hybrides Instrument, das sowohl Charakteristika einer Aktie wie auch einer Obligation aufweist.

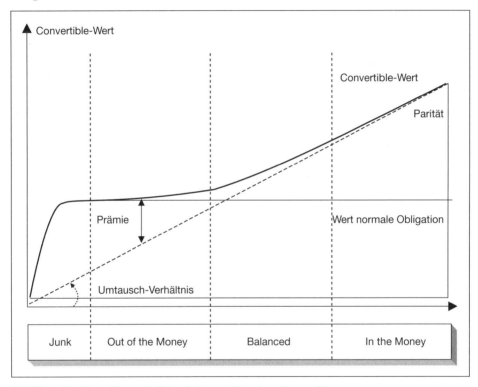

Abbildung 30: Darstellung möglicher Lebenszyklen eines Convertibles

13.4.1 Junk Convertibles

Die Annahme, dass der Convertible-Preis einen Boden (Floor) hat, hängt von der Markterwartung in die Fähigkeiten des Emittenten ab, seinen Verpflichtungen zur Zins- und Investitionsrückzahlung nachzukommen. Wird der Glaube im Markt an die Fähigkeiten des Emittenten erschüttert, dann werden die Investoren einen höheren Yield (und dementsprechend niedrigeren Preis) verlangen, um den Convertible noch zu halten. Festverzinsliche Instrumente reagieren auf Wirtschafts- und Emitteninformationen und sind je nach Stimmung der Investoren Preisschwankungen unterworfen ist. Dies trifft vor allem für Unternehmungen in Turnaround-Situationen bzw. in finanziell kritischen Situationen zu.

13.4.2 Out of the Money Convertibles

Mit abnehmender Parität wird der Convertible weniger sensitiv auf Veränderungen des Aktienpreises und stärker sensitiv auf Veränderungen der Zinssätze reagieren, d. h. das Delta des Convertibles in Bezug auf Aktienpreisänderungen fällt. Dies kommt daher, dass bei steigendem Convertible-Preis der Yield dieses Instruments fällt und daher Kaufinteresse von festverzinslich orientierten Fonds (welche entweder auf den Yield to Maturity oder Yield to Call der Convertible-Obligation schauen) und Aktieneinkommens-orientierten Fonds (welche interessiert sind am laufenden Yield einer Convertible-Obligation oder einer Vorzugsaktie) besteht. Festverzinslich orientierte Investoren, die sowohl Kapital- als auch Einnahmeflüsse in die Renditeberechnung einschließen, werden eher (weniger) Convertibles kaufen, die stark unter (über) dem Rückzahlungspreis gehandelt werden. Festverzinslich orientierte Investoren schränken ihr Engagement bezüglich der Kreditqualität ein, wogegen Aktien-orientierte Investoren diesbezüglich weniger restriktiv sind.

Bei fallenden Aktienpreisen fällt auch der Wert der im Convertible enthaltenen Option. Diese Call-Option kann so wenig wert sein, dass der Convertible sich wie eine normale Obligation verhält. In diesem Bereich wird die Bewertung des Convertibles durch die gleichen Faktoren beeinflusst wie Obligationen mit vergleichbaren Eigenschaften.

13.4.3 Balanced Convertibles

Ein „Balanced" Convertible wird in der Regel sowohl von Änderungen der Aktienpreisen als auch von den Zinssätzen beeinflusst. Als grobe Grundregel kann davon ausgegangen werden, dass eine nicht-rückrufbare (noncallable) Obligation mit einer Restlaufzeit von drei Jahren als „Balanced" eingestuft wird, wenn die Prämie über Parität zwischen 15 % und 40 % liegt, während die Prämie über der festverzinslichen Obligation zwischen 15 % und 25 % beträgt.

13.4.4 In the Money Convertibles

Als „In the Money Convertibles" werden Convertibles eingestuft, bei denen der Aktienpreis über dem Umtauschpreis liegt. Mit steigenden Aktienpreisen wird ein Convertible sensitiver auf Aktieneinflüsse und weniger sensitiv auf Zinssatzeinflüsse reagieren. Das liegt daran, dass steigende Aktienpreise die Convertible-Parität erhöhen, ohne den festverzinslichen Wert zu erhöhen. Deshalb ist für einen Investor ein Engagement in einen „In the Money"- Convertible ein größeres Risiko als ein Engagement in einen „Out of the Money"-Convertible.

Eine wichtige Überlegung beim Kauf von Convertibles anstelle von Aktien ist der Anteil der Aufwärtsbewegung des Convertible-Preises bei steigenden Aktienpreisen. Dies hängt von der Call-Option ab, die der Emittent besitzt. Wenn eine Convertible-Emission „In the Money" rückrufbar (callable) ist und es für den Emittenten ökonomisch rational ist, die Emission zurückzurufen, dann ist es aus der Sicht des Investors nicht sinnvoll, einen Convertible zu besitzen und dafür eine Prämie zu bezahlen. Konsequenterweise bewegt sich die Prämie bei steigenden Aktienpreisen gegen Null und impliziert dadurch eine Underperformance gegenüber der Aktie (relativ im Verhältnis zur Aktienaufwertung). Es ist daher möglich, dass Callable-Convertibles mit einem Discount relativ zur Parität bewertet werden, da alle aufgelaufenen Zinsen durch die Ausübung des Calls des Emittenten verloren sind. Wenn die Prämie einmal auf diesem Niveau angekommen ist, sollte sich der Convertible-Preis linear eins zu eins mit dem Aktienpreis nach oben bewegen. Wenn der Discount immer noch zunehmen würde, wäre dies eine Arbitrage-Situation.

13.5 Vor- und Nachteile von Convertibles

Die Convertibles werden aufgrund ihres hybriden Charakters sowohl von Aktien- wie auch von Obligationen-Überlegungen beeinflusst. Primärer Nachteil ist die Aufgabe eines gewissen Teils des Aufwärtspotenzials, welcher in Form einer Prämie entrichtet werden muss. Der primäre Vorteil liegt in der Begrenzung des Verlustrisikos auf das Minimum des Wertes einer einfachen Obligation mit vergleichbarer Qualität und Eigenschaften. Die folgenden Vor- und Nachteile sollen die spezielle Natur des Convertibles wiedergeben, der als Instrument zwischen Aktien und Obligationen einzuordnen ist:

- *Take-over-Risiko:* Wenn der Emittent von einer anderen Firma übernommen wird, kann es passieren, dass dessen Aktie vom Markt verschwindet und es nicht mehr möglich ist, den Convertible umzutauschen. Der Investor hat dann eine normale Obligation, aber einen relativ niedrigen Coupon.

- *Call-Risiko:* Häufig sind Convertible-Emissionen mit einer Call-Option zugunsten des Emittenten ausgestattet. Diese im Emissionsvertrag vertraglich festgehaltene Option, die Emission zu einem bestimmten Ausübungspreis zurückzukaufen, stellt eine wertvolle Möglichkeit dar, die Verwässerung des bestehenden Aktienkapitals zu verhindern. Dies kann eintreten bei stark steigenden Aktienpreisen, die einen Umtausch sehr attraktiv machen. Das von Unternehmen zu relativ niedrigen Einstandspreisen eingebrachte Kapital (über die Convertible-Emission) verwässert dabei die Aktien der bestehenden Eigentümer. Für die Unternehmung ist es dann attraktiver, die Convertible-Emission vorzeitig zurückzukaufen und dafür bei steigenden Aktienpreisen eine Erhöhung des Aktienkapitals vorzunehmen. Convertibles mit Call-Optionen zugunsten des Emittenten werden mit einem leichten Abschlag gegenüber vergleichbaren Emissionen gehandelt, die keine Call-Option aufweisen, da dies für den Investor einen Nachteil darstellt.

- *Kreditrating:* Der Investor ist während der ganzen Laufzeit der Kreditqualität und der entsprechenden Einstufung (Rating) der Unternehmung ausgesetzt. Eine Rückstufung bzw. eine schlechtere Kreditqualität verlangt eine höhere Kreditprämie, die sich in einem höheren Yield niederschlägt und den Wert des Convertibles senkt. Umgekehrt kann eine bessere Einstufung den Wert des Convertibles erhöhen, ohne dass das allgemeine Aktienumfeld gestiegen ist.

Zusammenfassung

Der Convertible ist ein naher Verwandter eines strukturierten Obligationen-Warrant-Instrumentes. Der Inhaber einer Convertible-Obligation besitzt eine Obligation und eine Call-Option auf bestimmte Aktien, in der Regel auf die Aktien des Emittenten. Zu Beginn wird auf die Investitionscharakteristika von Convertibles eingegangen. Für den Investor stellt sich die Frage, ob er einen Convertible kaufen soll oder nicht. Die Bewertung mittels Break Even-Ansatz und Optionen-Modell sowie das Downside-Risiko bzw. die Prämie über dem Wert der normalen Obligation werden im Folgenden beschrieben. Mit der Prämie wird gewissermaßen ein Risikoprämie berechnet, die es für den Investor unattraktiv macht, den Convertible zu kaufen anstatt direkt in die Aktien zu investieren. Die Passage über die Portfolio-Strategie und das Verhalten von Convertibles bei Aktienkursbewegungen geben eine analytische Darstellung der verschiedenen Lebenszyklen von Convertibles. Die Erläuterung der Vor- und Nachteile der Convertibles beenden den Abschnitt.

Literaturhinweise

BICKSLER, J./CHEN, A.: An Economic Analysis of Interest Rate Swaps, in: Journal of Finance, July 1986.

BIERWAG, G.: Duration Analysis, Ballinger Press, Cambridge, Mass., 1987.

BLACK, F./SCHOLES, M.: The Pricing of Options and Corporate Liabilities, in: Journal of Political Economy, June 1973.

BRENNAN, M. J./SCHWARTZ, E. S.: A Continuous Time Approach to Pricing Bonds, in: Journal of Banking and Finance, 3 (Juli) 1979, S. 133–155.

– An Equilibrium Model of Bond Pricing and a Test of Market Efficiency, in: Journal of Financial and Quantitative Analysis, 17, 3 (September) 1982, S. 301–329.

BRONSTEIN, I. N./SEMENDJAJEW, K. A., Taschenbuch der Mathematik, Thun/Frankfurt/Main, 1989.

BROWN, K. C./HARLOW, W. V./SMITH, D. J.: An Empirical Analysis of Interest Rate Swap Spreads, in: Journal of Fixed Income, März 1994.

BÜHLER, A./HIES, M.: Zinsrisiken und Key-Rate Duration, in: Die Bank, 2/1995, S. 112–118.

COX, J./INGERSOLL, J., JR./ROSS, S.: A Re-Examination of Traditional Hypothesis About the Term Structure of Interest Rates, in: Journal of Finance, September 1981, S. 769–799.

CULBERTSON, J. M.: The Term Structure of Interest Rates, in: Quarterly Journal of Economics, November 1957, S. 485–517.

DUNETZ, M. L./MAHONEY, J. M.: Using Duration and Convexity in the Analysis of Callable Bonds, in: Financial Analysts Journal, May-June 1988, S. 53–72.

FABOZZI, F. J.: Bond Markets, Analysis and Strategies, 2nd ed. Prentice-Hall, Englewood Cliffs, N. J., 1993, S. 61 ff.

FAIR, R. C./MALKIEL, B. G.: The Determination of Yield Differentials between Debt Instruments of the Same Maturity, in: Journal of Money, Credit and Banking, Nov. 1971, S. 733–7749.

FAMA, E.: Short-Term Interest Rates as Predictors of Inflation, in: American Economic Review, June 1975, S. 269–282.

FISHER, I.: Appreciation and Interest, Macmillan, New York, 1896.

– The Theory of Interest, Macmillan, New York, 1930.

FISHER, L.: Determinants of Risk Premiums on Corporate Bonds, in: Journal of Political Economy, June 1958, S. 217–237.

FISHER, L./WEIL, R. L.: Coping with the Risk of Market Interest Rate Fluctuations: Returns to Bondholders from Naive and Optimal Strategies, in: Journal of Business, Oct. 1991, S. 408–431.

GAUGLHOFER, M./LOEFFEL, H./MÜLLER, H.: Mathematik für Ökonomen, oder Mathematik für Ökonomen, Band 1, 4. erw. Auflage, St. Gallen, 1986.

HICKS, J. R.: Value and Capital, Oxford, New York, 1965.

HO, T. S. Y.: Key Rate Durations: A Measure of Interest Rate Risk Exposure, in: The Journal of Fixed Income, 3/1992, S. 29–44.

Ho, T.. S. Y/Lee, S.: Term Structure Movements and Pricing Interest Rate Contingent Claims, in: Journal of Finance, Vol. 16, No. 5., März 1988, S. 1011–1029.

Homer, S./Leibowitz, M. L.: Inside the Yield Book, Prentice-Hall, Englewood Cliffs, N.J., 1972.

J. P. Morgan (Hrsg.), CreditMetrics[TM]-Technical Document, New York, 1997.

– Morgan Government Bond Indices, Product Outline, New York, 1997.

– Comparison of the J. P. Morgan and Salomon Government Bond Indices, New York, 1993.

Jarzombek, S. M.: Interest Rate Swaps Can Reduce Borrowing Cots, in: The Financial Manager, May-June 1989, S. 70–74.

Kopprasch, R./Macfarlance, J./Showers, J.: The Interest Rate Swap Market: Terminology and Conventions, New York, 1987.

Leibowitz, M.: How Financial Theory Evolves in the Real World–Or Not: The Case of Duration and Immunization, in: The Financial Review, November 1983.

Leibowitz, M./Weinberger, A.: Contingent Immunization, in: Financial Analysts Journal, November-December 1992 und Januar-Februar 1993.

Littermann, R./Iben, T.: Corporate Bond Valuation and the Term Structure of Credit Spreads, in: Journal of Portfolio-Management, Frühling 1991, S. 52–64.

Livingston, D. G.: Yield Curve Analysis, New York Institute of Finance, New York, 1988.

Longstaff, F. A./Schwartz, E. S.: Interest Rate Volatility and the Term Structure: A Two Factor General Equilibrium Model, Working Paper, Ohio State University and UCLA, 1990.

Lutz, F. A.: The Structure of Interest Rates, in: Quarterly Journal of Economics, November 1940, S. 36–63.

Macaulay, F. R.: Some Theoretical Problems Suggested by the Movement of Interest Rates, Bond Yields and Stock Prices in the United States since 1856, Columbia Univ. Press, New York, 1938.

Malkiel, B. P.: The Term Structure of Interest Rates, Princeton Univ. Press, Princeton, N. J. 1966.

Meiselman, D.: The Term Structure of Interest Rates, Prentice -Hall, Englewood Cliffs, N. J., 1962.

Modigliani, F./Sutch, R.: Innovations in Interest Rate Policy, in: American Economic Review, May 1966, S. 178–197.

Reding, F. M.: Review of the Principle of Life Office Valuations, in: Journal of the Institute of Actuaries, Vol. 78, 1952, S. 286–340.

Reilly, F./Kao, G. W./Wright, D. J.: Alternative Bond Indexes, in: Financial Analysts Journal, May/June 1992.

Reitano, R.: Non-parallel yield curve shifts and immunization, in: Journal of Portfolio-Management, Spring 1992,

Saber, N.: Interest Rate Swaps: Valuation, Trading and Processing, Business-One irwin, Homewood, Ill., 1994.

Salomon Brothers (Hrsg.): Introducing the Salomon Brothers World Governement Bond Index, New York, 1986.

Schaefer, S. M./Schwartz, E.: Time-Dependent Variance and the Pricing of Option,, in: Journal of Finance, Vol. 17, No. 5, Dec. 1987, S. 1113–1128.

Standard & Poor's (Hrsg.): S&P's Corporate Finance Criteria, MacGraw-Hill Inc., 1994.

STULZ, R.: Options on the Minimum or the Maximum of Two Risky Assets: Analysis and Application, in: Journal of Financial Economics, July 1982.

TURNBULL, S. M.: Swaps: A Zero Sum Game?, in: Financial Management, Vol. 16, No. 1, 1987, S. 15–21.

Glossar

ADR
American Deposit Receipt; Ein ADR wird auf ausländische Wertschriften ausgestellt, die bei ausländischen Banken deponiert sind. Durch die Verbriefung wird die Liquidität und Handelbarkeit eines an sich nicht handelbaren Papiers erhöht. Im September 1983 gab die französische Tresorerie bekannt, dass zwei OAT's mittels ADR's an der NYSE gehandelt werden.

Asset Allocation
Mit der Asset Allocation wird bestimmt, welche Anlageklassen in einem Portfolio zu berücksichtigen und mit welchem Gewicht diese zu versehen sind.

At the Money
Wertschriftenpreis (Aktie, Obligation etc.) ist gleich oder sehr nahe dem Ausübungspreis (Strike-Price).

Aufgelaufene Zinsen
Zinsen, die seit der letzten Zinszahlung aufgelaufen sind (Accrued Interest).

Beta
Misst die Sensitivität einer Anlage oder eines Portfolios gegenüber dem Gesamtmarkt. Ein Beta > 1 bedeutet, dass die entsprechende Anlage größeren Ertragsschwankungen unterworfen ist und somit ein größeres Risiko beinhaltet als der Gesamtmarkt.

Break Even
Anzahl Jahre, die ein Aktieninvestor benötigt, um die Umwandlungsprämie (Zusatzkosten durch Kauf von Convertibles anstelle von Aktien) zu decken aus den höheren Einnahmen des Convertibles relativ zu einem Investment gleichen Werts in Aktien.

Cash Settlement
Settlement am gleichen Tag.

Convertible
– Junk Convertible: Eine Convertible-Obligation mit niedriger oder stark fluktuierender Kreditqualität der Unternehmung.
– synthetischer Convertible: siehe Obligation mit Warrant

Effizienzkurve
Kurve im Risiko/Rendite-Diagramm, auf welcher die von einem Optimierungsalgorithmus berechneten effizienten Portfolios liegen.

Euroclear Settlement
Settlement fünf Tage nach dem Handelstag.

Gamma
Die Sensitivität auf Veränderungen des Delta.

Kovarianz
Maß für den Zusammenhang oder Parallelitätsgrad zwischen zwei oder mehreren Größen in einer Zeitperiode. Je kleiner die Kovarianz zwischen den einzelnen Anlagen eines Portfolios ist, umso geringer sind die Ertragsschwankungen des gesamten Portfolios.

Marginal Contribution
Misst den Effekt auf das spezifische Risiko eines Portfolios, wenn eine Standardmenge einer Anlage ge- bzw. verkauft wird.

Obligation
– *Callable O*: Emittent hat das Recht, d. h. eine Option, die Obligation vorzeitig zurückzahlen zu können.
– *Convertible O*: Schuldpapier, emittiert von einer Unternehmung, die durch Ausübung der Call-Option in Inhaberpapiere der Unternehmung umgewandelt werden können.
– *Serielle O*: Obligation, welche mittels verschiedener Tranchen eine Serie von verschiedenen Restlaufzeiten aufweist.
– *Sinking Fund O*: Eine Sinking Fund-Verpflichtung bewirkt, dass der Emittent jedes Jahr bis zur Restlaufzeit eine bestimmte Menge der Emission zurückkaufen muss.
– *Verlängerbare O*: Der Halter der Obligation hat das Recht, die Restlaufzeit verlängern zu können (i. d. R. 5 bis 10 Jahre) ohne Änderung des Coupons oder anderer Vertragsbedingungen.
– *mit Warrant* (Cum Warrant): Instrument, konstruiert aus einer normalen Obligation und einer Option oder Warrant. Analytisch bietet eine Obligation mit Warrant ähnliche, aber nicht identische Möglichkeiten wie ein Convertible.

Payback
Siehe Break Even.

Promissory Note
Die Promissory Note – das schriftlich festgehaltene Versprechen des Kreditnehmers, einen Kredit zurückzuzahlen – ist der rechtlich bindende Vertrag, in welchem die wichtigsten Vertragspunkte wie Kreditsumme, Zinsen, Rückzahlung etc. geregelt sind. I.d.R wird auch festgehalten, dass der Kreditnehmer alle Rechtskosten erstatten muss.

Putable Obligation
Der Halter hat das Recht, d. h. eine Option, die Obligation vorzeitig zurückzahlen zu können.

Rendite

Der gesamte Wertzuwachs innerhalb einer bestimmten Zeitspanne in Prozenten des investierten Vermögens. Er setzt sich zusammen aus den erfolgten Ausschüttungen sowie dem
Kursgewinn.

– *erwartete R*: prognostizierte Rendite über eine in der Zukunft liegende Zeitspanne.
– *historische R*: Rendite über eine in der Vergangenheit liegende Zeitspanne.
– *implizierte R*: von einem Modell gelieferte Rendite des Portfolios bzw. einer Anlage
  unter der Annahme, dass das Portfolio effizient ist bzw. die Anlage korrekt bewertet ist.

Risiko

Das Risiko einer Anlage bzw. eines Portfolios wird in der modernen Portfolio-Theorie mit
der Höhe der Ertragsschwankungen gemessen. Die Varianz bzw. die Standardabweichung
des Ertrags ist ein absolutes Maß. Im Gegensatz dazu kann auch der Beitrag einer einzelnen
Anlage zum Gesamtrisiko eines Portfolios als Risiko gemessen werden. Die moderne
Portfolio-Theorie postuliert, dass der Anleger nur für das systematische Risiko (Marktrisiko) mit einem höheren Ertrag (Risikoprämie) entschädigt wird, nicht aber für das spezifische Risiko.

– *aktives R*: Synonym für Tracking Error.
– *lokales R*: Risiko des Portfolios unter der Annahme eines optimalen Währungshedges.
  Diese Risikokennzahl berücksichtigt die Korrelationen zwischen den Währungen.
– *neutrales R*: Risiko eines Portfolios, in welchem jede Währungs-Exposure durch eine
  entsprechende Short-Position neutralisiert wird. Das neutrale Risiko liegt über dem
  lokalen, weil beim neutralen die Korrelationen zwischen den Währungen nicht berück-
  sicht werden.
– *Portfolio-R*: Risiko des Portfolios, welches mit einem optimalen Währungshedge eliminiert werden kann.
– *spezifisches R*: Risikoanteil eines Portfolios, der nicht wegdiversifizierbar ist. Synonym:
  residuales/unsystematisches Risiko.

Standardabweichung

Wird wie die Varianz als Risikomaß benutzt und hat dieselbe Aussagekraft. Die Standardabweichung ist die Quadratwurzel der Varianz.

Tracking Error

Maß für das Risiko eines Portfolios relativ zum Benchmark. Mathematisch wird der
Tracking Error durch die Standardabweichung bzw. die Varianz beschrieben.

Varianz

Maß für das Risiko einer Anlage. Berechnet sich aus der Abweichung der einzelnen Erträge
vom durchschnittlichen Ertrag in einer bestimmten Zeitperiode. Je stärker die Ertragsschwankungen einer Anlage, desto größer ist die Varianz und damit das Risiko.

Volatilität

Annualisierte Standardabweichung des natürlichen Logarithmus der Renditen über eine
bestimmte Zeitperiode.

Stichwortverzeichnis

Anlagerichtlinie 105
Annualisierung 39
Annuität
 – ewige 25
 – gewöhnliche 25
Annuitäten Note 141
Arbitrage 27, 91, 99
Asset Allocation 83, 117
Asset/Liability
 – Einschränkung 50
 – Struktur 50, 109, 110
Ausübungsdatum 86
Ausübungspreis 86

Basisrisiko 83
Benchmark 82, 109
Black-Scholes Modell 91
Black-Scholes-Formel 151
Bonitätsrating 51
Bootstrapping 52
Brady-Bonds 15
Bunny-Obligation 144

Call Date 36
Call-Risiko 167
Call-Option 37, 88, 161
Callable Bond 36, 147
Cap 39, 103
Cash Flow Matching 113
Cash Flow-Matching-Strategie 108
Certificate of Deposoit 129
Cheapest to Deliver 79
Cheapest-to-Deliver-Obligation 81
Collar 103
Commercial Paper 126
Convertible 111, 147, 161
Coupon 67, 89
Coupon-Effekt 46, 50, 68
Coupondatum 32
Cross-Hedge 80, 83
Current Yield 34

Custodiangebühr 117

Dealership Agreement 127
Deep Discount-Obligation 138, 139
Defaultrisiko 16, 53, 54, 140
Discount 32, 34
Disintermediation 126
Diskontierung 21, 32
 – einfache 24
 – kontinuierliche 24
Diskontsatz 21, 27
Dollar-Duration 72
Doppelwährungsanleihe 18, 134, 136
Duration 61, 115
 – Benutzung von 71
 – einfache 61
 – Einflussfaktoren 67
 – Fisher/Weil 63
 – funktionale 71
 – Kennzahl 69
 – Key Rate 64
 – Macaulay 61, 66
 – maximale 67
 – modifizierte 64, 67
 – Steuerung 82

Ertragssatz, interner 34
Erwartungstheorie, traditionelle 47
Euro Medium Term Note 131
Eurobond 133
Eurobondmarkt 55
Euroemission 100
Euronote 128
Euronote-Emission 129

Financial Engineering 16
Fisher-Effekt 51
Flip Flop-Obligation 144
Floating Rate 129
Floating Rate Note 125
Floating Rate-Obligation 125

Floating Rate-Papier 38
Floor 39
Forward Rate 43, 44, 53
Forward-Satz, impliziter 53
Futures
– Konversionsfaktor 76
– Notional-Obligation 76
– Preisnotation 76
Futures-Kontrakt 74, 80
Futures-Preis 77

Garantieerklärung 18
Gegenwartswert 20, 42
Geldmarkt 75
Geldmarktpapier 126
Gesamtrendite 40
Global Custodian 140

Hedge-Ratio 80, 90
Hedge-Strategie 94
Hedgen 133
Hedging 83

Immunisierung 18, 114
Immunisierungsstrategie 108
Index 109
Index-Portfolio 122
Index-Strategie 118
Indexierung 117
Inflationsprämie 51
Inflationsrisiko 16, 18
Inflationsschutz 15
Intermediär 100
Internal Rate of Return 34, 40, 41
intrinsischer Wert 87, 152
Investitionshorizont 21, 23
Investment-Grade 44

Jahreszinssatz 39
Junk Bond 142

Kapitalmarkt 75
Kollokationsplan 56
Konvention
– englische 35

– Euromarkt 35
Konversionsfaktor 79
Konvexität 70, 71
Kreditabschreibung 18
Kreditportfolio, syndiziertes 125
Kreditrating 140, 141, 144, 168
Kreditrisiko 15, 43, 127

Länderrisiken 54
Laufzeitsegment 50
Leveraged Buy Out 142
Liquidität 16
Liquiditätsprämie 18, 49
Liquiditätsrisiko 16
Liquiditätstheorie 48

Marchzins 29
Marge, effektive 38
Margin 74
Margin Account 74
Margin Call 74
mark to market 74
Marktindex 120
Marktsegmentierungstheorie 50
Marktverzinsung 67
Maturity-Effekt 60
Medium Term Note 131
Mehrperioden-Hedge 113
Monte Carlo-Simulation 158
Moody's 56
Mortgage-Backed Securities 15
Multifaktor-Modell 32

Negotiable Certificate of Deposit 127
Netto-Basis 80
Non-Investment-Grade 44
Notional Bond 76
Nullcoupon-Obligation 26, 138

Obligation
– ewige 67, 143
– hochverzinsliche 142
– kündbare 147
– mit Obligationen-Warrant 145
– mit Wechselkursoption 137

– Unterscheidungsmerkmale 17
Obligationen-Basis 53
Obligationen-Futures 79
Obligationenpreis 28
Obligationenpreis-Volatilität 19
Optimierungstechnik 122
Option
 – amerikanische 86, 89
 – Bewertung 87
 – europäische 86, 89
 – Zeitwert 88
Optionen-adjustierter Spread 152, 157
Optionsanleihe 147, 150
Optionsbewertungsmodell 91
Optionsprämie 86

Pensionskasse 18, 105, 117, 142
Performance 109
Portfolio, strukturiertes 108
Portfolio-Duration 72
Portfolio-Rendite
 – gewichtete durchschnittliche 40
Portfolio-Strategie 105
Prämie 32
Preferred Habitat-Theorie 49
Preis-Konvexität 70
Preiskompression 147
Preisnotierung 28
Preisrisiko 59
Preissensitivität 59
Preisvolatilität 66
Programmierung
 – lineare 122
 – quadratische 123
Promissory Note 126
Put-Option 37, 86, 88
Put/Call Parität 94
Putable Bond 37

Rating 54
Rating-Agentur 54
Rating-Symbole 57
Rating-System 51
Recall-Option 154
Regressionsanalyse 82

Reinvestitionsrisiko 18, 59
Rendite
 – aktuelle 34
 – auf Verfall 34
Replikation 120
Repo-Satz, impliziter 79
Reset-Datum 102, 125
Restlaufzeit 61, 67
 – gewichtete durchschnittliche 61
Risiko
 – systematisches 59
 – unsystematisches 59
Risiko-/Risikoprämien-Struktur 74
Risikoprämie 44, 51, 52, 54, 59
Rückrufregel 154, 158
Rückrufrisiko 16
Rückzahlung 32
Rückzahlungsbedingung 135

Schuldpapier
 – indexgebundenes 132
 – währungsgebundenes 132
Securitization 16, 126
Settlement-Datum 32
Sinking Fund
 – Klausel 60
 – Kondition 18
 – Obligation 37
 – Satz 67
 – Verpflichtung 37
Special Purpose Vehicle 140
Spot Rate 27, 43, 44, 46, 51
Spot Rate-Kurve 51
 – theoretische 52
Spread 18, 38, 44, 100
Standard & Poor's 56
Straddle 93
straight bond 150
Stratified Sampling or Cell Approach 122
Strike-Preis 86
Stripped Treasury Certificate 140
Stripping 32
Swap-Markt 100
Swap-Vertrag 102

Take-over-Risiko 167
Tender Panel 128
theoretischer Wert 89
Time Deposit 129
Tracking Error 105, 115, 120, 122
Transaktionskosten 83, 120
Transitionsmatrix 54

Underwriter 128

Varianz-Minimierungsansatz 123
Vergleichsindex 123
Verlustrisiko 16, 18
Verwässerung 151
Verwaltungsgebühr 117
Volatilität 45, 59, 60, 92
  – asymmetrische 70
  – erwartete 19, 89, 92
  – implizite 93, 152
  – relative 81
Volatilitätsrisiko 16

Wachstumsrate 26
Währungsmarkt 75
Währungsswap 133
Wahrscheinlichkeitsverteilung 92
Warrant 145, 151, 161
Wechselkursrisiko 18

Yield auf Obligationen-Bais 52
Yield to Call 36, 147
Yield to Maturity 34, 37, 43, 147
Yield to Worst 37
Yield-Beta 82
Yield-Kurve 43, 50
Yield-Kurven-Strategie 112

Yield-Spread-Strategie 112

Zeitwert 20, 90, 152
Zerocoupon 26
Zerocoupon-Obligation 63, 111, 138
Zins
  – akkumulierter 29
  – aufgelaufener 67
  – einfacher 23
Zins-Barrier-Option 15
Zins-Futures 74
Zinsertrag 46
Zinseszins 20, 21
  – kumulierter 23
Zinskonvention 30, 31, 68
Zinssatz
  – annualisierter 40
  – effektiver 40
  – periodischer 40
  – realer 51
  – risikofreier 89
  – risikoloser 92
Zinssatz-Cap 103
Zinssatz-Collar 103
Zinssatz-Erwartungs-Strategie 111
Zinssatz-Floor 103
Zinssatz-Futures 111
Zinssatz-Immunisierung 115
Zinssatzrisiko 16
Zinssatz-Swaps 101
Zinsstrukturkurve 46, 50, 52
Zinszahlung 32
  – zwischenjährliche 28
Zukunftswert 20
Zusatzoptionen 67